DICTIONNAIRE

FRANÇAIS-ANGLAIS

DICTIONNAIRE

FRANÇAIS-ANGLAIS

des termes relatifs à

L'ÉLECTRONIQUE – L'ÉLECTROTECHNIQUE L'INFORMATIQUE

et aux applications connexes

Acoustique, atomistique, cinéma, éclairage, électricité générale, guides d'ondes, hyperfréquences, matières plastiques, optique, outillage, physique nucléaire, radar, radio, télégraphie, téléphonie, télévision, etc.

par

Henry PIRAUX

Ingénieur-électricien

Onzième édition revue et corrigée

par Jeanne MILSANT

Maître ès-Sciences

Ingénieur en Informatique

EYROLLES

61, boulevard Saint-Germain, 75005 Paris

1988

AVANT-PROPOS

Le succès de notre Dictionnaire Anglais-Français nous a incité, de même que de nombreuses demandes de lecteurs, à entreprendre la réalisation d'un nouveau Dictionnaire Français-Anglais, destiné à compléter le premier.

La tâche était ici moins facile que la précédente. Un tel dictionnaire, destiné en premier lieu aux usagers de langue française, doit en effet pouvoir leur permettre de traduire un texte français avec le minimum de difficultés, et sans possibilité d'ambiguïté. Or, la langue anglaise, essentiellement agglutinante, forge continuellement des expressions nouvelles, de racines extrêmement simples, ce qui introduit des difficultés d'autant plus marquantes qu'un véritable langage américain tend à se faire place à côté du langage typiquement anglais.

Nous nous sommes néanmoins attelé à la réalisation de cet ouvrage, et nous croyons être arrivé à un résultat positif. Nous avons multiplié les indications permettant au lecteur de ne pas hésiter sur la traduction d'un mot déterminé, lorsque celui-ci a plusieurs acceptions anglaises. Toutefois, il est bien évident qu'il ne s'agit ici que d'un dictionnaire technique, et que l'on suppose a priori *que le lecteur a déjà une connaissance suffisante de la langue anglaise pour interpréter les indications de l'ouvrage. Un exemple typique est celui du mot « étanche », pour lequel nous donnons onze traductions, suivant qu'il s'agit d'étanchéité générale, ou par rapport à l'eau, au vide, aux vapeurs ou aux intempéries ; suivant les cas, le mot-clef donnera la traduction exacte.*

Cette nouvelle édition a été entièrement refondue afin d'accorder une plus large place à l'informatique.

En effet, cette technique connaît ces dernières années un essor considérable avec le développement des microordinateurs (ou microprocesseurs) qui sont capables d'assurer les contrôles dans les domaines les plus variés : automatismes industriels, électroménager, médecine...

Il en résulte un grand nombre de termes et de sigles d'origine anglo-saxonne qu'il nous a paru intéressant d'insérer dans cet ouvrage.

De même que pour le Dictionnaire Anglais-Français, nous nous sommes tenu aux traductions et définitions normalisées dans chaque pays.

Nous avons également désiré ne pas surcharger l'ouvrage de mots inutiles, et l'on y trouvera vraiment l'essentiel. Cependant, il représente la traduction d'environ 10 000 expressions, ce qui, en tenant compte des mots composés, représente près de 20 000 traductions.

Il nous est agréable de remercier ici les divers organismes français et étrangers qui nous ont permis de mener à bien notre tâche, ainsi que l'éditeur pour le soin avec lequel il a présenté cet ouvrage.

On trouvera des tables de conversion très complètes entre unités de mesure anglaises, américaines et françaises dans le Dictionnaire anglais-français du même auteur (Eyrolles, éditeur).

Henry PIRAUX.

ABRÉVIATIONS UTILISÉES DANS L'OUVRAGE

Index to the abbreviations

abr.	abréviation *(abbreviation).*
acoust.	acoustique *(acoustics).*
adj	adjectif *(adjective).*
ch. de fer	chemins de fer *(railway engineering).*
cin	cinéma ou photo *(cinema or photography).*
dés	désuet *(obsolete).*
écl	éclairage *(lighting engineering).*
électr.	électrotechnique *(electrical engineering).*
(GB)	expression typiquement anglaise *(typically English expression).*
géom.	géométrie *(geometry).*
math.	mathématique *(mathematics).*
méc	mécanique *(mechanical engineering).*
mus	musique *(music).*
opt	optique *(optics).*
pl.	pluriel *(plural).*
subst.	substantif *(substantive).*
syn.	synonyme *(synonymous).*
tlg	télégraphie *(telegraphy).*
tlv	télévision *(television).*
tlv coul.	télévision en couleurs *(color television).*
tph	téléphonie *(telephony).*
trc	tubes à rayons cathodiques *(cathode-ray tube).*
(USA)	expression typiquement américaine *(typically American expression).*
v.	voir *(see).*

A

Abaisser, to depress, to lower.

Abandonner, to give up, to abort.

Abaque, abac, abacus, alignment chart, diagram, monograph, nomogram.

Abat-jour, lampshade, shade.

Abattant, hinge.

Abattement, lowering.

Abattre, to lower, to throw down.

AB. END, abbreviation from « AB normal END ».

Aberration, aberration.

Aberration chromatique, chromatic aberration.

Aberration de sphéricité, spherical aberration.

Abondance, abundance.

Abondance isotopique, isotopic abundance (*ou* ratio).

Abondance moléculaire, molecular abundance (*ou* ratio), molar fraction.

Abonné, consumer, customer, subscriber.

Abonnés absents (service des), absent subscriber's service.

Aboutir, to achieve.

Abraser, to excoriate, to roughen.

Abrasif, abrasive.

Abréger, to abstract.

Abréviation, shortening.

abs. *(absolu)*, absolute.

Abscisse, abscissa, axis of X, x-axis.

Absolu, absolute.

Absorbat, absorbate.

Absorbant, absorber *(subst.)* ; absorbing *(adj.)*.

Absorber, to absorb ; to occlude *(gaz)*.

Absorbeur, absorber, blocker, moderator.

Absorptance, absorptance ; absorption capacity (*ou* coefficient *ou* factor).

Absorptance radiante, radiant absorptance.

Absorption, absorption.

Absorption différentielle, differential absorption.

Absorption exponentielle, exponential absorption.

Abstrait, abstract.

A.C.A. *(appareil de correction auditive)*, ear amplifier, hearing aid.

Acajou, mahogany.

Accéder, to interface.

Accélérateur, accelerator ; atom smasher.

Accélérateur à cavité résonnante, resonator accelerator.

Accélérateur cyclique, cyclical accelerator.

Accélérateur électronique, electron accelerator.

Accélérateur à impulsions, impulse accelerator.

Accélérateur à induction, betatron, induction accelerator.

Accélérateur linéaire, linear accelerator.

Accélérateur à ondes progressives, progressive-wave accelerator.

Accélérateur de particules lourdes, heavy-particle accelerator.

Accélérateur à propagation d'ondes, progressive-wave accelerator.

Accélérateur de protons, proton accelerator.

Accélérateur à recoupement de faisceaux, colliding-beam accelerator.

Accélérateur à tension constante, constant-potential accelerator.

Accélération, acceleration.

Accélération (espace d'), accelerating chamber.

Accélération automatique, automatic speed control.

Accéléré, quick-motion *(cin)*.

Accélérer, to accelerate, to speed up.

Accéléromètre, accelerometer, vibration meter, vibrometer ; accelerating *(adj)*.

Accentuateur, accentuator, booster, emphasizer.

Accentuer, to accentuate, to boost, to emphasize.

Acceptation lot par lot, lot acceptance sampling.

Accepté, approved.

Accepteur, acceptor.

Accès aléatoire, random access.

Accès direct, direct access.

Accès partagé, shared access.

Accès sélectif, random access.

Accès sériel, sequential access.

Accès simultané, simultaneous access.

Accessoire, attachment, component, fitting, gadget ; accessory, auxiliary *(adj)*.

Accident, accident, chance, claim, mishap.

Accidentel, accidental, chance.

Accomodation, accomodation.

Accompagner, to follow.

Accord, accordance *(sens général)* ; syntonization, syntony, tuning *(appareils)* ; chord *(mus)*.

Accord d'antenne, antenna tuning.

Accord approximatif, rough tuning.

Accord à commande unique, ganged (*ou* grouped *ou* single-control) tuning.

Accord étalé, broad (*ou* flat) tuning.

Accord flou, broad (*ou* flat) tuning.

Accord pointu, sharp resonance (*ou* tuning).

Accord précis, accurate (*ou* fine) tuning.

Accord sur deux réglages, double-spot tuning, repeat point.

Accord silencieux, quiet tuning.

Accord visuel, visual tuning, visual-tuning indicator.

Accordé, in tune, tuned, resonant.

Accorder, to attune, to syntonize, to tune, to tune in ; to match *(équilibrer)*.

Accouplement, clutch, coupling, draw-bridge coupling, gage operation, ganging.

Accouplement élastique, flexible coupling.

Accouplement à surcharge, torque-limiting clutch.

Accrochage, crawling *(machines)* ; plop, squealing *(réception)* ; synchronization *(entre deux circuits)*.

Accrochage de phase, phase locking.

Accrocher, to cling, to mesh, to synchronize ; to oscillate *(dans un circuit)*.

Accroissement, increase, increment.

Accroissement juste perceptible, difference limen, differential threshold.

Accroître, to increase, to rise.

Accumulateur, accumulator, battery, cell, reversible (*ou* secondary) cell, storage battery (*ou* cell) ; accumulating *(adj)*.

Accumulateur fer-nickel, Edison cell.

Accumulateur léger, lightweight (*ou* portable) battery.

Accumulateur au plomb, lead (*ou* lead-acid) accumulator (*ou* battery *ou* cell).

Accumulateur sec, dry-storage battery.

Accumulation, accumulation, storage.

Accumuler, to accumulate, to store.

Accusé de réception, acknowledging (*ou* answer) signal.

Acétate d'amyle, banana oil.

Acheminement, routing.

Achever, to bring to end, to end, to finish.

Achromatique, achromatic ; monochrome *(tlv noir et blanc).*

Achromatisme de sphéricité, spherical achromatism.

Acide, acid.

Acidité, acidity.

Acidomètre, acidometer, areometer, densimeter, hydrometer.

Acier, steel.

Acier à aimants, magnet steel.

Acier allié, allied (*ou* alloyed) steel.

Acier Bessemer, Bessemer steel.

Acier brut, raw steel.

Acier au carbone, plain-carbon steel.

Acier coulé, cast steel.

Acier cuivré, copperclad steel.

Acier demi-doux, low-carbon steel.

Acier demi-dur, medium-carbon steel.

Acier doux, mild (*ou* soft) steel.

Acier dur, hard steel.

Acier écroui, overstrained steel.

Acier extra-doux, ingot iron.

Acier extra-dur, high-carbon steel.

Acier forgé, forged (*ou* wrought) steel.

Acier inoxydable, stainless steel.

Acier Martin, open-hearth steel.

Acier à outils, tool steel.

Acier puddlé, puddled steel.

Acier rapide, high-speed steel.

Acier recuit, annealed steel.

Acier Thomas, Thomas steel.

Acier trempé, hardened steel.

ACK, Abbreviation from « ACKnowledgement ».

Acoustique, acoustics *(science) ;* acoustic, acoustical, audio, aural, sonic, sound, tonal *(adj).*

Acoustique radiophonique, radioacoustics.

Acquisition de données, data acquisition.

A.C.S. *(appareil contre la surdité)* ear amplifier, hearing aid.

Actance, luminous efficiency.

Actif, active, operative, real.

Action, action, operation, swing.

Action différée (à), delayed-acting, time-delay, time-lag, time-locking, timing.

Action directe (à), direct-acting.

Actionnaire, shareholder.

Action rapide (à), high-speed, quick-acting, quick-break, quick-make, rapid-acting.

Activateur, activator, phosphorogen, stimulator.

Activation, activation.

Activimètre, activity meter, activimeter.

Activité, activity.

Activité nucléaire massique, specific activity.

Actualités, newsreel *(cin).*

Actuel, actual.

Acuimètre, Q-meter.

Acuité, acuity, acuteness.

Acuité visuelle, visual acuity.

Acyclique, acyclic.

Adapter, to adapt, to fit, to match.

Adaptateur, adapter, adaptor, converter, matchmaker ; stub *(guides d'ondes).*

Adaptateur intégré, integrated adapter.

Adaptateur de ligne, line adapter.

Adaptation, tuning.

Addition, addition.

Addition horizontale, crossfoot.

Addition parallèle, parallel addition.

Additionnel, additional, add-on, boosting, sequential.

Additionner, to add.

Additionneur, adder.

Adduction d'air, air supply.

Adhérence, adherence, adhesion.

Adhérer, to adhere, to cohere.

Adhésif, adhesive.

Adhésion, adhesion, cohesion.

Adjoindre, to attach.

Adjoint, coagent *(personne)*.

Adjonction, attachment.

Admettre, to admit, to allow, to permit.

Administrateur de base de données, data base manager.

Admissible, allowable, permissible, reasonable.

Admission, acceptance *(sens général)* ; inlet *(ouverture)*.

Admittance, admittance.

Admittance caractéristique, surge admittance.

Admittance complexe, complex admittance.

Admittance intrinsèque, specific admittance.

Admittance de transfert, transadmittance.

Adoucir, to soften, to temper.

Adoucissement, softening, tempering.

Adressable, addressable.

Adressage, addressing.

Adressage direct, direct addressing.

Adressage indirect, indirect addressing.

Adressage multiple, multiple selection.

Adresse, address, bucket *(mach. à calc.)*.

Adresse absolue, absolute address.

Adresse-base, base address.

Adresse de chaînage, link address.

Adresse définie (à), one-address, single-address.

Adresse effective, effective address.

Adresse flottante, floating (*ou* symbolic) address.

Adresse machine, machine address.

Adresse relative, relative address.

Adresse symbolique, symbolic address.

Adsorbat, adsorbate.

Adsorber, to adsorb.

Adsorption, adsorption.

Adsorption chimique, chemical adsorption, chemisorption.

Aération, airing, ventilation, venting.

Aéré, aired, ventilated.

Aérer, to ventilate.

Aérien, aerial, aerial system, antenna array ; air, overhead *(adj)*.

Aérodrome, aerodrome, aircraft station, airdrome.

Aérodynamique, aerodynamics ; aerodynamic, streamlined *(adj)*.

Aéronef, airship.

Aéronautique, aeronautics, avionics.

Aéroport, airport.

Aéroporté, airborne.

Aérosol, aerosol, aerial dust.

A.F.E. *(Association Française des Éclairagistes)*, French Lighting Engineers Association.

Affaiblir, to attenuate, to diminish, to reduce, to weaken.

Affaiblissement, attenuation, attenuation ratio, de-emphasis, fading, postemphasis, postequalization, reduction, weakening.

Affaiblissement caractéristique, attenuation equivalent.

Affaiblissement équivalent, attenuation equivalent nettiness, articulation equivalent.

Affaiblissement progressif, fade-out.

Affaiblissement de propagation, shadow attenuation.

Affaiblisseur, deaccentuator, fader, reducer, weakener.

Affaire, business.

Affaissement, collapse, sinking.

Affectation, assignment.

Affecter, to assign.

Affichage, readout, display.

Affichage analogique, analog display.

Affichage immédiat, tracking.

Affichage par points, point mode display.

Afficher, to display.

Affiler, to edge, to point.

Affinage, fining, refining.

Affinage électrolytique, electrolytic refining, electrorefining.

Affiner, to refine.

Affinité, affinity.

Affinité différentielle, selective absorption.

Affleurer, to level, to mill.

Afflux, influx.

Affolement, trashing.

Affutage, grinding, sharpening, whet.

Affuté, ground, sharpened, whet.

Affûter, to grind, to sharpen, to whet.

Affûteuse, grinder, sharpener.

A.F.I.T.E.C. *(Association Française des Ingénieurs et Techniciens du Cinéma)*, French Cinema Engineers and Technicians Association.

A.F.N.O.R. *(Association Française de Normalisation)*, French Standardization Association).

Agent, agency, agent.

Agent actif, addition agent.

Aggloméré, compact.

Agitateur, agitator.

Agiter, to stir.

Agiter à fond, to stir up.

Agrafe, belt fastener, buckle, clasp, clip, hasp, pin.

Agrafer, to buckle, to clasp, to clip, to pin, to stitch.

Agrandissement, blow-up, enlargement, enlarging.

Agrandisseur, enlarger, magnifier.

Aide, aid ; coagent *(personne)*.

Aide-mémoire, memorizer.

Aigrette, brush discharge.

Aigu, acute, keen, pointed, sharp.

Aiguillage de caténaire, deflector.

Aiguille, cursor, dial pointer, finder, hand, index, needle, pointer ; reproducing stylus *(phono)*.

Aiguille aimantée, magnetic needle.

Aiguille courbe, bent-shank needle.

Aiguille en fibre, thorn needle.

Aiguille de tri, needle.

Aiguiller, to connect.

Aiguisé, sharpened.

Aiguiser, to edge, to point, to sharpen, to whet.

Aile, wing.

Ailette, fin, rib.

Ailette d'anode, anode fin.

Ailette de refroidissement, cooling flange (*ou* plate *ou* rib *ou* vane).

Aimant, loadstone, lodestone *(pierre)*, magnet *(produit)*.

Aimant correcteur, Flinders bar.

Aimant droit, bar (*ou* stick *ou* straight) magnet.

Aimant en fer à cheval, horseshoe magnet.

Aimant de levage, lifting magnet.

Aimant permanent, permanent magnet.

Aimant de réenclenchement, reset magnet.

Aimant de signalisation, application magnet.

Aimant de soufflage, blow-out magnet.

Aimantation, magnetic induction, magnetism, magnetization.

Aimantation par impulsions, flash magnetization.

Aimantation par rotation, Barnett effect.

Aimantation transversale, cross magnetization.

Aimanté, magnetized.

Aimanter, to magnetize.

Air, air.

Air aspiré, intake air.

Air comprimé, blower (*ou* compressed) air, forced draft.

Air musical, tune.

Aire, aerie, aery, area.

Aire achromatique, achromatic locus.

Aire d'audition, auditory (*ou* auditory sensation) area, aural zone.

Aire chromatique, achromatic locus.

Aire de diffusion, diffusion (*ou* scattering) area.

Aire de lecture, reading band.

Aire de migration, migration area.

Aire de ralentissement, slowing-down area.

Aisé, easy, smooth.

Ajournement, postponement.

Ajouter, to add, to attach, to join.

Ajustable, adjustable.

Ajustage, fit, fitting.

Ajuster, to adjust, to fit.

Alarme, alarm.

Albatre, alabaster.

Alcalin, alkaline.

A.L.D., abbréviation from « Automatic Logic Diagramm ».

Aléatoire, random.

Alésage, boring *(opération)* ; cylinder bore *(diamètre.*

Aléser, to bore.

Aléseuse, boring machine.

Alésoir, awl, borer, reamer.

Algèbre, algebra.

Algèbre de Boole, Boolean algebra.

Algébrique, algebraic.

ALGOL, abbréviation from « ALGOrithmic Language ».

Algorithme, algorithm.

Aligné, adjusted, aligned, lined-up ; collimated, tracked *(repéré).*

Alignement, alignment, impairment, lining, lining-up, tracking.

Alignement des caractères, character alignment.

Alignement à l'oscilloscope, visual alignment.

Aligner, to align, to line up, to track.

Alimentation, feed power supply, supply.

Alimentation alternative, A. C. supply.

Alimentation de chauffage, A-power (*ou* filament-power) supply.

Alimentation continue, D.C. supply.

Alimentation haute tension, H. T. supply.

Alimentation en parallèle, parallel (*ou* shunt) feed.

Alimentation propre (à), self-powered.

Alimentation secteur, mains (*ou* socket) power pack (*ou* unit).

Alimentation séparée, floating (*ou* separate) supply.

Alimentation stabilisée, voltage-stabilized power supply.

Alimentation sans transformateur, transformerless power supply.

Alimentation par vibreur, vibrator-power supply.

Alimenter, to energize, to feed, to supply.

Alléger, to relieve.

Alliage, alloy.

Alliage fusible, fusible alloy.

Allochromatique, allochromatic.

Allongé, dilated, drawn, elongated, lengthened ; prolate *(personne).*

Allongement, dilatation, drawing, eking, elongation.

Allonger, to dilate, to draw, to eke, to elongate, to lengthen.

Allouer, to allocate.

Allumage, back-fire, back-firing, firing, flash-back, ignition, striking.

Allumage en retour, arc back, arcing back, flash-back, back-fire.

Allumé, fired, ignited, primed, striked *(arcs)* ; alight, lighted *(lumière).*

Allumer, to arc, to fire, to ignite, to prime, to strike *(arcs)* ; to light *(lumière).*

Allumeur, igniter, ignitor, striker.

Allumoir, lighter.

Allure, pace, rate, speed.

Alphabétique, alphabetical.

Alphanumérique, alphanumeric.

Altérer, to modify.

Alternance, alternation.

Alternat, alternateness.

Alternateur, alternator.

Alternateur à fer tournant, inductor alternator.

Alternatif, alternating, alternative, bidirectional.

Alternatif brut, unrectified A.C.

Alterné, alternated, alternative, staggered.

Altimètre, altimeter.

Altimètre acoustique, sonic altimeter.

Altimètre capacitif, capacitance (*ou* electric-capacity *ou* electro-capacitance) altimeter.

Altimètre à écho, echo altimeter.

Altitude, altitude, elevation, height.

Altuglas, lucite *(USA)* ; perspex *(GB)*.

ALU, abbreviation from « Arithmetic and Logic Unit ».

Alumine, alumina, aluminium oxide.

Aluminé, aluminized.

Alumineux, alumish.

Aluminium, aluminum.

Alun, alun.

Alunation, alun-making.

Amagnétique, non-magnetic.

Amalgame, amalgam.

Amalgamer, to amalgamate.

Amateur, amateur, fan, ham.

Ambiance, business *(tlv)*.

Ambiant, ambient ; room *(température)*.

Ambiophonie, ambiophony.

Ambre jaune, amber.

Ame, core, core wire.

Améliorer, to improve.

Aménagement, housekeeping.

Aménager, to organize.

Amiante, asbestos, earthflax.

Amidon, starch.

Ammoniaque, ammonia.

Amorçage, building-up, firing, ignition, priming, release, start, striking ; singing *(tph)*.

Amorçage acoustique, Larsen (*ou* microphonic) effect, microphonics.

Amorçage d'arc, arc ignition, arcing.

Amorçage basse fréquence, motorboating.

Amorce, leader, trailer *(cin)*, bootstrap.

Amorcer, to arc, to energize, to fire, to ignite, to prime, to release, to start, to strike.

Amorceur, igniter, ignitor, kicker, releaser, starter, startor, striker.

Amorti, damped ; deadness *(acoustique)*.

Amortir, to choke, to dampen, to deaden.

Amortissement, amortization, damping, deadening, decay, dying.

Amortissement critique, critical damping.

Amortissement hypercritique, overdamping.

Amortissement surcritique, overdamping.

Amortissement visqueux, viscous damping.

Amortisseur, cushion, damper, shock absorber.

Amovible, detachable, removable.

Ampère, amp, ampere.

Ampère-heure, ampere-hour.

Ampère-heuremètre, ampere-hour (*ou* energy *ou* quantity) meter.

Ampèremètre, ammeter, amperemeter.

Ampèremètre thermique, expansion (*ou* thermal *ou* wire) ammeter, thermoammeter.

Ampèremètre thermique à fil, hot-wire ammeter.

Ampère-tour, ampere-turn.

Amplidyne, amplidyne.

Amplificateur, amplifier *(appareil)* ; accentuator, booster, emphasizer *(élément)* ; amplifying *(adj)*.

Amplificateur d'antenne, antenna booster.

Amplificateur basse fréquence, audio amplifier.

Amplificateur classe A, A-amplifier, class-A amplifier.

Amplificateur classe AB, A-B (*ou* class-AB) amplifier.

Amplificateur classe B, class-B amplifier.

Amplificateur classe C, class-C amplifier.

Amplificateur compensé, balanced amplifier.

Amplificateur à courant continu, D.C. (*ou* direct resistance-coupled) amplifier.

Amplificateur à déclenchement périodique, gated amplifier.

Amplificateur déphaseur, paraphase amplifier.

Amplificateur à deux faisceaux, double-stream amplifier.

Amplificateur de déviation horizontale, X-amplifier.

Amplificateur de déviation verticale, Y-amplifier.

Amplificateur-écrêteur, overdriven amplifier.

Amplificateur à impédance, impedance (*ou* choke-coupled) amplifier.

Amplificateur intermédiaire, buffer amplifier.

Amplificateur à large bande, broadband amplifier.

Amplificateur magnétique, magnetic amplifier.

Amplificateur microphonique, speech amplifier.

Amplificateur de modulation, speech amplifier.

Amplificateur opérationnel, operational amplifier.

Amplificateur à plusieurs voies, multichannel (*ou* divided-frequency) amplifier.

Amplificateur de puissance, booster (*ou* energy *ou* power) amplifier.

Amplificateur à réaction, feedback amplifier.

Amplificateur réflex, reflex amplifier.

Amplificateur à résonance, tuned amplifier.

Amplificateur sélectif, accentuator.

Amplificateur à seuil, threshold amplifier.

Amplificateur de sortie, final (*ou* output) amplifier.

Amplificateur pour sourds, ear amplifier, hearing aid.

Amplificateur de tension différentielle, difference amplifier.

Amplificateur vidéo, image (*ou* video) power amplifier.

Amplification, amplification, gain, magnification ; characteristic conductivity *(cellules)* ; amplifying *(adj)*.

Amplification des basses fréquences, bass boost.

Amplification de conversion, conversion gain.

Amplification de courant, current amplification.

Amplification sélective, accentuation.

Amplification de tension, voltage amplification.

Amplifier, to amplify, to boost, to emphasize, to magnify, to swell.

Amplitude, amplitude.

Amplitude crête-à-crête, peak-to-peak amplitude.

Amplitude maximale, peak amplitude ; signal-handling capacity *(propriété d'un circuit)*.

Amplitude totale, double amplitude.

Ampoule, bulb, envelope.

Ampoule de cadran, dial lamp (*ou* light).

Analogique, analog, analogous, similar.

Analyse, analysis, scanning.

Analyse par absorption, absorption analysis.

Analyse par activation, activation analysis.

Analyse de bande, tape dump.

Analyse cristallographique, crystal analysis.

Analyse de disque, disk dump.

Analyse électrolytique, electroanalysis.

Analyse entrelacée, intercalated (*ou* non-sequential) scanning *(dés)* ; interlaced (*ou* staggered) field (*ou* scanning).

Analyse fonctionnelle, design engineering.

Analyse par lignes, rectilinear scanning.

Analyse par lignes contigües, progressive (*ou* sequential *ou* straight) scanning.

Analyse numérique, numerical analysis.

Analyse organique, system requirements.

Analyse par points successifs, dot interlacing.

Analyse quantitative, quantitative analysis.

Analyse par réflexion, indirect scanning *(tlv)*.

Analyse spectrophotométrique, spectrophotometric analysis.

Analyse totale, frame *(tlv)*.

Analyser, to analyse *(sens général)* ; to scan *(trc)*.

Analyseur, analyser, scanner ; scanning *(dés)*.

Analyseur d'harmoniques, harmonic analyzer.

Analyseur différentiel, differential analyser.

Analyseur panoramique, panoramic analyzer, sweeper.

Analyseur de sons, sound analyzer.

Analyseur de temps de vol, time-of-flight analyzer.

Analyste, analyst.

Analyste de programmation, programming analyst.

Analyste du système, system analyst.

Anastigmat, anastigmatic.

Anastigmatique, anastigmatic.

Ancrage, dead man, grappling, log anchor.

Ancrer, to anchor, to grapple.

Anémomètre, anemometer, wind gauge.

Angle, angle *(géom.)* ; corner, elbow *(forme)*.

Angle aigu, acute angle, sharp bend.

Angle d'attaque, angle of rake.

Angle d'avance, angle of lead.

Angle de calage, electrical degree.

Angle de coupe, cutting angle.

Angle de coupe antérieur, dig-in angle.

Angle de coupe postérieur, drag angle.

Angle de décalage, angle of brush lag.

Angle de dépression, angle of depression.

Angle de déviation, angle of deflection, lateral deviation.

Angle droit, right angle.

Angle d'élévation, angle of elevation.

Angle d'erreur, error angle, squint.

Angle de flux, operating angle.

Angle focal, anode angle *(tubes à rayons X)*.

Angle de fonctionnement, operating angle.

Angle d'impact, angle of impingement.

Angle d'incidence, angle of incidence.

Angle d'inclinaison, pitch attitude.

Angle mort, bad-bearing angle, dead zone.

Angle obtus, obtuse angle.

Angle d'ouverture, corner angle.

Angle de pente, top rake.

Angle de pertes, dielectric phase angle, loss angle.

Angle de phase, angle of phase, phase angle.

Angle de polarisation, angle of polarization.

Angle de prise de vues, camera coverage.

Angle de rayonnement, angle of radiation, beam (*ou* radiation *ou* wave) angle.

Angle de réflexion, angle of reflection, reflection angle.

Angle de réfraction, angle of refraction, refracting angle.

Angle de relèvement, angular spacing.

Angle de retard, angle of lag.

Angle saillant, convex angle.

Angle de site, angle of site.

Angle solide, solid angle.

Angle de vision, viewing angle.

Angulaire, angular.

Anharmonique, non-harmonic.

Anion, anion.

Anisotrope, anisotropic.

Anneau, ring ; link *(maillon)*.

Anneau de câble, cable ring.

Anneau d'écartement, distance ring.

Anneau d'écriture, ring.

Anneau d'étanchéité, obturating ring.

Anneau de garde, arcing ring (*ou* shield), guard (*ou* keep) ring.

Anneau de stockage, storage (*ou* stockage) ring.

Anneau de stockage, storing (*ou* storage) ring.

Année géophysique internationale, International Geophysical Year,(I.G.Y.).

Annexe, appendix.

Annihilation, annihilation.

Annonce, ad, advt, advertisement *(publicité) ;* announcement *(radio)*.

Annonceur, announcer.

Annonciateur, annunciator, drop, indicator drop, signal *(tph)*.

Annonciateur de cabine, cab signal.

Annonciateur de couplage, interlocking signal.

Annoter, to post.

Annuaire, annual.

Annuaire électronique, electronic directory systems.

Annuaire téléphonique, directory, system director.

Annuel, annual.

Annulaire, annular, ring.

Annulation, annulment, cancellation.

Annulé, cancelled.

Annuler, to annul, to cancel, to erase.

Anode, anode, plate.

Anode d'amorçage, excitating (*ou* excitation *ou* firing *ou* ignition) anode, exciter.

Anode auxiliaire, excitating (*ou* excitation *ou* firing *ou* ignition) anode, exciter.

Anode de concentration, concentrating (*ou* focus) anode.

Anode de focalisation, focus anode.

Anodique, anodal, anodic.

Anolyte, anolyte.

Anomalie, exception.

Anormal, abnormal, anomalous, odd.

Antagoniste, opposed.

Antenne, aerial, antenna, radiator ; boom *(cin, tlv) ;* tower *(pylône)*.

Antenne accordée, periodic (*ou* tuned) aerial.

Antenne active, exciter, radiator ; active aerial.

Antenne antifading, fading-reducing aerial.

Antenne anti-roulis, despun antenna *(fusées)*.

Antenne artificielle, artificial (*ou* dummy *ou* mute *ou* phantom) aerial.

Antenne basse, ground antenna.

Antenne bicône, bicone aerial.

Antenne bidirectionnelle, bilateral aerial, binomial array.

Antenne blindée, screened aerial.

Antenne-cadre, square-loop (*ou* loop) antenna.

Antenne en cage, cage aerial.

Antenne capacitive, capacitor (*ou* condenser) antenna.

Antenne carreau, cubical quad.

Antenne à champ tournant, turnstile aerial.

Antenne à charge à la base, base-loaded aerial.

Antenne à charge capacitive, capacity-loaded antenna.

Antenne à charge inductive, inductance-loaded antenna.

Antenne à charge terminale, top-loaded aerial.

Antenne circulaire, circular antenna.

Antenne circulaire plate, wheel aerial.

Antenne collective, block (*ou* common *ou* community) antenna.

Antenne compensée, balanced aerial.

Antenne condensateur, capacitor (*ou* condenser) antenna.

Antenne conique, cone antenna.

Antenne de côté, cowl antenna *(autoradio)*.

Antenne coudée, bend (*ou* bent) aerial.

Antenne courte, stub aerial ($l \ll \lambda/4$).

Antenne croisée, turnstile aerial.

Antenne cubique, cubical antenna.

Antenne demi-onde, half-wave aerial.

Antenne en dents de scie, zig-zag antenna.

Antenne dipôle, dipole (*ou* doublet *ou* two-element) aerial.

Antenne dipôle double, lazy-H antenna.

Antenne directionnelle, antistatic aerial *(dés)*; beam (*ou* directional *ou* directive) aerial.

Antenne directionnelle à grande ouverture, broadside directional antenna.

Antenne directionnelle multiple, endfire array, end-on directional antenna.

Antenne directionnelle à panneau, panel aerial, bedspring.

Antenne directrice, aerial director.

Antenne à éléments multiples, cloverleaf (*ou* staggered) antenna.

Antenne à éléments multiples linéaires, collinear aerial.

Antenne à éléments superposés, stacked (*ou* tier) array.

Antenne à éléments superposés croisés, turnstile-stacked (*ou* superturnstile) aerial.

Antenne d'émission, radiating (*ou* sending *ou* transmitting) aerial.

Antenne enterrée, earth (*ou* ground) antenna.

Antenne étalée, spaced aerial.

Antenne en éventail, fan (*ou* spiderweb) antenna.

Antenne extérieure, elevated (*ou* outdoor *ou* outside) aerial.

Antenne à feeder coaxial, coaxial antenna.

Antenne à feeder médian, apex-drive (*ou* center-fed) aerial.

Antenne fendue, pylon aerial.

Antenne fictive, artificial (*ou* dummy *ou* mute *ou* phantom) aerial.

Antenne-fouet, whip antenna.

Antenne en harpe, harp aerial.

Antenne à haute impédance, Q-aerial.

Antenne hélicoïdale, helicoidal (*ou* helix *ou* spiral *ou* corkscrew) aerial.

Antenne Hertz, Hertz antenna.

Antenne intérieure, indoor aerial.

Antenne isolée, unloaded antenna.

Antenne en J, J-antenna.

Antenne en L, L-antenna.

Antenne en L renversé, inverted-L antenna.

Antenne libre, open aerial.

Antenne longue, long-wire antenna.

Antenne en losange, diamond (*ou* rhombic) antenna.

Antenne multifilaire, multiple-wire aerial.

Antenne multiple, multiple (*ou* multiple-tuned) aerial.

Antenne en nappe, flat-top (*ou* plan *ou* plane) antenna.

Antenne non-directionnelle, equiradial aerial.

Antenne omnidirectionnelle, omni (*ou* omnidirectional) aerial.

Antenne à ondes progressives, progressive-wave (*ou* traveling-wave) aerial.

Antenne à ondes stationnaires, standing-wave aerial.

Antenne orientable, mobile (*ou* steerable) antenna.

Antenne en parapluie, umbrella antenna.

Antenne pendante, trailing aerial.

Antenne prismatique, prism aerial.

Antenne-pylône, tower radiator.

Antenne-pylône diélectrique, dielectric rod antenna.

Antenne en pyramide renversée, funnel aerial.

Antenne de queue, tail-cap antenna.

Antenne de radiophare, marker antenna.

Antenne de réception, receiving aerial.

Antenne repliée, bent (*ou* bowtie) aerial.

Antenne secteur, light-line (*ou* mains *ou* socket) aerial.

Antenne superdirective, supergain aerial.

Antenne en T, T-antenna.

Antenne de toit, roof antenna, top aerial.

Antenne tournante, rotable (*ou* rotator) aerial, rotating radiator, rotator, scanner, spinner.

Antenne toutes ondes, multi-band (*ou* multi-channel *ou* wideband) aerial.

Antenne traînante, drag antenna.

Antenne tubulaire, discone aerial.

Antenne unidirectionnelle, unidirectional antenna.

Antenne en V, V-antenna, vee-aerial.

Antenne verticale, vertical antenna.

Antenne verticale isolée, insulated series-excited vertical radiator.

Antenne verticale à la terre, grounded shunt-excited vertical radiator.

Antenne virtuelle, image antenna.

Antérieur, face.

Anti-aérien, anti-aircraft, A.A.

Antibourrage, antiblocking, antimuddle.

Anti-bruit, antinoise, noise-rejection.

Anti-brouillage, anti-jamming.

Anti-brouilleur, anti-jammer.

Anti-buée, antifogging.

Anti-capacitif, anticapacitance, noncapacitive.

Anticathode, anticathode, target.

Anti-choc, impactproof, shockproof shock-resistant.

Anticoïncidence, anti-coincidence.

Anticorrosion, corrosion-proof (*ou* resistant) ; seawater-proof *(pour l'eau de mer)*.

Anti-déflagrant, explosion-proof, gasproof, gastight.

Anti-dépression, anti-vacuum.

Antidérapant, antislip, skidproof.

Anti-diffusant, antidiffusing.

Anti-éblouissant, antidazzling, glarefree, non-dazzling.

Antifading, automatic gain (*ou* sensitivity *ou* volume) control.

Antifading à réglage silencieux, quiet automatic gain (*ou* volume) control, Q.A.G.C., Q.A.V.C.

Antifading retardé, biased automatic gain control, delayed automatic gain (*ou* volume) control.

Anti-friction, frictionless.

Antigel, antifreeze ; uncongealable *(adj)*.

Antigivre, anti-icing.

Anti-halo, anti-halation, non-halation *(cin)*.

Anti-inductif, anti-induction, non-inductive.

Anti-magnétique, non-magnetic.

Anti-matière, antimatter.

Anti-microphonique, antimicrophonic, antisinging.

Antineutrino, antineutrino.

Antiparallèle, anti-parallel, opposed, in opposition.

Antiparasite, anti-interference, antinoise ; anticlutter *(radar)*.

Antiparasite automatique, temporal gain *(dés)* ; anticlutter gain control *(radar)*.

Antipompage, anti-pumping.

Antiproton, antiproton.

Antiréactivité, negative reactivity.

Anti-réfléchissant, antireflecting.

Antirésonance d'amplitude, displacement antiresonance.

Antirésonance de vitesse, velocity antiresonance.

Anti-résonnant, antiresonating.

Anti-ronfle, antihum.

Anti-rouille, antirust.

Antisymétrique, skew-symmetric.

Antivibratile, vibration-absorbent.

Antivibratoire, shockproof.

Antivol, anti-intrusion device, burglar alarm.

Apairage, trim.

A.P.A.R., Abreviation from « Authorized Program Analysis Report ».

Apériodicité, aperiodicity.

Apériodique, aperiodic, dead-beat, highly damped, non-oscillatory, untuned.

Apesanteur, zero-gravitional (*ou* zero-g) force.

A.P.L., Abbreviation from « A Programming Language ».

Aplanir, to even, to flatten.

Aplati, flattened, oblate, stretched.

Aplatissement, oblateness, stretching.

Apochromatique, apochromatic.

Apolune, apocynthion.

Appareil, apparatus, appliance, contrivance, device, instrument, set.

Appareil d'alimentation à vibreur, vibrapack.

Appareil auxiliaire, back-up (*ou* peripheral) device ; ancillary (*ou* auxiliary system ; software.

Appareil à bout de fil, pendant.

Appareil de charge, loading machine.

Appareil à contrepoids, rise-and-fall pendant.

Appareil de contrôle, idometer.

Appareil de correction auditive, ear amplifier, hearing aid.

Appareil de dépannage, set analyzer, test (*ou* testing) set, trouble-shooter.

Appareil d'éclairage, lamp, lighting fitting, luminaire.

Appareil à disques souples, floppy disk unit.

Appareil enregistreur, recording instrument.

Appareil d'essai de ligne, lineman's detector.

Appareil étalon, reference instrument.

Appareil d'évacuation, unloading machine.

Appareil de mesure, indicating (*ou* measuring) instrument, instrument, meter, rheometer *(dés)*, test meter.

Appareil de mesure à cadre mobile, moving-coil instrument (*ou* meter).

Appareil de mesure pour courant alternatif, A.C. meter.

Appareil de mesure pour courant continu, D.C. meter.

Appareil de mesure à deux lectures, dual meter.

Appareil de mesure des épaisseurs (à rayons β), beta gauge.

Appareil de mesure à fer mobile, iron-vane instrument (*ou* meter), moving-iron (*ou* moving-iron-vane) instrument (*ou* meter), repulsion-type instrument (*ou* meter).

Appareil de mesure à plusieurs sensibilités, multi-range meter.

Appareil de mesure universel, all-purpose meter, multimeter, polymeter.

Appareil radio de bord, airborne radio instrument.

Appareil à rayons X, X-ray apparatus.

Appareil sous vide, vacuum device.

Appareil contre la surdité, car amplifier, hearing aid.

Appareil de surveillance, monitor.

Appareil de synthèse, synthetizer.

Appareil de télémesure, remote meter, telemeter.

Appareil de télémesure par fréquence, frequency-type telemeter.

Appareil de télémesure par impulsions, impulse-type telemeter.

Appareil de télémesure par intensité, current-type telemeter.

Appareil de télémesure à lecture proportionnelle, direct-relation telemeter.

Appareil de télémesure par tension, voltage-type telemeter.

Appareil de téléphonie automatique, dial telephone set.

Appareil téléphonique à batterie centrale, common-battery telephone set.

Appareil téléphonique de table, hand-telephone set.

Appareil de tension anodique, B-eliminator.

Appareil transistorisé, solid state device.

Appareillage, device, equipment, gear, outfit.

Appareillage de commutation, switchgear.

Appareillage d'entretien, service equipment.

Appareillage d'essai, test (*ou* testing) equipment.

Appareillage de radioguidage, course computer.

Apparence, appearance, shape.

Apparent, apparent.

Apparier, to match.

Appauvrissement, depletion.

Appel, call ; battery dialling, dialling *(tph) ;* cadence *(tlg).*

Appel d'air, draft, draught.

Appel à batterie centrale, common-battery signalling, C.B.S. *(tph).*

Appel bi-courants, AC/DC ringing, superposed-ringing current *(tph).*

Appel codé, code ringing *(tph).*

Appel de courant, current draw.

Appel différé, delay working *(tph).*

Appel direct, direct dialling *(tph).*

Appel manuel, manual hold *(tph).*

Appel multiple, conference call *(tph).*

Appel de nuit, night alarm (*ou* bell) *(tph).*

Appel de procédure, command statement.

Appel sélectif, selective ringing *(tph).*

Appel téléphonique, reverting call.

Appeler, to call up.

Appliqué, applied.

Appliquer, to apply, to impress, to map.

Apport, adding, addition.

Apprêter, to ready.

Approbation, acceptance, approval.

Approché, approximate.

Approuvé, approved.

Approximatif, approximate.

Approximation, approximation, rule-of-thumb, smoothing.

Appui, prop, propping, rest.

Aptitude au choc, knock rating.

Aqueux, aqueous.

Araser, to machine flush, to mill, to tenon.

Arbitraire, arbitrary.

Arborescences, Christmas-tree pattern, trees.

Arbre, arbor, axle, shaft, spindle.

Arbre à cames, camshaft.

Arc, arc *(sens général)* ; discharge, flashover *(décharge)*.

Arc-boutant, strut.

Arc chantant, Duddell (*ou* singing *ou* speaking) arc.

Arc à flamme, flame arc.

Arc intensif, H.I. arc, H.I. carbon-arc lamp.

Arc de lecture, swing.

Arc en retour, back-fire, back-firing, flash-back.

Arc de rupture, breakage (*ou* interruption) arc.

Arc sifflant, hissing arc.

Arc à la terre, arcing ground.

Arc unipolaire, unipolar arc.

Archet, bow, harp.

Ardoise, slate.

Aréomètre, acidometer, areometer, densimeter, hydrometer.

Arête, border, corner, edge, ridge, rim.

Argent, silver.

Argentan, German (*ou* nickel) silver.

Argenté, silver, silvered, silver-plated.

Argentifère, argentiferous.

Argenture, silver plating *(action)* ; silver-plate *(dépôt)*.

Argenture au bain, silver bathing.

Argenture par pulvérisation, silver spraying.

Argile, argil, clay.

Argileux, bolary.

Argument, argument.

Aride, droughty.

Armature, armature, bin, fitting, frame, mounting cell (*ou* frame) *(support)* ; armor, sheath, sheathing, shield, shielding *(blindage)* ; fitting *(écl)* ; reinforcement *(soudure)* ; tongue ; vane *(lamelle)*.

Armature de câble, cable sheath.

Armature de condensateur, condenser disk (*ou* plate).

Armature de porte-balai, brush yoke, rocker.

Armature à ruban d'acier, steel-tape armor.

Armé, armored, iron-clad, iron-coated, metal-clad (*ou* coated *ou* covered *ou* enclosed *ou* sheathed), shielded.

Armer, to cock *(un mécanisme)*.

Armoire, case, cell, cubicle, locker, stack, enclosure.

Armoire de séchage, drying case.

Armure, armor, sheath, sheathing.

Arpent, acre.

Arpentage, surveying.

Arrachement, tearing, wrench.

Arracher, to tear away (*ou* down *ou* off *ou* out *ou* up), to uptear.

Arrangement, configuration.

Arranger, to collate to order.

Arrêt, barrier, break, lockout, shut-off, standstill, stop, stoppage.

Arrêt brutal, dead stop.

Arrêt de contrôle, break point.

Arrêt forcé, dead lock.

Arrêter, to block, to stop.

Arrière, back, backside, rear.

Arrière (en), backwards.

Arrière-plan, background.

Arrondir, to round.

Arsenic, arsenic.

Arsénieux, arsenious.

Artère, feeder, trunk.

Artère d'interconnexion, interconnector, tie interconnection.

Artère secondaire, sub-feeder.

Article, item.

Article de gestion, control order.

Articulation, articulation, intelligibility ; sound articulation ; knee *(méc)*.

Articulation des phrases, discrete sentence intelligibility, sentence articulation.

Artificiel, artificial, dummy.

Arythmique, arythmic.

A.S.C.I.I., abbreviation from « American National Standard Code for Information Interchange ».

Ascenseur, elevator, hoist, lift.

Aspect, appearance, aspect.

Asphérique, aspherical.

Aspirateur, vacuum cleaner, cleaner, air sucker, vac.

Aspirateur à main, hand vac.

Aspirateur de poussières, dust collector.

Aspiration, exhaust, suction, sucking.

Aspirer, to draw in, to exhaust, to suck.

Assemblage, array, assembly, bank, joining, joint, make-up, mount, stack, trim, trimming.

Assembleur, assembler.

Asservi, locked, regulated, triggered.

Asservir, to lock, to regulate, to trigger.

Asservissement, servocontrol feedback.

Asservisseur automatique de fréquence, automatic frequency corrector.

Assigner, to assign.

Assistance de groupe, group service.

Assistant, assistant, assistant engineer, co-worker.

Assombrir, to darken.

Assombrissement, darkening.

Assortir, to match.

Assourdissement, masking *(acoust.)*.

Assurance, insurance.

Assurer, to insure.

Astatique, astatic.

Astigmatisme, astigmatism.

Astronautique, astronautics, astrionics, astrogation, space navigation.

Astronef, spaceship ; A-space vehicle *(à propulsion nucléaire)*.

Asymétrie, asymmetry.

Asymétrique, asymmetrical, unsymmetrical.

Asymptote, asymptote.

Asymptotique, asymptotic.

Asynchrone, asynchronous.

Atelier, workshop, shop, stage.

Atelier de dépannage, overhauling station, repair shop.

Atelier de synchronisation, scoring stage *(cin)*.

Atmosphère, atmosphere.

Atmosphère gazeuse (à), gas-filled.

Atmosphère normale, normal (*ou* standard) atmosphere.

Atmosphérique, atmospheric, static *(parasite)*.

Atome, atom.

Atome excité, excited (*ou* hot) atom.

Atome-gramme, gram-atom.

Atome marqué, labelled (*ou* tagged) atom.

Atome mésonique, mesic atom.

Atome radioactif, radionuclide.

Atomicité, atomicity.

Atomique, atomal, atomic.

Attache, brace, clamp, fastener, fix, grip, pin, tie.

Attacher, to attach, to buckle, to clamp, to fix, to grip, to pin, to tie, to truss.

Attaque, etching *(d'un métal)* ; launching *(signal)*.

Attaque (d'), incoming.

Attaque électrolytique, electrolytic corrosion.

Attaquer, to etch *(un métal)* ; to launch *(signal)*.

Atteindre, to reach.

Attente, standby, wait, waiting, lateney.

Attente, standby, wait, waiting.

Atténuateur, attenuator, damper, deaccentuator, de-emphasis network, fader, pad, reducer ; sensitivity time control *(radar)*.

Atténuateur dissipatif, absorptive attenuator.

Atténuateur en H, H-pad.

Atténuateur en L, L-pad.

Atténuateur à lame, vane attenuator.

Atténuateur non réciproque, isolator *(guides d'ondes)*.

Atténuateur à plongeur, piston attenuator.

Atténuateur à plots, step-type attenuator.

Atténuateur réglable, variolosser.

Atténuateur sélectif, differential gain control, gain-time control.

Atténuation, active balance return loss, attenuation, de-emphasis, lowering, postemphasis, postequalization, reduction, return loss, weakening.

Atténuation (aux bornes de sortie), terminal-return loss.

Atténuation d'audition, hearing loss, deafness.

Atténuation de diaphonie, crosstalk attenuation (*ou* damping).

Atténuation directionnelle, angular deviation loss.

Atténuation d'échos, active return loss.

Atténuer, to attenuate, to deaden, to reduce, to weaken.

Atterrissage, landing.

Atterrissage sans visibilité, beacons and blind landing, blind landing, instrument landing system, I. L. S.

Attirer, to attract.

Attraction, attraction.

Attribuer, to allocate.

Attribution, allocation, allotment.

Aube, blade, paddle.

Audibilité, audibility, hearing.

Audible, audible, sonic, speech, tonal.

Audience potentielle, circulation.

Audimètre, audibility meter.

Audiofréquence, audio frequency, A.F.

Audiogramme, audiogram.

Audiogramme d'un bruit, masking audiogram.

Audiomètre, audiometer.

Audiométrie, audiometry.

Auditeur, listener.

Auditif, auditory, aural.

Audition, hearing.

Augmentation, eking, increase, raise, rise.

Augmenter, to eke, to enhance, to increase, to raise, to rise.

Aurore boréale, northern lights.

Auto-absorption, self-absorption.

Auto-amorçage (à), self-priming, self-quenching.

Autoclave, autoclave.

Autocommutateur, switching center.

Autocommutateur, exchange *(tph)*.

Auto-déclencheur, self-trigging.

Auto-démarrage, self-starting.

Auto-diffusion, self-scattering.

Autodyne, autodyne ; *(GB)* endodyne.

Auto-entretenu, self-controlled, self-sustained, self-sustaining.

Auto-excitation, self-excitation.

Auto-excité, self-excited.

Autogène, autogenous.

Autogramme, autochart.

Auto-inductance, self-inductance.

Auto-induction, self-induction.

Automate, automaton.

Automatique, automatic, non-attended, robot, self-acting.

Automatisation, automation.

Automobile, automobile, motor-car.

Auto-programmeur, compiler *(mach. à cal.)*.

Autopropulsé, self-propelled.

Auto-protecteur, autoprotective.

Autoprotection, auto (*ou* self-) protection, self-shielding.

Auto-radio, autoradio, car radio.

Autoradiogramme, autoradiogram, autoradiograph.

Autorégulation (à), self-regulating.

Autorisation, authority, authorization, grant, license, permit.

Autorisation définitive, full license.

Autorisation limitée, restricted permit.

Autorisation provisoire, conditional grant, temporary authority.

Autorisé, approved, authorized, granted, licensed, standard.

Autosurveillance, self test method.

Auto-transformateur, autotransformer.

Auto-ventilé, self-ventilated.

Auxiliaire, auxiliary, branch, secondary, subsidiary ; subworker *(personne).*

Aval, downstream.

Avalanche, avalanche ; cascade shower *(rayons cosm.).*

Avance, advance, feed, lead, leading.

Avancement, advance, feed.

Avancer par bonds, to step.

Avant, front.

Avant-plan, foreground.

Avant-trou, throat.

Avarie, damage.

Avertissement, alarm.

Avertisseur, alarm.

Avertisseur acoustique, acoustic intrusion detector *(contre le vol).*

Avertisseur, automatique d'incendie, automatic fire alarm.

Avertisseur capacitif, capacitance-operated intrusion detector *(contre le vol).*

Aveugle, blind.

Avion, aircraft, airplane, airship.

Avion (d', en), airborne.

Avion radioguidé, drone.

Axe, arbor, axle, shaft, spindle, trunnion *(essieu) ;* axe, axis, central line *(géom.).*

Axe des abscisses, axis of X, *x*-axis.

Axe de condensateur, capacitor shaft.

Axe de croisillon, star-wheel handle.

Axe électrique, electric (*ou* piezo-electric) axis.

Axe I, wide-band axis.

Axe magnétique, magnetic axis.

Axe optique, optical (*ou* Z-) axis.

Axe des ordonnées, axis of Y, *y*-axis.

Axe principal, principal axis.

Axe Q, narrow-band axis.

Axe de symétrie (à), axisymmetrical.

Axe X, electric (*ou* piezoelectric) axis.

Axe des x, *x*-axis.

Axe des y, *y*-axis.

Axial, axial.

Azimut, azimut, bearing.

Azote, nitrogen.

Azotique, nitric.

Azoture, nitride.

B

B.A., abbreviation from « Bus Available ».

Bac, can, cell, cell box, jar, pan, tank, vat.

Bac d'accumulateur, accumulator box.

Badge, badge.

Baffle infini, infinite baffle.

Baffle reflex, bass reflex, reflex (*ou* vented) baffle.

Bague, ring, sleeve.

Bague d'arrêt, adjusting ring.

Bague collectrice, collecting (*ou* collector *ou* slip) ring.

Bague de fixation, locking ring.

Bague porte-film, film ring *(détection de radioactivité)*.

Baguette, rod, wand.

Baguette électrique, wood casing (*ou* molding), wooden raceway.

Baguette de soudure, solder stick, welding rod.

Baie, bay, frame, rack.

Baie de chercheurs, finder bay *(tph)*.

Baie de contrôle, test rack.

Baie d'enregistreurs, register bay.

Baie de répéteurs, repeater station.

Bain, bath, vat.

Bain d'arrêt, short-stop bath *(cin)*.

Bain en cuve verticale, dipping bath.

Bain de dépolissage, frosting mixture.

Bain électrolytique, electroplater.

Bain de fusion, slag, weld puddle.

Bain d'huile (à), oil-immersed.

Bain de mercure, cathode pool *(redresseurs)*.

Baïonnette, bayonet.

Baisse, drop, fall.

Baisser, to droop, to drop.

Baladeuse, trouble light.

Balai, brush, commutator brush.

Balai en charbon, carbon brush.

Balai à lames, laminated brush.

Balánce, balance, scales.

Balance de courant, current balance.

Balance de Kelvin, Kelvin balance.

Balance de torsion, torsion balance.

Balancement, libration.

Balancer, to balance, to compensate, to match.

Balancier, balance beam, rocker arm.

Balayage, exploration, scan, scanning, sweep, sweeping *(trc)* ; hunting *(antenne tournante)*.

Balayage défectueux, abortive (*ou* false) sweep.

Balayage linéaire, line scan *(trc)*.

Balayage rapide, slewing *(radar)*.

Balayer, to scan, to sweep.

Balise, beacon marker.

Balisé, beaconed.

Balise d'approche, approach light, middle marker *(près du terrain)*, outer marker *(loin du terrain)*.

Balise d'extrémité, boundary light (*ou* marker).

Balise à occultations, flashing (*ou* occulting) beacon (*ou* light).

Balise à occultations codées, code beacon (*ou* light).

Balise de piste, contact course (*ou* light), landing (*ou* landing-direction) light.

Balise de sol, traffic-control projector.

Balistique, ballistic.

Ballast, ballast.

Ballon de verre, carboy.

Balourd, unbalancing mass.

Bambou, bamboo.

Banaliser, to scratch.

Banc, bank, bed, bench.

Banc de condensateur, capacitor bank.

Banc de contacts, level *(tph)*.

Banc d'essai, testing bench.

Banc d'étirage, draw bench, drawing frame.

Banc de lampes, broad *(cin, tlv)*.

Bande, band, channel, communication band (*ou* channel), range, region *(gamme)* ; tape *(ruban)*.

Bande d'absorption, absorption band.

Bande de conduction, conduction band.

Bande coupée, attenuation (*ou* rejection) band.

Bande d'émission, emission band *(spectres)* ; transmission band *(radio)*.

Bande enregistreuse, recording chart.

Bande d'essai, test reel *(cin)*.

Bande d'exploration, clear band.

Bande de fréquences, frequency band.

Bande G, G-band.

Bande H, H-band.

Bande d'impression, printer tape.

Bande interdite, forbidden band.

Bande J, J-band.

Bande large (à), wideband.

Bande latérale, sideband.

Bande latérale inférieure, lower sideband.

Bande latérale supérieure, upper sideband.

Bande latérale unique (à), singlesideband, S. S.B.

Bande magnétique, magnetic tape.

Bande P, P-band.

Bande passante, band-pass, pass-band, transmission band (*ou* range).

Bande passante à deux bosses, double-peak band-pass.

Bande passante rectangulaire, flat-band-pass.

Bande perforée, punched tape.

Bande permissible, allowed (*ou* permissible) band.

Bande pilote, carriage tape (*mach.* à *calc.*); pilot (*ou* master tape).

Bande Q, Q-band.

Bande R, R-band.

Bande réservée, reserved (*ou* service) band.

Bande S, S-band.

Bande secondaire, sub-band.

Bande semi-perforée, chadless tape.

Bande vierge, blanck tape.

Bande X, X-band.

Bandothèque, tape library.

Banque de données, data bank.

Baquet, bucket.

Bar, bar, barye.

Baril, barrel.

Barillet, barrel.

Barn, barn.

Barographe, barograph.

Baromètre anéroïde, aneroid barometer.

Barrage, barrier *(sens général)* ; dam *(ouvrage)*.

Barrage en béton, concrete dam.

Barrage en enrochement, rock-fill dam.

Barrage de sécurité, keep-off.

Barrage en terre, earth dam.

Barrage en terre cylindrée, rolled (*ou* rolled-fill) earth dam.

Barrage-voûte, arch dam.

Barre, bar, rod.

Barre à caractères, type bar.

Barre de combustible, fuel rod.

Barre de commande, control rod.

Barre d'induit, armature bar.

Barre omnibus, bar, busbar, collecting (*ou* omnibus) bar.

Barre omnibus principale, control bus.

Barre de sécurité, safety rod.

Barre de touche, touch-bar *(tlg)*.

Barreau, bar, rod.

Barreau aimanté, bar magnet.

Barreau de choc, impact test bar.

Barreau entaillé, notch bar.

Barreau d'essai, control (*ou* test) bar (*ou* rod).

Barreau de fatigue, fatigue test bar.

Barreau de flexion, bending test bar.

Barreau d'outil, tool bit.

Barreau de traction, tensile-test bar.

Barrette, bar, strap, strip.

Barrette de connexion, connecting (*ou* connection) bar (*ou* strip).

Barrière, barrier, enclosure, fence, railing.

Barrière de potentiel, potential barrier.

Barye, bar, barye.

Baryon, baryon.

Bas, bottom.

Basculant, dumping, rocking, tilting.

Bascule, cradle, rocker, canted shot *(cin, tlv)*.

Basculeur, trigger, latch.

Base, base, basis, bed, pedestal, sill, sole *(support)* ; base, basis, root *(calcul)*; binary point *(mach, électronique)*.

Base de données, data base.

Base principale, sub-base, sub-section.

Base de temps, time base.

Basse fréquence, audio, audio (*ou* low) frequency, bass, A.F., L.F.

Basse tension, low tension (*ou* voltage), L.T.

B.A.S.I.C., abbreviation from « Beginners All-purpose Symbolic Instruction Code ».

Bassin, basin, bowl.

Bassin de tranquillisation, stilling basin.

Bâtardeau, cofferdam.

Bateau, ship.

Bâti, bed, frame, mounting frame, rack, supporting structure.

Bâti-moteur, engine mount.

Bâtiment, building.

Battement, beat, beating, surging.

Battement nul, zero beat.

Batterie, battery.

Batterie anodique, anode battery, B-battery.

Batterie centrale, central (*ou* common) battery.

Batterie de chauffage, A-battery, filament (*ou* heater) battery.

Batterie commune, central (*ou* common) battery.

Batterie d'excitation, control battery.

Batterie locale, local battery.

Batterie de polarisation de grille, C-battery.

Batterie de secours, emergency battery (*ou* cell).

Batterie-tampon, booster (*ou* buffer *ou* floating *ou* balancing) battery.

Battu, battered.

Baud, baud *(tlg)*.

Baudot multiplex à 2 voies, Baudot double (*ou* two-way) system.

Baudot multiplex à 2 voies duplexées, Baudot double (*ou* two-way) duplex system.

Baudot multiplex à 3 voies, Baudot three-way (*ou* triple) system.

Baudot multiplex à 3 voies duplexées, Baudot three-way (*ou* triple) duplex system.

Baudot multiplex à 4 voies, Baudot four-way (*ou* quadruple) system.

Baudot multiplex à 4 voies duplexées, Baudot four-way (*ou* quadruple) duplex system.

Baudot multiplex à 5 voies, Baudot five-way (*ou* quintuple) system.

Baudot multiplex à 5 voies duplexées, Baudot five-way (*ou* quintuple) duplex system.

Baudot multiplex à 6 voies, Baudot six-way (*ou* sextuple) system.

Baudot multiplex à 6 voies duplexées, Baudot six-way (*ou* sextuple) duplex system.

Baume, balsam.

B.C.D., abbreviation from « Binary Coded Decimal ».

Bec, spout.

Bécarre, natural *(mus)*.

Bécher, beaker.

Bel, bel.

Bélière, suspension brace.

Bélinogramme, facsimile, fax, phototelegram, telephoto, wirephoto.

Bélinographe, facsimile, facsimile receiver, faxceiver, picture set.

Bélinographie, facsimile telegraphy, A-4 wave, fax, photoradio (*ou* picture) transmission, phototelegraphy, picture telegraphy, telephotography.

Bémol, flat *(mus)*.

Berceau, cradle.

Berceau de dépannage, repair cradle.

Béryllium, beryllium, glucinium.

Bétatron, betatron, induction accelerator, rheotron *(peu usité)*.

Béton, concrete.

Béton lourd, loaded concrete.

Bétonnage, concreting.

Bévatron, bevatron, cosmotron.

B.F. *(basse fréquence)*, audio (*ou* low) frequency, A.F., L.F.

Biais, bias.

Biatomique, biatomic.

Biauriculaire, binaural.

Bibliothécaire, librarian.

Bibliothèque, library.

Bibliothèque de disques, disk library.

Bibliothèque de données, library of data.

Bibliothèque d'une famille d'ordinateurs, system library.

Bibliothèque générale, master library.

Bibliothèque d'instructions, statement library.

Bibliothèque de programmes, program library.

Bicarré, biquadratic.

Biconcave, double-concave.

Biconvexe, double-convex.

Bidirectionnel, bidirectional.

Bidon, can.

Bielle, motion rod, rod.

Biellette, rod.

Biennal, biennal.

Bifilaire, bifilar, double-wound ; two-wire *(antennes)*.

Bigarré, variegated.

Bigrille, double-grid tube, space-charge tetrode ; bigrid *(adj)*.

Bilame, bimetallic strip, thermal switch.

Bilan énergétique, energy balance.

Bilan neutronique, neutron balance.

Bilan thermique, heat budget.

Bilatéral, bilateral.

Bille, ball.

Bimétal, bimetal.

Bimétallique, bimetal.

Bimorphisme, optical twinning.

B.I.N.A. *(Bureau International des Normes de l'Automobile)* International Automobile Standards Bureau

Binaire, binary, digital.

Bioluminescence, bioluminescence.

Bionique, bionics.

Bioxyde, dioxide.

Bipartition, bipartition ; fission.

Biphasé, diphase, quarter-phase, two-phase.

Bipolaire, bipolar, double-pole, two-pole.

Bipolaire à une direction, double-pole single-throw, D.P.S.T.

Bipolaire à deux directions, double-pole double-throw, D.P.D.T.

Biréfringence, double refraction *(opt)*.

Biréfringent, birefractive.

Biseau, bevel, lip.

Biseauté, bevelled, feather-edged.

Bispiralé, coiled-coil, double-coiled.

Bissectrice, bisectrix.

Bistouri électrique, diathermic knife.

BIT, abbreviation from « Binary dig IT ».

Bit de contrôle, check bit.

Bit de départ, start bit.

Bit de hors texte, zone bit.

Bit indicateur, flag.

Bit d'indisponibilité, not capable bit.

Bit de synchronisation, framing bit.

Bitume, bitumen.

Bivalent, bivalent.

Bivibrateur, *(USA)* bistable multivibrator, *(GB)* flip-and-flop generator.

Blanc, white ; achromatic *(sans couleur déterminée)* ; blank *(vierge)* ; highlight *(cin)*.

Blanc idéal, equal-energy white.

Blanc maximal, peak white.

Blanc moyen, equal-energy white.

Blanc moyen, equal-signal white.

Blanche, minim *(mus)*.

Blanchiment, bleaching *(cin).*

Bleu, blue *(couleur)* ; blueprint *(copie)* ; overall *(vêtement).*

Blindage, armor, casing, shielding can *(sens de carter)* ; screen, sheath, shield, shielding *(écran).*

Blindage électrostatique, electrostatic screen (*ou* shield), screen box.

Blindage d'induit, armature casing.

Blindé, armored, enclosed, shell-type ; screened, sheathed, shielded.

Blinder, to armor, to screen, to sheath, to shield.

Bloc, aggregate, block, pack, unit.

Bloc additionnel, add-on unit.

Bloc d'alimentation, power (*ou* supply) unit, power pack.

Bloc arithmétique, arithmetical unit.

Bloc de bobinages, coil pack.

Bloc de contrôle, control block.

Bloc démultiplicateur, scaling unit.

Bloc émetteur, source block.

Bloc mémoire, storage block.

Bloc numérateur, register unit.

Bloc récepteur, sink block.

Bloc de résistances, resistor unit.

Bloc de sélecteurs, selector unit.

Bloc de têtes vidéo, video-head assembly.

Blocage, binding, blocking, jamming, overshooting.

Blocage de phase, phase lock.

Block-signal, block-signal.

Block-système, block-system.

Bloqué, blocked, locked.

Bloquer, to block, to blockade, to jam, to lock.

Bobinage, coil, inductance, inductor, winding.

Bobinage à air, air-core coil.

Bobinage de champ, field coil (*ou* winding).

Bobinage entrelacé, banked winding.

Bobinage d'excitation, field coil (*ou* winding).

Bobinage fermé, reentrant winding.

Bobinage en forme, form-wound coil.

Bobinage en galette, pie winding.

Bobinage imbriqué, lap winding.

Bobinage d'inducteur, field coil (*ou* winding).

Bobinage en losange, diamond-weave coil.

Bobinage non selfique (à), hum-balanced wound.

Bobinage plat, disc coil.

Bobinage à saturation, saturable reactor.

Bobinage toroïdal, donut (*ou* doughnut) coil, toroid, toroidal winding.

Bobine, reactance *(dés)* ; coil, inductor, reactor, spool *(enroulement)* ; bobbin, drum *(support)* ; reel *(cin).*

Bobine d'accord, loading (*ou* tuning) coil.

Bobine à air, air-core (*ou* supportless) coil.

Bobine d'allumage, ignition coil.

Bobine d'amortissement, damping (*ou* quenching) choke.

Bobine d'antenne, antenna (*ou* input) coil.

Bobine anti-ronfle, hum-bucking coil.

Bobine d'arrêt, choke, choke coil, feeder reactor, impedance (*ou* reactive *ou* retarding) coil.

Bobine de charge, loading coil ; Pupin coil *(réseaux tph)* ; apex inductor *(à l'extrémité d'un câble).*

Bobine de choc, v. *Bobine d'arrêt.*

Bobine de compensation, bucking coil.

Bobine de concentration, concentrating (*ou* concentration *ou* focusing *ou* framing) coil, concentrator.

Bobine de couplage, coupling coil, link circuit, mutual inductor.

Bobine de crête, peaking coil.

Bobine croisée, cross coil.

Bobine à curseur, slider coil.

Bobine déflectrice, deflecting (*ou* deflector) coil (*ou* yoke), deflector ; orbit-shift coil *(accélérateurs cycliques)*.

Bobine dérouleuse, feed (*ou* supply) reel, take-off spool *(cin)*.

Bobine de déviation, deflecting (*ou* deflector) coil (*ou* yoke), deflector.

Bobine d'écoute, hearing coil.

Bobine enrouleuse, take-up reel (*ou* spool).

Bobine d'équilibrage, arc suppression coil ; balancing coil.

Bobine d'excitation, magnet (*ou* magnetic *ou* magnetizing) coil.

Bobine d'excitation shunt, shunt-trip coil.

Bobine exploratrice, exploring (*ou* flip *ou* pickup *ou* search *ou* test) coil.

Bobine à fer saturé, swinging choke.

Bobine de filtrage, smoothing choke.

Bobine fixe, stator coil.

Bobine de focalisation, v. *Bobine de concentration.*

Bobine en fond de panier, basket (*ou* basket-weave *ou* pancake *ou* cage) coil.

Bobine en galette, flat coil.

Bobine d'impédance, impedance (*ou* inductance) coil, reactance bond.

Bobine d'impulsions, peaker strip.

Bobine interchangeable, plug-in (*ou* unit) coil.

Bobine magnétisante, magnetizing coil.

Bobine mobile, moving (*ou* rotor *ou* speech *ou* voice) *coil.*

Bobine en nid d'abeille, honeycomb (*ou* lattice) coil.

Bobine à noyau plongeur, sucking coil.

Bobine plate, pancake (*ou* slab) coil.

Bobine à prises, split coil.

Bobine de protection, current-limiting reactor.

Bobine Pupin, loading (*ou* Pupin) coil.

Bobine de réactance, reactance coil.

Bobine de réaction, feedback (*ou* reactive) coil, tickler.

Bobine réceptrice, take-up reel.

Bobine de relais, trip coil.

Bobine à ruban, ribbon spool.

Bobine de Ruhmkorff, induction (*ou* inductor *ou* spark) coil.

Bobine de soufflage, blow-out coil.

Bobine de suppression d'arc, arc suppression (*ou* Petersen) coil.

Bobine toroïdale, ring coil, toroid.

Bobine translatrice, repeating coil.

Bobine à trembleur, make-and-break (*ou* vibrator) coil.

Bobine à une seule couche, single-layer coil.

Bobiné, coiled, wound, wire-wound.

Bobineau, printer tape.

Bobineuse, spooling machine.

Bois, wood.

Bois blanc, deal.

Bois de charpente, lumber, timber.

Boisseau, bushel.

Boîte, box, case.

Boîte d'angle, angle conduit box.

Boîte à confettis, chip-box.

Boîte de contrôle, control box.

Boîte de coupure, disconnecting (*ou* testing) box.

Boîte de décades, decade box.

Boîte de dérivation, conduit (*ou* dividing *ou* junction *ou* pull *ou* transfer) box.

Boîte de film, spool box.

Boîte de jonction, adaptor (*ou* cable *ou* cable terminal *ou* connection *ou* distributor *ou* joint *ou* junction *ou* splice) box.

Boîte à outils, tool chest.

Boîte à piles, battery chute.

Boîte de résistances, volt box.

Boîte de roulement, sleeve bearing.

Boîte de vitesses, gear box.

Boîtier, box, can, case, casing.

Bol, bowl.

Bolomètre, bolometer.

Bombardement, bombardment.

Bombe atomique, A-bomb, atom (*ou* atomic) bomb.

Bombe à hydrogène, H-bomb, hydrogen bomb.

Bombonne, carboy, demijohn.

Bon de commande, order form.

Bond, jump.

Bonnette, additional lens *(opt)* ; fluoroscope *(rayons X)*.

Boole (1815-1864), created the Boolean algebra.

Bord, board, border, brim, brink, edge, limit, list, ridge, rim.

Bord d'attaque, leading edge.

Bord droit, butt.

Bord de référence, reference edge.

Bordereau, form.

Bordereau de données, data sheet.

Bordereau de saisie, input form.

Bore, boron.

Borne, accessible (*ou* connecting) terminal, binding (*ou* terminal) post (*ou* screw), clamp, clip, connector, junction point, stop, terminal, vertex (*pl.* vertices).

Bornes (aux), across.

Borne de dérivation, branch terminal.

Borne filetée, screw (*ou* threaded) terminal.

Borne de jonction, connecting terminal.

Borne à prisonnier, captive-head terminal.

B.O.S., Abbreviation from « Basic Operating System ».

Boson, boson.

Bossage, boss.

Bossage d'éjection, ejector boss.

Bosse, bulge, dent, hump, peak.

Bosselure, dent.

Botte, bundle.

Bouche, mouth.

Bouche d'eau, plug hole, water plug.

Bouche d'incendie, fire plug.

Boucher, to caulk, to stop.

Bouchon, stopper, trap.

Bouchon fusible, fuse plug.

Bouchon intermédiaire, adaptor plug.

Bouclage par batterie, battery loop *(tph)*.

Boucle, bow, buckle, curl, loop.

Boucle d'accord en U, hairpin tuning bar.

Boucle d'hystérésis, B-H loop, hysteresis cycle (*ou* loop).

Boucle d'hystérésis résiduelle, recoil loop.

Boucle fermée, closed loop.

Boucle magnétique, magnetic loop.

Boucle simple, basic loop.

Boucleur, loop setter *(cin)*.

Bouclier, shield.

Bouclier thermique, heat shield.

Boue, mud, slime, sediment.

Boue anodique, anode mud (*ou* slime).

Bouée lumineuse, seadrome light.

Bouée radio et sonore, anchored radio sono-buoy, A.R.S.B.

Bougie, candle *(unité)* ; ignition (*ou* spark) plug, plug *(moteurs)*.

Bougie-mètre, meter-candle *(dés)* ; lux.

Bouillonner, to bubble.

Bouillonnement, bubbling, froth, gassing.

Boule, ball.

Boule d'éclateur, spark ball.

Bouleau, birchwood.

Boulon, bolt.

Boulon fileté, threaded bolt.

Boulon de fixation, holding-down (*ou* holding-up) bolt.

Boulon goupillé, joint bolt.

Boulon noyé, countersunk bolt.

Boulon à tête carrée, square-head bolt.

Bourdonnement, hum, humming, humming noise, ripple.

Bourrage, jamming *(cin)*.

Bourre, wad.

Boussole, compass.

Boussole d'arpenteur, circumferator.

Boussole de déclinaison, declinometer.

Boussole d'inclinaison, inclinometer.

Boussole d'induction, induction (*ou* earth induction) compass.

Boussole des sinus, sine (*ou* torsion) galvanometer.

Boussole des tangentes, tangent galvanometer.

Bout, butt, end, end piece, tip.

Bout d'arbre, tailshaft.

Bout mort, dead end.

Bouteille, bottle.

Bouteille à gaz, cylinder.

Bouteille de Leyde, jar, Leyden jar.

Bouteille magnétique, magnetic bottle.

Bouton, button, grip, knob.

Bouton d'appel, bell push.

Bouton d'arrêt, stop button.

Bouton de cadrage, centering control *(tlv)*.

Bouton molleté, knurled knob, thumbscrew.

Bouton-poussoir, press (*ou* push) button (*ou* knob).

Bouton de réglage, control knob.

b.p.s., Abbreviation from « bytes per second ».

Brai, pitch.

Brai de câble, cable compound (*ou* filler).

Branche, branch, leg, limb.

Branche d'un pont, bridge arm.

Branché, branched, connected, set.

Branchement, branch joint, connection, hooking, junction, junction point, node, switching, vertex (*pl.* vertices).

Branchement d'abonné, service loop (*ou* pipe).

Branchement en T, T-joint, tee-joint.

Brancher, to connect, to cut in, to put through, to switch, to switch on, to turn on.

Bras, arm, arm branch, dolly, holder, member, saddle.

Bras d'accès, access arm.

Bras d'alimentation, picker arm.

Bras articulé, toggle.

Bras articulé, toggle.

Bras de contacteur, moving contact member.

Bras de lecture, pick-up arm.

Bras de levier, lever arm.

Bras mobile, swinging arm.

Bras de pick-up, tone arm.

Bras de positionnement, positioning arm.

Bras de proportion, ratio arm.

Brasage, brazing, arc brazing.

Braser, to braze.

Brassage, stirring.

Brasse, fathom.

Brasure, arc brazing, brazing.

Bref délai, short time.

Brevet, license, patent.

Brevetable, patentable.

Bride, blind flange, bridle, clamp, clip, fastener, flange, push-off, yoke.

Bride de câble armé, armor clamp.

Bride d'écartement, distance clip.

Brider, to clamp, to fasten.

Brillance, brightness *(dés)*, luminance; brilliance, brilliancy *(sens général)*.

Brillance moyenne, compatibility.

Brillancemètre, gloss meter, luminancemeter.

Brillant, bright, brilliant, glossy.

Brillantage, polishing.

Briller, to brighten.

Brin, strand.

Brin émetteur, radiating wire.

Bris, breach, breaking, shattering.

Brisé, broken, shattered.

Briser, to break, to shatter.

Broche, spindle *(tour)* ; pin, plug, prong *(fiche)*.

Brochure, booklet.

B.R.O.M., Abbreviation from « Bipolar Read Only Memory ».

Brome, bromine.

Bromure, bromide.

Bronze, bronze, gun metal.

Bronze phosphoreux, phosphor bronze.

Brosse, brush.

Brouillage, disturbance, interference, jamming, splashing, spoofing.

Brouillage radiophonique, broadcast interference, B.C.I. *(entre stations normales)* ; jamming *(brouillage volontaire)*.

Brouillard, fog, haze, mist.

Brouiller, to disturb, to interfere, to jam, to scramble, to trouble.

Brouilleur, confuser, counter-measure, interference unit, jammer, scrambler, spoofing transmitter.

Brouilleur de radar, direct noise amplifier.

Brouillon, scratch.

Broutement, stick-slip.

Broutement, stick-slip.

Broyeur, ball mill, crusher.

Brûlage, burn-in.

Bruit, noise, squeak ; clattering *(parasite)*.

Bruit d'aiguille, needle (*ou* record *ou* surface) chatter (*ou* hiss *ou* noise *ou* scratch *ou* talk).

Bruit ambiant, room noise ; sidetone *(tph)*.

Bruit blanc, white (*ou* Gaussian) noise.

Bruit de fond, additional (*ou* tube) noise, background, background (*ou* ground) noise, mush.

Bruit de ligne, circuit noise.

Bruit de modulation, modulation noise.

Bruit parasite, bastard sound.

Bruit de partition, partition noise.

Bruit propre, basic noise.

Bruit de surface, v. *Bruit d'aiguille.*

Bruitage, clattering.

Bruiter, to clatter.

Brûler, to burn, to arch.

Brûleur, burner.

Brume, mist.

Brunissage, burnishing, coloring.

Brunissage chimique, chemical coloring.

Brut, coarse, crude, raw, rough, uncut, unfinished, unmanufactured, unwrought.

B.T. *(basse tension)* low tension (*ou* voltage), L.T.

Buffer, buffer.

Bulletin de garantie, reference card.

Bulletin météorologique, weather report.

Bureau, office *(sens général)* ; exchange, office *(tph)*.

Bureau automatique, automatic exchange *(tph)*.

Bureau central, central (*ou* main) exchange (*ou* office).

Bureau central à batterie commune, common-battery central exchange (*ou* office) *(tph)*.

Bureau central de commutation, central office exchange.

Bureau central manuel, manual central exchange (*ou* office) *(tph)*.

Bureau d'études, development team.

Bureau local, local central office, local exchange *(tph)*.

Bureau mixte, auto-manual exchange (*ou* office) *(tph)*.

Bureau rural, rural exchange (*ou* office).

Bureau téléphonique, exchange, office.

Bureau téléphonique auxiliaire, country satellite (*ou* dependent) exchange (*ou* office), discriminating satellite exchange (*ou* office), fullsatellite (*ou* minor) exchange (*ou* office), sub-exchange.

Bureau téléphonique intermédiaire, tandem exchange (*ou* office).

Bureau téléphonique inter-réseaux, joint-trunk exchange (*ou* office).

Bureau téléphonique interurbain, trunk exchange (*ou* office), zone center.

Bureau téléphonique mixte, semi-automatic exchange (*ou* office).

Bureau téléphonique régional, toll exchange (*ou* office).

Bureau téléphonique secondaire, branch exchange (*ou* office).

Bureau télétype, teletypewriter exchange (*ou* office).

Burette, can.

Burin, chisel, cold chisel, cutting stylus, gad.

Burin de gravure, recording stylus.

Burinage, hacking.

Buriner, to hack.

Bus, bus.

Bus d'adresses, address bus.

Bus de commande, control bus.

Bus d'information, data bus.

Buse, jet, nozzle.

But, aim, scope, target ; drift.

Butée, bearing, dog.

Butée à billes, ball thrust.

Butée de repos, back stop.

C

C.A.A. *(contrôle automatique d'amplification)* automatic gain control, A.G.C.

C.A.A. *(contrôle automatique d'amplitude)* automatic amplitude control.

C.A.B. *(contrôle automatique de brillance)* automatic brightness control.

Cabine, blimp, booth, caboose *(cin)* ; cab, cabin *(ascenseurs)* ; capsule *(fusées)*.

Cabine d'ascenseur, cab, cabin, car.

Cabine de distribution, main distribution center.

Cabine téléphonique publique, call box, public telephone station ; *(USA)* paystation ; *(GB)* public call-office.

Cabine de transformation, transformer kiosk.

Câblage, cabling, haywire, wiring, wiring system.

Câblage auxiliaire, small wiring.

Câblage coaxial, concentric wiring system.

Câble, cable, conductor, feeder *(électr.)* ; rope, string *(cordage)*.

Câble d'alimentation, slinging wire.

Câble armé, armored (*ou* sheathed *ou* shielded) cable.

Câble armé flexible, B.X.

Câble armé multiple, separate-lead cable.

Câble blindé, screened (*ou* sheathed) cable.

Câble sous caoutchouc, rubber-coated (*ou* rubber-sheated *ou* rubber-covered *ou* cab-tyre) cable.

Câble chargé, coil-loaded (*ou* Pupin) cable.

Câble coaxial, coax, coaxial (*ou* concentric) cable (*ou* line), hollow pipe, pipe line.

Câble à deux conducteurs, twin cable (*ou* lead *ou* wire), two-wire cable.

Câble à deux conducteurs torsadés, duplex cable.

Câble de distribution, distributor.

Câble à grande distance, trunk cable.

Câbles groupés, bunched cables.

Câble haute fréquence, radio guide.

Câble à huile, oil-filled cable.

Câble de jonction, junction cable.

Câble sous-marin, deep-sea cable.

Câble de mise à la terre, earth continuity conductor, earth electrode, cable bus (*ou* cable *ou* conductor).

Câble mixte, composite cable.

Câble multiple, multi-core cable, multiple conductor.

Câble à paires, paired cable.

Câble perlé, pearl conductor.

Câble sous plomb, lead-coated (*ou* lead-covered *ou* lead-sheathed) cable.

Câble à plusieurs brins, split-conductor cable.

Câble sous pression, gas-cushion cable.

Câble prolongateur, extension cord.

Câble à plusieurs quartes, multiple-quad (*ou* quad *ou* quadded *ou* star-quad) cable, quad-pair cable *(à plusieurs paires)*.

Câble pupinisé, v. *Câble chargé.*

Câble de radioguidage, leader cable.

Câble souple, flex.

Câble souterrain, grounded cable.

Câble toronné, concentric-lay (*ou* rope-lay) cable.

Câble de traction, fishing wire, snake.

Câblogramme, cablegram, wire.

Cache, matte *(cin)*.

Caché, concealed.

Cache enjoliveur, grille.

Cache mobile, flipper *(cin)*.

C.A.D., Abbreviation from « Computer Aided Design ».

Cadence, cadence, speed.

Cadmié, cadmiated.

Cadmium, cadmium.

Cadrage, framing, phasing, racking ; framing (*ou* height) control *(cin, tlv)* ; mapping *(radar)*.

Cadrage des mots, aligning a text.

Cadran, chart scale, dial; tuning scale *(radio)*.

Cadran à aiguille, needle (*ou* pointer) register.

Cadran avion, airplane dial.

Cadran à chiffres apparents, cyclometer register.

Cadran démultiplié, slow-motion (*ou* vernier) dial.

Cadran étalonné, calibrated dial.

Cadran gradué, calibrated (*ou* scale) dial.

Cadran numérique, all-numeral dial.

Cadran principal, first dial.

Cadran de réglage, tuning dial.

Cadre, coil aerial *(dés)* ; frame (*ou* loop) aerial, frame, loop ; trap *(cin)*.

Cadre de direction, corporate executive.

Cadre de page, page frame.

Cadre tournant, rotating frame, rotation-frame aerial.

Cadrer, to scale.

Cadreur, framer, phaser.

Cafetière électrique, coffee-maker.

Cage à billes, ball race.

Cage d'écureuil, squirrel-cage winding.

Cage de Faraday, Faraday cage.

Caisse, box, case, chest.

Calage, phasing *(courants)* ; clamping, shimming *(mécanique)*.

Calage du faisceau, beam positioning.

Calamine, sludge.

Calaminé, coated.

Calandre, calender.

Calandrer, to calender.

Calcaire, calcareous, limy.

Calciner, to calcinate, to calcine.

Calcul, calculation, calculus ciphering, computation, reckoning.

Calcul approché, smoothing, rough calculation.

Calcul différentiel, differential calculus.

Calcul imaginaire, vector algebra.

Calcul intégral, integral calculus.

Calcul matriciel, matrix operations.

Calcul opérationnel, operational calculus.

Calculateur, computer.

Calculatrice analogique, analog computer.

Calculatrice asynchrone, asynchronous computer.

Calculatrice de bureau, desk-top computer.

Calculatrice à cartes perforées, card-programmed computer.

Calculatrice électronique, electron brain, electronic computer.

Calculatrice hybride, hybrid computer.

Calculatrice mixte, multiprocessor.

Calculatrice numérique, digital computer.

Calculatrice de poche, hand calculator.

Calculatrice synchrone, synchronous computer.

Calculer, to calculate, to compute, to design, to reckon.

Cale, block, quoin, wedge; shim *(aimants)*.

Cale d'entrefer, tip (*ou* pole) spacer.

Cale-étalon, slip gauge.

Caler, to phase *(courants)* ; to clamp, to quoin, to wedge *(mécanique)*.

Calibre, caliber, caliper, gauge, gauge tester.

Calibre de contrôle, inspection gauge.

Calibre de perçage, jig.

Calibre de tolérance, clearance gauge.

Calibrer, to calibrate, to gauge.

Calme, calm, quiescent, quiet, still.

Calorie, calory.

Calorie-gramme, gram-calory.

Calorifugé, heatproof, heat-resistant, heat-resistive, lagging.

Calotte, dome.

Calque, calk, counterdrawing, duplicate, trace.

Cambrer, to camber.

Cambrure, camber.

Came, cam, nipper, tappet.

Camera, camera ; camera, telecamera *(tlv)*.

Caméra à chargeurs, magazine camera.

Caméra électronique, electron camera.

Camion d'enregistrement, sound truck (*ou* van).

CAN, abbreviation from « CANcel character ».

Canal, band, channel, communication band (*ou* channel), way.

Canal d'accès à la mémoire, storage access channel (SAC).

Canal commun, co-channel.

Canal d'échange de données, data channel.

Canal d'injection, runner.

Canal de liaison directe, direct data channel.

Canal multiple, multiplex channel.

Canal pilote, cue channel.

Canal sélecteur, selector channel.

Canal simple, selector channel.

Canalisation, conduit, conduit run, distributor duct, duct, pipe, raceway, troughing.

Canalisation cimentée, monolithic conduit.

Canalisation souterraine, duct bank.

Caniveau, subway ; undercutting *(soudure)*.

Cannelé, corrugated, milled, slotted.

Cannelure, corrugation, flute, rib, slot.

Canon, barrel, gun.

Canon à électrons, electron gun.

Canon isolant, grommet.

Canon de passage, bush, grommet hole, tube.

Canton, block.

Cantonnement, block-signal, block-system.

Caoutchouc, hevea (*ou* India) rubber, rubber.

Caoutchouc vulcanisé, vulcanite, vulcanized india-rubber.

Caoutchoutage, rubber bonding.

Caoutchouté, rubberized.

Capable, able, capable, efficient.

Capacimètre, C-meter, capacitance meter, faradmeter.

Capacitance, permittance.

Capacité, capacitance, capacity *(grandeur)* ; capacitor, condenser *(objet)*.

Capacité (à faible), low-capacity, anticapacitance.

Capacité de calcul, computer capacity.

Capacité calorifique, heat (*ou* thermal) capacity.

Capacité limite, carrying-capacity current *(câbles)* ; rupturing capacity *(disjoncteurs)*.

Capacité de mémoire, storage capacity.

Capacité propre, self-capacitance.

Capacité répartie, self-capacitance, total capacitance.

Capacité résiduelle, initial (*ou* minimum *ou* stray) capacitance.

Capacité de traitement, computer capacity.

Capacité utile, service capacity.

Capacitif, capacitive, condensive.

Capillaire, capillary.

Capot, bonnet, cap, cover, hood, shield.

Capot anti-givreur, sleet hood.

Capot protecteur, bushing, end-shield, winding shield.

Capsule, carbon button *(tph)* ; dish.

Capteur acoustique, acoustic pick-up.

Capteur phonographique, pick-up.

Capteur de vibrations, vibration pick-up.

Capture, capture.

Capture K, K-capture.

Capuchon, cap.

Caractère, character.

Caractère d'annulation, cancel character.

Caractère blanc, blank.

Caractère code binaire, binary coded character.

Caractère de commande, control character.

Caractère de contrôle, check digit.

Caractère d'essai, check character.

Caractère de remplissage, filler character.

Caractère en surimpression, overstruck character.

Caractéristique, characteristic, datum (*pl. data*), feature, index, specification ; characteristic, distinctive *(adj)*.

Caractéristique composée, lumped characteristic.

Caractéristique de détection, rectification characteristic.

Caractéristique d'enregistrement, recording characteristic (*ou* curve).

Caractéristique de lecture, playback characteristic (*ou* curve).

Caractéristique principale, distinctive feature.

Caractéristique de saturation, saturation curve.

Carat, carat.

Carbonate de soude, soda.

Carbone, carbon, charcoal.

Carboniser, to blacken, to char.

Carborundum, carborundum, silicon carbide.

Carbure, carbide.

Carburé, carbureted.

Carcasse, bin, former, frame, shell, yoke.

Carcasse de collecteur, commutator shell.

Cardiogramme, cardiogram.

Cardiogramme vectoriel, vector cardiogram.

Cardiographe, cardiograph.

Cardioïde, cardioid, heart-shaped, figure-of-eight.

Cardioradiographie, radiocardiography.

Carnet de commande, order book.

Carnet de bord, run (*ou* log) book.

Carotte, sprue.

Carré, square, four-angle, quadrangle ; quadrate, quadratic, square *(adj)*.

Carrosserie, body.

Carte, card, chart.

Carte à bandes, card-to-tape.

Carte binaire, binary card.

Carte binaire par colonne, column binary card.

Carte binaire par ligne, row binary card.

Carte à circuit imprimé, printed circuit card.

Carte de contrôle, control card.

Carte de données, data card.

Carte électronique, electronic board.

Carte d'entrée, instruction program.

Carte de gestion, control card.

Carte perforée, punched card.

Carte à pistes magnétiques, magnetic stripe card.

Carte récapitulative, summary card.

Carte des sinus, sine card *(radar)*.

Carter, casing, container, housing, magazine, shell, shield ; crank case (*ou* hamber) *(moteurs)* ; spool box *(cin)*.

Carton, cardboard, pasteboard.

Cartouche, cartridge.

Cartouche de bande magnétique, tape cartridge.

Cartouche fissurée, burst cartridge.

Cascade, cascade, tandem.

Casque, helmet *(sens général)* ; headset *(tph)*.

Casque téléphonique, head receiver, headphone, headset.

Cassant, brittle.

Cassette, cassette, recess.

Cassure, breakage, crack.

Catalogue des couleurs, color album.

Catalogue de données, data catalogue.

Catalyseur, catalyst.

Cataphorèse, cataphoresis.

Cataphorèse, cataphoresis.

Catélectrotonus, catelectrotonus.

Caténaire, catenary.

Cathode, cathode, emitter ; starting sheet *(électrolyse)*.

Cathode à bain, pool cathode.

Cathode à chauffage direct, bright-emitting cathode.

Cathode à chauffage indirect, equipotential (*ou* heated *ou* unipotential) cathode.

Cathode comprimée, pressed cathode.

Cathode imprégnée, impregnated cathode.

Cathode liquide, pool cathode.

Cathode à oxydes, dull emitter, dull-emitting (*ou* oxide-coated) cathode.

Cathode photoélectrique, photocathode.

Cathode poreuse, capillary cathode.

Cathode secondaire, dynode, electron mirror.

Cathode-suiveuse, cathode follower.

Cathodyne, cathodyne.

Cation, cation.

Catoptrique, catoptric, catoptrical.

Causalité, causality.

Caustique, caustic, erodent.

C.A.V. *(contrôle automatique de volume)* automatic gain (*ou* volume) control, A.G.C., A.V.C.

Cavalier, jumper.

Caveau, cave, burial ground *(produits radioactifs)*.

Cavitation, streaming.

Cavité, cavity ; recess *(évidement)*.

Cavité repliée, folded cavity.

Cavité résonnante, cavity resonator, tuned cavity, echo box, space hat.

Cavité T.B., T.B. (*ou* transmitter-blocked) cell.

Cavité T.R., T.R. (*ou* transmit-receive) cell.

C.C.I. *(Comité Consultatif International)*, International Consultative Committee.

C.C.I.F. *(Comité Consultatif Interna-*

tional Téléphonique) International Telephone Consultative Committee.

C.C.I.R. *(Comité Consultatif International des Radiocommunications)* International Telecommunication Consultative Committee.

C.C.I.T. *(Comité Consultatif International Télégraphique)* International Telegraph Consultative Committee.

C.E.I. *(Commission Électrotechnique Internationale)*, International Electrotechnical Commission, I.E.C.

Ceinture, belt.

Ceinture de van Allen, van Allen (*ou* radiation) belt.

Célérité, velocity *(acoust)*.

Cellulaire, cellular.

Cellule, cell.

Cellule au césium, caesium (*ou* Cs-O) cell.

Cellule à couche d'arrêt, blocking (*ou* blocking layer) cell.

Cellule à couche de barrage, blocking (*ou* blocking layer) cell.

Cellule de filtrage, filter (*ou* smoothing) cell (*ou* section).

Cellule à gaz, gas cell (*ou* photocell *ou* phototube), soft cell.

Cellule à oxyde de cuivre, copper-oxide cell.

Cellule photoconductrice, conductive (*ou* photoconducting) cell.

Cellule photoélectrique, electric eye, P.E.C., photocell, phototube, photoelectric tube.

Cellule photoémissive, emission (*ou* photoemissive) cell.

Cellule photorésistante, conductive (*ou* light-resistant *ou* photoresistant) cell.

Cellule photovoltaïque, photoelectrolytic (*ou* photolytic *ou* photovoltaic *ou* self-generating) cell.

Cellule au potassium, K-photocell, potassium cell.

Cellule au sodium, Na-photocell, sodium cell.

Cellule solaire, solar cell.

Cellule à vide, vacuum cell (*ou* photocell *ou* phototube).

Cémentation, case hardening.

Cendre, ash, cinder.

Centésimal, centisemal.

Centième, cent *(mus)* ; centesimal *(adj)*.

Centimètre, centimeter.

Centrage, centring.

Central, exchange, office *(tph)* ; center, central, centric, centrical, mid, middle *(adj)*.

Central rural automatique, community (*ou* unit) automatic exchange, C.A.X., U.A.X. *(tph)*.

Central secondaire, adjacent exchange (*ou* office) *(tph)*.

Central téléphonique, single-office exchange.

Centrale, plant, power, plant, station.

Centrale atomique, atomic (*ou* reactor) plant.

Centrale électrique, generating plant (*ou* station).

Centrale au fil de l'eau, run-of-river station.

Centrale haute tension, high-voltage power plant.

Centrale hydraulique, hydroelectric (*ou* hydro) plant.

Centrale isolée, isolated plant.

Centrale de radiodistribution, radio relay exchange.

Centrale thermique, heat-engine plant.

Centre, *(USA)* center ; *(GB)* centre ; nave *(moyeu)*.

Centre acoustique, effective acoustic center.

Centre de calcul, computing center.

Centre de communication, concentrator.

Centre de courbure, center of curvature.

Centre de gravité, center of gravity (*ou* mass), centroid.

Centre informatique, computer center.

Centre optique, center of phase.

Centre radar de surveillance, radar approach control center, rapcon.

Centre de répartition, main distribution center.

Centre de traitement de l'information, data processing center.

Centrifuge, centrifugal.

Centripète, centripetal.

Céramique, keramics ; ceramic *(adj).*

Cercle, circle, ring ; hoop, orb.

Cercle d'aberration, crown of aberration.

Cercle de garde, bull ring.

Cercle marqueur, calibration (*ou* marking) circle, marker.

Cercle primitif, pitch circle.

C.E.R.N. *(Centre Européen de Recherches Nucléaires)*, European Nuclear Research Centre, E.N.C.R.

Céruse, white lead.

Césium, caesium, cesium.

Cesser, to cease.

Chaînage, chaining.

Chaînage de commandes, command chaining.

Chaînage de données, data chaining.

Chaîne, chain *(sens général) ;* belt carrier, line *(fabrication).*

Chaîne alphanumérique, alphanumeric string.

Chaîne de bits, bit string.

Chaîne de caractères, character string.

Chaîne de désintégration, decay chain.

Chaîne de fabrication, line.

Chaîne de lecture normale, standardized reproduction system.

Chaîne de montage, assembly line.

Chaîne de poursuite, tracking chain.

Chaîne de stations, radio link.

Chaîne de symboles de caractères, symbol character string.

Chaîne unitaire, unit string.

Chaînon de données, data link.

Chaise de palier, bearing bracket.

Chaleur, heat, thermal radiation.

Chaleur atomique, atomic heat.

Chaleur de formation, heat of formation.

Chaleur de radioactivité, radiogenic heat.

Chaleur résiduelle, after-heat.

Chaleur spécifique, specific heat.

Chalumeau, blow-pipe, torch.

Chalumeau coupeur, cutting (*ou* tipping) torch, falling-off (*ou* sealing-off) burner.

Chalumeau à main, hand torch.

Chalumeau oxhydrique, oxyhydrogen blow-pipe.

Chambre, chamber *(sens général) ;* room *(pièce).*

Chambre à bulles, bubble chamber.

Chambre claire, camera lucida.

Chambre de compression, empty hole, pistonphone, sound chamber.

Chambre d'échos, echo chamber.

Chambre d'essais biologiques, biological hole.

Chambre à étincelles, spark chamber.

Chambre de détente, expansion chamber.

Chambre forte, v. *Caveau.*

Chambre d'ionisation, cloud (*ou* expansion *ou* fog *ou* ionization *ou* Wilson) chamber.

Chambre noire, dark room.

Chambre obscure, camera obscura.

Chambre sourde, anechoic chamber (*ou* room), dead room, quietorium.

Chambre de Wilson, v. *Chambre d'ionisation.*

Champ, field.

Champ (de), endways, endwise.

Champ (distribution du), aperture illumination *(antennes).*

Champ acoustique, acoustical field, acoustical free field.

Champ coercitif, coercive force, coercivity.

Champ de concentration, focusing field.

Champ constant, constant field *(dés)* ; stationary field.

Champ démagnétisant, demagnetization field.

Champ de dispersion magnétique, magnetic stray field.

Champ électrique, electric field.

Champ électrostatique, electrostatic field.

Champ d'exploration, scanning field *(tlv)*.

Champ de force, force field.

Champ de freinage, retarding field.

Champ de guidage, guiding field.

Champ inducteur, induction field.

Champ d'induit, armature field.

Champ infini, free field.

Champ libre, free field.

Champ magnétique, magnetic field.

Champ magnétisant, magnetization field.

Champ nul (à), field-free, radiation-free, zero-field.

Champ parasite, stray field.

Champ périodique, rotational field *(dés)* ; cyclical field.

Champ permanent, permanent (*ou* uniform) field, P.F.

Champ scalaire, scalar field.

Champ de shunt, shunt field.

Champ sinusoïdal, sinusoidal field.

Champ solénoïdal, solenoidal (*ou* tubular-vector) field.

Champ stabilisateur, guide field.

Champ stationnaire, stationary field.

Champ tournant, rotating field.

Champ uniforme, uniform field.

Champ variable, moving (*ou* non-uniform) field.

Champ vectoriel, vector field.

Champ vectoriel apériodique, irrotational (*ou* non-circuital *ou* non-cyclical) field *(dés)* ; lamellar field.

Champ visuel, field of view.

Chanfrein, bevel, bevelling, cant, chamfer.

Chanfreiné, bevelled.

Chanfreiner, to bevel, to cant, to chamfer, to groove.

Changement, alteration, change, change-over, conversion.

Changement d'indicatif, key change.

Changement de signal, signal transformation.

Changement de vitesses, gear changing.

Changer, to alter, to change.

Changeur, changer, converter.

Changeur de disques, record changer.

Changeur de fréquence, converter, frequency changer (*ou* converter).

Chantier, stillage, workyard, yard.

Chape de refroidissement, cooling cap.

Charbon, carbon, coal.

Charbon actif, absorbent carbon.

Charbon de bois, charcoal.

Charbon homogène, solid carbon *(cin)*.

Charbon intensif, H.I. carbon.

Charbon à mèche, core-carbon, cored carbon.

Charbon panchromatique, effect carbon.

Charbon de terre, pitcoal.

Charge, absorber circuit, ballast, charge, load, loading ; pupinization *(câbles)* ; charging *(accus)* ; lade *(poids)*.

Chargé, charged, loaded, live *(sous tension)*.

Charge admissible, working load, loadability.

Charge d'anode, anode load.

Charge capacitive, capacitance loading, condenser load.

Charge cathodique, cathode load, cathode follower.

Charge constante, holding load.

Charge d'eau, water load *(radio)* (*ou* phantom) *(rayons X)*.

Charge d'égalisation, equalizing charge.

Charge d'entretien, floating charge.

Charge équilibrée, balance (*ou* balanced) load (*ou* termination).

Charge d'espace, space charge.

Charge forcée, boost charge.

Charge inductive, inductive (*ou* lagging) load.

Charge inverse, negative loading.

Charge maximale permanente, continuous maximum rating, C.M.R.

Charge minimale, base (*ou* minimum) load.

Charge momentanée, momentary load (*ou* rating).

Charge moyenne, mean (*ou* off-peak) load.

Charge non-inductive, non-reactive load.

Charge normale, operating duty.

Charge partielle, light load.

Charge permanente, continuous (*ou* dead) load.

Charge (pleine), full (*ou* heavy) duty.

Charge réactive, reactive load.

Charge en régime, live load.

Charge de rupture, load-break rating, breaking load (*ou* strength *ou* stress), ultimate stress.

Charge spécifique, charge-mass ratio.

Charge à tension constante, floating charge.

Charge totale, burden.

Charge unité, unit charge (*ou* quantity).

Chargement, lading, loading.

Charger, to charge, to load *(sens général)* ; to krarupize, to pupinize *(câbles)* ; to lade *(poids)*.

Chargeur, charger ; loading magazine, magazine *(cin)*.

Chargeur automatique, automatic loader.

Chargeur de batteries, battery charger.

Chargeur de disques, exchangeable disk.

Chargeur éolien, wind charger.

Chariot, carriage, cross slide, saddle, truck ; dolly *(cin)* ; base *(trolley)*.

Chariot automatique, automatic carriage.

Chariot électrique, industrial truck.

Chariot élévateur, stacker.

Chariot de gravure, cutter lathe.

Chariotage, sliding.

Charnière, hinge, knee-joint.

Charpente, frame, framework, structure, woodwork.

Châssis, cassette *(cin)* ; chassis *(d'un appareil)* ; frame, framework, mounting frame, rack, tray *(d'un ensemble)*.

Château de plomb, lead castle, coffin.

Chatterton, adhesive (*ou* friction *ou* insulating *ou* splicing) tape.

Chaud, hot, warm.

Chaudière, boiler.

Chaudronnerie, boiler shop.

Chauffage, heating *(sens général)* ; stocking *(chaudière)*.

Chauffage central, central heating.

Chauffage à cœur, internal heating.

Chauffage haute fréquence, electronic heating, radiothermics.

Chauffage haute fréquence par induction, induction heating.

Chauffage haute fréquence par pertes diélectriques, dielectric heating.

Chauffage indirect (à), indirectly-heated.

Chauffant, calefacient, heating, warming.

Chauffé, heated.

Chauffé au rouge, red hot.

Chauffe-eau à accumulation, storage water-heater.

Chauffer, to calefy, to heat, to warm, to warm up.

Chaufferette, foot-warmer.

Chaux, chalk, lime.

Chef de réseau, base (*ou* net-control) station.

Chemin, path, way.

Chemin d'accès, access path.

Chemin de cartes, card path.

Chemin de lecture, read path.

Cheminée, chimney, funnel.

Cheminement, trace.

Cheminement aléatoire, random routing.

Chemisage, jacketing.

Chemise, base (*ou* cap) shell, jacket, skirt.

Chemise de cylindre, cylinder liner.

Chemise de refroidissement, cooling jacket.

Chêne, oak, oakwood.

Chenille, bead.

Chercher, to find, to find out, to look for, to search.

Chercheur, finder, finder switch, group selector *(tph)* ; catwhisker *(détecteur à cristal)* ; testing spike *(sonde)*.

Chercheur d'appel, call finder *(tph)*.

Chercheur de parasites, noise meter.

Chercheur de pôles, pole detector.

Cheval-vapeur, horse-power, H.P.

Chevauchement, overlap.

Cheville, peg, pin, plug, spike, spill.

Chèvre, derrick, gin, hoist, lifter.

Chevrons (à), double-helical, herringbone.

Chicane, baffle.

Chiffon, flap.

Chiffrable, measurable.

Chiffre, figure.

Chiffré, coded.

Chiffre d'affaires, turnover.

Chiffre binaire, binary digit.

Chiffre de contrôle, check digit.

Chiffre décimal, decimal digit.

Chiffre significatif, significant digit.

Chiffrement, coding.

Chiffrer, to digitize *(mach. à calc.)*.

Chiffreur, digitizer.

Chignole, drill.

Chignole à main, chest (*ou* hand) drill.

Chimie, chemistry.

Chimique, chemical.

Chimiquement pur, chemically pure.

Chlore, chlorine.

Chloré, chlorenated.

Chlorhydrique, hydrochloric.

Chlorure, chloride.

Chlorure de polyvinyle, polyvynil chloride, P.V.C.

Choc, blow, collision, impact, impetus, jar, knock ; shock, surge *(électr.)*.

Choc élastique, billiard-ball (*ou* bumping *ou* elastic) collision.

Choc inélastique, non-elastic collision.

Choc de première espèce, syn. de *Choc élastique*.

Choc de seconde espèce, syn. de *Choc inélastique*.

Choisi, chosen, selected.

Choisir, to choose, to select.

Choix, choice, selection.

Chroma, chroma.

Chromage, chrome-plating.

Chromaticité, chromaticity.

Chromatique, chromatic.

Chrome, chromium.

Chromé, chrome-plated.

Chrominance, chrominance.

Chronographe, chronograph, stop-watch.

Chronométrage, timing.

Chronomètre, stop-watch, time-keeper, time-meter.

Chronoscope, chronoscope.

Chronotaximètre, chargeable-time indicator *(tph)*.

Chuchotement, chatter.

Chute, drop, fall, outfall ; pitch.

Chute anodique, anode drop (*ou* fall).

Chute cathodique, cathode drop (*ou* fall).

Chute de tension, potential (*ou* pressure *ou* voltage) drop, fall, IR drop.

Chute de tension d'arc, arc stream voltage.

Chuter, to droop, to drop.

Cible, target, beam catcher.

C.I.E. *(Commission Internationale de l'Éclairage) (depuis 1954, l'abréviation C.I.E. est devenue internationale et remplace par conséquent l'ancienne traduction anglo-saxonne I.C.I.).*

Ciel, sky.

Ciment, cement, concrete.

C.I.N.A. *(Commission Internationale de Navigation Aérienne)* International Air Navigation Commission.

Cinéma, *(USA)* cinema, *(GB)* kinema ; motion picture, movie *(film)* ; theater *(salle)*.

Cinéma pour automobilistes, drive-in theater.

Cinéma parlant, talking pictures.

Cinémathèque, stock shot, film library.

Cinématique, kinematics.

Cinétique, kinetics ; motional *(adj)*.

Cintrage, bending.

Cintrer, to bend.

Circonférence, ambit, circumference, perimeter, periphery.

Circonscrire, to circumscribe.

Circuit, circuit.

Circuit (en), on-circuit, on-position, system-engaged, turned-on.

Circuit absorbant, absorber circuit.

Circuit d'absorption, absorber circuit.

Circuit accordé, tuned circuit.

Circuit analogique, analog circuit.

Circuit à anticoïncidence, anticoincidence circuit.

Circuit approprié, composited (*ou* simplexed *ou* telephone-telegraph) circuit.

Circuit à bande large, wide band circuit.

Circuit bifilaire double, four-wire circuit *(tph)*.

Circuit bouchon, antiresonant (*ou* rejector *ou* tank *ou* trap) circuit ; wavetrap ; interference eliminator (*ou* filter *ou* suppressor) *(contre les parasites)*.

Circuit bouchon d'antenne, antenna adapter (*ou* eliminator).

Circuit bouclé, loop circuit (*ou* feeder).

Circuit brouilleur, noise-making circuit, scrambler.

Circuit à charge anodique, anode-follower circuit.

Circuit de chauffage, filament-heating circuit.

Circuit combinant, side circuit.

Circuit de commande, control circuit.

Circuit à commande unique, ganged circuit.

Circuit à coincïdence, coincidence circuit.

Circuit concentré, lumped-constant circuit.

Circuit à constantes réparties, distributed circuit.

Circuit à couche mince, thin-film circuit.

Circuit couplé, coupled circuit.

Circuit décalé, staggered circuit.

Circuit de décision, decision element *(mach. à calc.)*.

Circuit de distribution, branch circuit.

Circuit écreteur, clipping circuit.

Circuit élémentaire, block (*ou* blocking) circuit.

Circuit éliminateur, acknowledgment circuit *(tph)* ; rejector circuit, roll-off *(radio)*.

Circuit équilibré, balanced circuit.

Circuit équivalent, equivalent circuit.

Circuit « et », « and » circuit.

Circuit à faible capacité, low-C circuit.

Circuit fantôme double, double-phantom circuit.

Circuit fantôme à retour par la terre, earth-phantom circuit.

Circuit fermé, closed circuit.

Circuit fermé, closed (*ou* complete) circuit.

Circuit de fiche, cord circuit *(tph)*.

Circuit (hors), off-circuit, off-position, turned-off.

Circuit imprimé, printed (*ou* sprayed) circuit.

Circuit d'impulsion, impulse circuit *(tph)*.

Circuit intégré, integrated circuit, I.C.

Circuit intermédiaire, buffer, transfer circuit.

Circuit linéaire, differentiating circuit.

Circuit de logique, logic, decision element.

Circuit de logique à couplage direct, direct-coupled logic, D.C.T.L.

Circuit LSI, Large Scale Integration (LSI) circuit.

Circuit magnétique, iron (*ou* metallic) circuit.

Circuit MSI, Medium Scale Integration (MSI) circuit.

Circuit numérique, digital circuit.

Circuit « ou », « or circuit.

Circuit ouvert, open circuit.

Circuit ouvert (à), no-connexion, no-lead.

Circuit d'ouverture de signaux, clearing circuit.

Circuit sans pertes, lossless (*ou* zero-loss) circuit.

Circuit réel, side circuit.

Circuit réflex, double-amplification (*ou* dual *ou* reflex) circuit.

Circuit retardateur, time-delay circuit.

Circuit de retour, back circuit.

Circuit à retour par la terre, earth-return circuit.

Circuit à semi-conducteurs, solid logic technology.

Circuit à seuil, threshold circuit.

Circuit SSI, Small Scale Integration (SSI) circuit.

Circuit superfantôme, double-phantom circuit.

Circuit supplémentaire, superposed circuit.

Circuit téléphonique de radiodiffusion, program circuit.

Circuit unifilaire, earth-return circuit.

Circuit d'utilisation, load circuit.

Circuit de vérification, bridge-control cord circuit,*(tph)*.

Circuit vibratoire, vibrating circuit *(tlg)*.

Circulaire, circular, circumferential.

Circulation, circulation.

Circumsolaire, sun-circling, circumsolar.

Circumterrestre, earth-circling, circumterrestrial.

Cire, wax.

Cisaille, clipper, scissors, shear, shearing machine, snip.

Cisaillement, shearing.

Ciseau, chisel.

Ciseaux, scissors, shears.

C.I.S.P.R. *(Comité International spécial des perturbations radio-électriques)*, Special International Radionoise Comittee.

Citerne, cistern.

Clair, bright, brilliant, clear.

Clapet, throttle, valve.

Claquage, breakdown, disruption, rupture.

Claqué, burn-out, disrupted, ruptured.

Claquement, click.

Claquer, to break down, to burn out, to disrupt.

Clarification, clearing.

Clarté, clearness, luminousness.

Classe, class, grade.

Classique, classical, conventional.

Clavette, feather-key, flat-key, forelock, gib, peg, pin, plug, splint.

Clavette mobile, expansion plug.

Clavier, finger-board, beyboard.

Clavier numérique, keypad.

Clef, key *(sens général)* ; clef *(mus)*.

Clef anglaise, adjustable spanner, combination (*ou* monkey *ou* screw *ou* universal) wrench.

Clef à boulon, spanner.

Clef de combinaison, combination key *(tph)*.

Clef de contact, switch key.

Clef de direction, direction key *(tph)*.

Clef d'écoute, listening (*ou* monitoring) key.

Clef à fourche, forging wrench.

Clef hexagonale, Allen wrench.

Clef d'isolement, isolating key *(tph)*.

Clef à mollette, v. *clef anglaise.*

Clef de parole, talking key.

Clef plate, end wrench.

Clef de réponse, reply key.

Clef de surveillance, monitoring key.

Clef à tube, socket (*ou* Stillson) wrench, box spanner.

Clic, transient.

Cliché, cut *(imprimerie)* ; photo, snapshot *(photo)*.

Client, customer.

Clientèle, customers.

Clignoter, to blink, to flash.

Clignoteur, flasher.

Climatisation, air conditioning.

Climatiseur, air conditioner, airing plant, climatizer.

C.L.I.P., Abbreviation from « Coded Language Information Processing ».

Cliquet, catch, dog, powl, ratchet.

Cliquet d'arrêt de frein, brake pawl.

Cliquetis, chatter, clang, clank, click, clinking, jingle, rattle.

Cloche, bell.

Cloche à vide, bell jar.

Cloison étanche, bulkhead.

Cloisonné, louvered, retiform.

Clôture, enclosure, fence.

Clou, nail, pin.

Clou à tête plate, clout, flat nail.

cm^3 *(centimètre cube)*, cubic centimeter.

C.M.I. *(Commission Mixte Internationale* , International General Committee.

C.N.E.T. *(Centre National d'Étude des Télécommunications)* National Telecommunication Research Center.

C.N.R.S. *(Centre National de la Recherche Scientifique)*, National Scientific Research Center.

Coactivateur, coactivator.

Coaxial, coax, coaxial.

Cobalt, cobalt.

COBOL, abbreviation from « Common Business Oriented Language ».

Codage, coding, encoding.

CODASYL, abbreviation from « Conference On Data Systems Languages ».

Code, cipher, code.

Code binaire, binary code.

Code carte, card-code.

Code des couleurs, color code.

Code de détection d'erreurs, error detection code.

Code par excès de trois, excess-three code *(mach. à calc.)*.

Code international, continental (*ou* standard) code *(tlg)*.

Code machine, machine-code.

Code à moments, equal-length code.

Code opération, operation code.

Code perforation, punch-code.

Code Q, Q-code *(tlg)*.

Code télégraphique, Morse (*ou* sending) code.

Codeur, coder.

Coefficient, coefficient, constant, factor, index, modulus.

Coefficient d'absorption, absorptance, absorption factor.

Coefficient d'aimantation, coefficient of induced magnetization, magnetization factor.

Coefficient d'amortissement, damping (*ou* decay) factor, decrement.

Coefficient d'amplification, amplification (*ou* magnification *ou* mu-) factor ; gas amplification (*ou* magnification) factor *(cellules)*.

Coefficient d'amplification d'une électrode, voltage factor.

Coefficient angulaire, slope.

Coefficient de couplage, coupling factor.

Coefficient de déplacement, displacement factor.

Coefficient de déviation, deflection factor.

Coefficient différentiel, deviation factor.

Coefficient de diffusion, diffusivity, diffusion factor.

Coefficient de dispersion, scattering factor.

Coefficient d'efficacité, overall efficacy.

Coefficient d'élasticité, elastic modulus.

Coefficient d'encombrement, space factor.

Coefficient massique d'absorption, mass absorption coefficient.

Coefficient de pénétration, shielding factor.

Coefficient de qualité, factor (*ou* figure) of merit.

Coefficient de rayonnement, radiation efficiency.

Coefficient de réactance, reactive factor.

Coefficient de réflexion, reflection coefficient (*ou* factor), reflectance, reflectivity ; return-current coefficient *(radio)*.

Coefficient de saturation, saturation factor.

Coefficient de sécurité, factor of safety, safety factor.

Coefficient de shunt, multiplying power.

Coefficient de surtension, Q-factor.

Coefficient de traînage, drag factor.

Coefficient de transmission, luminous transmittance, transmittance.

Coefficient d'utilisation, demand (*ou* variation) factor, duty cycle (*ou* factor).

Coefficient de vide, void coefficient.

Cœur, core, active lattice *(réacteurs)* ; heart ; nave *(moyeu)*.

Coffrage, housing.

Coffrage en plastique rigide, hard cover housing.

Coffret, box, cabinet, case, casing.

Coffret de coupe-circuit, cutout box.

Coffret de distribution, splitter box.

Coffret d'équipement, equipment box.

Coffret extérieur, switchhouse.

Coffret à fusibles, fuse box.

Cognement, knock.

Cohérer, to cohere.

Cohéreur, coherer.

Cohésion, coherence, cohesiveness.

Coin, corner, quoin, wedge.

Coin de centrage, centring wedge.

Coïncidence, coincidence.

Col, neck.

Col d'injection, gate.

Colle, adhesive, cement, glue, gum, paste.

Collecte de données, data collecting.

Collecteur, collector, commutator.

Collecteur de messages, message sink.

Collecteur d'ondes, wave collector.

Collerette, skirt.

Colleuse, film joiner (*ou* splicer) *(cin)*.

Collier, clamp, collar, tab.

Collier de câble, cable clamp (*ou* clip).

Collier double, cross cable bond, double-leaf tab.

Collier de fixation, bracket.

Collier de serrage, clamping ring, fastener.

Collimateur, collimator.

Collision, collision.

Colloïdal, colloidal.

Colloïde, colloid.

Collure, film joint (*ou* splice), joining, joint, patch, splice, weld.

Colmater, to caulk.

Cologarithme, antilogarithm.

Colonne, column, pillar ; lamp-post *(lampadaire).*

Colonne (de carte perforée), card column.

Colonne acoustique, sound column (*ou* pillar).

Colonne de guidage, guide (*ou* leader) pin.

Colonne isolante, stand-off insulator.

Colonne montante, distributor, feeder, master service, mounting pillar, service cable (*ou* conductor).

Colonnette, pillar.

Colophane, colophony.

Coloré, colored.

Colorimètre, colorimeter.

Colorimétrie objective, indirect colorimetry.

Colorimétrie subjective, direct colorimetry.

Colorimétrie trichromatique, tristimulus colorimetry.

Coma, coma *(opt).*

Combinaison, combination.

Combinaison interdite, forbidden combination.

Combinateur, adder, combiner, controller, multiple-contact switch.

Combiné, deskstand telephone set, hand receiver, handset, monotelephone.

Combustible, fuel.

Combustible appauvri, depleted fuel.

Combustible enrichi, enriched fuel.

Comma, comma *(mus).*

Commande, actuation, control, drive, pilot.

Commandé, actuated, controlled, driven, piloted, regulated.

Commande altimétrique, altimeter control equipment.

Commande de balayage, hold control.

Commande de base de temps, distribution (*ou* time-base) control.

Commande centralisée, supervizing control.

Commande digitale directe, direct digital control, D.D.C.

Commande directe, direct drive.

Commande à distance, distant (*ou* remote) control.

Commande échelonnée, calling-off order.

Commande électrique, electric controller.

Commande par enfichage, sleeve control.

Commande d'interruption, break feature.

Commande de largeur d'image, width control.

Commande manuelle, direct manual (*ou* manual) control (*ou* operation).

Commande de netteté, focusing control *(tlv).*

Commande numérique, numerical control.

Commande de processus, process control.

Commande réversible, double-end (*ou* reversal) control.

Commande séparée, individual control.

Commande unique, gang (*ou* single) control, group operation, single-dial (*ou* single-knob control).

Commander, to control, to drive, to pilot, to regulate.

Commanditaire, sponsor.

Commerçant, dealer.

Commun, common, mutual.

Communication, call.

Communiqué, release.

Commutateur, change-over (*ou* selector) switch, switch.

Commutateur d'antenne, antenna change-over switch.

Commutateur antenne-terre, lightning (*ou* aerial grounding) switch.

Commutateur auxiliaire, booster switch.

Commutateur bipolaire à deux directions, double-pole double-throw (*ou* D.P.D.T.) switch.

Commutateur à cames, camshaft controller.

Commutateur de champ, field break-up switch.

Commutateur de charge, charge (*ou* regulating) switch.

Commutateur à cliquets, click-knob.

Commutateur à deux directions, double throw (*ou* D.T.) switch.

Commutateur de direction, channelling switch.

Commutateur écoute-parole, talk-listen switch.

Commutateur émission-réception, send-receive switch.

Commutateur à fiches, plug switch.

Commutateur de gammes, band (*ou* channel *ou* range) selector (*ou* switch).

Commutateur-inverseur de lobes, polyplexer *(radar)*.

Commutateur à lames, reed switch.

Commutateur de mise à la terre, earthing switch.

Commutateur multipolaire, single-gang selector.

Commutateur à plots, step switch.

Commutateur à plots isolés, non-shorting switch.

Commutateur à prises, multi-point (*ou* tap) switch.

Commutateur rotatif, revolving (*ou* rotatory *ou* thumbwheel) switch.

Commutateur à touches, piano-key switch.

Commutation, commutation, switching.

Commutation des couleurs, color switching.

Commutation de message, message switching.

Commutatrice, commutating machine, inverter, invertor, single-armature converter, transverter.

Commuter, to commutate, to switch, to switch over, to throw over.

Compact, compact, dense.

Compactage, compaction.

Compagnie d'électricité, utility.

Comparable, comparable, matchable.

Comparaison, comparison matching.

Comparateur, comparison measurer, comparator.

Compartiment, compartment partition.

Compas, compass *(boussole)* ; dividers *(dessin)*.

Compas astronomique, astro-compass.

Compas d'avion, air compass.

Compas gyroscopique, gyro-compass.

Compatibilité, compatibility.

Compatible, compatible.

Compensateur, balancer, compensator, equalizer ; compensating, correcting *(adj)*.

Compensateur de phase, phase equalizer.

Compensateur thermique, pilot-wire regulator, temperature compensator.

Compensateur voltmétrique, line-drop voltmeter compensator.

Compensation, compensation.

Compensation des basses fréquences, bass compensation.

Compensé, balanced, compensated, equalized, matched.

Compenser, to balance, to compensate, to equilibrate, to match.

Compilateur, compiler.

Compiler, to compile.

Complémentaire, boosting, complementary.

Complexe, complex, composite, multicomponent.

Compliance, v. *Élasticité acoustique.*

Compliqué, circuitous, complicated.

Comportement, behaviour, performance.

Composant, component.

Composante, component.

Composante active, energy (*ou* inphase *ou* positive-sequence *ou* power *ou* real *ou* wattfull) component.

Composante continue, D.C. component.

Composante déwattée, idle (*ou* imaginary *ou* quadrature *ou* reactive *ou* wattless) component.

Composante dure, hard component.

Composante homopolaire, zero-sequence component.

Composante molle, soft component.

Composante ondulée, ripple component (*ou* quantity).

Composante en phase, v. *Composante active.*

Composante réactive, v. *Composante déwattée.*

Composante symétrique directe, positive-sequence symmetrical component.

Composante symétrique homopolaire, zero-sequence symmetrical component.

Composante symétrique inverse, negative-sequence symmetrical component.

Composantes trichromatiques, color-mixture data, tristimulus specifications.

Composante wattée, v. *Composante active.*

Composé, combination, combinational, combined, complex, composite, compound, hybrid.

Composite, composite.

Composition, composition.

Compound, compound.

Compresseur, compressor, contractor.

Compresseur automatique de volume, automatic volume contractor.

Compresseur-expanseur, compandor, compressor-expandor.

Compressibilité, compressibility.

Compression, compression, contraction.

Compression des données, data compression.

Compression dans le noir, black compression *(tlv)*.

Comprimer, to compress, to press.

Compte, count, record.

Compte courant, checking account.

Compte-fils, linen tester, thread counter.

Compte des frais, bill of charges.

Compte-pose, exposure (*ou* process) timer.

Compte-pose automatique, automatic exposure (*ou* process) timer.

Compte-pose photoélectrique, phototimer.

Compte à rebours, count down.

Compte-rendu, account, statement, survey.

Compteur, calculator, counter, meter, ratemeter, register, telltale.

Compteur agréé, certified meter.

Compteur d'appels, call-count recorder, position meter *(tph)*.

Compteur auxiliaire, sub-meter.

Compteur cloche, bell (*ou* end-window) counter.

Compteur à coïncidence, coincidence counter.

Compteur à collecteur, commutator-motor meter.

Compteur de communications, director meter, message recorder *(tph)*.

Compteur de cycles, cycle-rate counter *(radar)*.

Compteur décimal, standard register.

Compteur à dépassement, excess meter.

Compteur différentiel, load-rate (*ou* multirate) meter.

Compteur dynamométrique, dynamometer-motor meter.

Compteur électrique, electricity meter.

Compteur électrolytique, electrolytic meter.

Compteur d'énergie réactive, sine meter.

Compteur de Geiger, Geiger-Muller counter.

Compteur d'impulsions, pulse counter.

Compteur à induction, induction meter.

Compteur d'instructions, instruction-counter.

Compteur intégrateur, integrating (*ou* summation) meter.

Compteur à mercure, mercury-motor meter.

Compteur à moteur, motor meter.

Compteur à mouvement d'horlogerie, clock-meter.

Compteur de particules α, α- (*ou* alpha) counter.

Compteur de photons γ, γ- (*ou* gamma) counter, gammameter.

Compteur à prépaiement, prepayment meter.

Compteur proportionnel, proportional counter.

Compteur à scintillation, scintillation counter.

Compteur-totaliseur d'appels, integrated-demand meter.

Concave, concave.

Concentrateur de sons, sound concentrator.

Concentration, concentration *(sens général)* ; beaming, focusing *(d'un faisceau)*.

Concentration équivalente, molecular concentration.

Concentré, concentrated, focused ; lumped *(circuit)*.

Concentrer, to concentrate, to focus.

Concentrique, concentric, homocentric, reentrant.

Conception, design.

Conception assistée par ordinateur, computer-aided design, C.A.D.

Concerner, to apply.

Conchoïde, conchoid.

Condensateur, capacitor, condenser.

Condensateur d'accord, tuning condenser (*ou* capacitor).

Condensateur à air, air capacitor.

Condensateur d'antenne, antenna condenser.

Condensateur anti-parasites, spark capacitor, spark-killer.

Condensateur anti-ronfle, humming condenser.

Condensateur d'arrêt, block (*ou* blocking *ou* stopping) condenser.

Condensateur céramique, ceramic capacitor.

Condensateur de couplage, coupling condenser.

Condensateur de découplage, by-pass (*ou* shortening) condenser.

Condensateur disque, disk capacitor.

Condensateur double, two-cell capacitor.

Condensateur électrolytique, elco, electrolytic condenser.

Condensateur enrobé, molded capacitor.

Condensateur de filtrage, filter capacitor, reservoir (*ou* smoothing) condenser.

Condensateur de fuite, by-pass (*ou* feed-through) condenser.

Condensateur de grille, grid (*ou* grid-blocking) capacitor.

Condensateurs jumelés, gang capacitor.

Condensateur logarithmique, midline condenser.

Condensateur multiple, box condenser *(dés)* ; multi-element capacitor.

Condensateur à pression, pressure-type capacitor.

Condensateur de réaction, feedback condenser.

Condensateur série, shortening series (*ou* series) condenser.

Condensateur shunt, buffer (*ou* shunting) condenser.

Condensateur de soufflage, quench (*ou* quenching) condenser.

Condensateur synchrone, rotatory condenser.

Condensateur triple, three-cell capacitor.

Condensateur variable, variable condenser (*ou* capacitor) ; compression-type (*ou* book) capacitor *(à lames s'écartant comme les feuilles d'un livre).*

Condensateur vibrant, vibrating capacitor.

Condensation, condensation.

Condenseur, condenser.

Condition, condition, degree, requirement.

Condition aux limites, boundary condition.

Conditionnel, conditional.

Conductance, anode (*ou* D.C.) conductance, conductance, leakance ; effective conductance (*ou* conductivity) *(en alternatif).*

Conductance de transfert, transconductance.

Conducteur, conducting material *(substance)* ; conducting lead, conductor, leading *(câble)* ; driver, engine driver, machinist *(personne).*

Conducteur fantôme, ignored conductor.

Conducteur de plafond, roof conductor.

Conducteur de retour, return feeder.

Conducteur de terre, ground electrode.

Conducteur sous treillis, braid conductor.

Conductibilité, conductance, conductibility, conduction, specific conductance (*ou* conductivity).

Conductibilité dans les gaz, gaseous conduction.

Conductibilité moléculaire, molar (*ou* molecular) conductivity.

Conductif, conductive.

Conduction, conduction.

Conduction aérienne, air conduction.

Conduction aérotympanique, air conduction.

Conduction osseuse, bone conduction.

Conductivité, conductivity.

Conduire, to conduct, to convey *(un essai)* ; to ride *(une machine).*

Conduite, duct, pipe.

Conduite forcée, forced pipe, penstock.

Cône, bevel, cone.

Cône de haut-parleur, moving cone.

Cône parabolique, curvilinear cone.

Cône de tube cathodique, CRT-conus, bell.

Confetti, chad, chip.

Configuration, configuration, outline.

Conformateur d'impulsions, pulse shaper.

Conforme, answerable.

Conformité, accordance.

Congédier, to discharge.

Congeler, to freeze.

Conique, cone, conical, mitriform, taper, tapered, tapering.

Conjoncteur, closer, closing relay, contactor.

Conjoncteur-disjoncteur, line breaker.

Conjoncteur étoile-triangle, star-delta starter.

Conjoncteur secondaire, dependent contactor.

Conjugué, conjugate.

Connecter, to bind, to branch, to connect, to cut in, to join, to switch.

Connecteur, connector, coupler, electric coupler, link, plug, section switch, solderless connector *(ou* plug), splicing clamp, switch, transfer switch.

Connecteur annulaire, splicing ear.

Connecteur conique, silver bullet *(câble coaxial)*.

Connecteur à fusible, fused connector.

Connecteur de guide d'onde, waveguide shim.

Connecteur mâle-femelle, sexless connector.

Connecteur de raccordement, external connector.

Connecteur en T, tee connector.

Connexion, bond, branch, branch joint, branching, branch point, connection, fitting, hooking, junction point, node, switching, vertex (*pl.* vertices).

Connexion axiale, axial lead.

Connexion compensée, compensatory lead.

Connexion croisée, cross connection.

Connexion volante, jumper.

Conservateur, conservator, expansion tank.

Conservation, conservation.

Conserver, to keep.

Console, console, hanger, rack.

Console de commande, operator console.

Console de visualisation, display console.

Consommateur, consumer.

Consommation, consumption, demand, drain.

Consommer, to consume.

Consonance, jingle *(mus)*.

Constance, evenness.

Constant, constant, continuous, permanent, sustained, unchanging.

Constantan, constantan.

Constante, constant.

Constante d'atténuation, attenuation constant.

Constante de cellule, cell constant.

Constante du compteur, register (*ou* testing) constant (*ou* ratio).

Constante de désintégration, decay (*ou* disintegration *ou* transformation) constant.

Constante diélectrique, dielectric coefficient, inductivity, permittivity, specific inductive capacity.

Constante de Fermi, Fermi constant.

Constante de phase, wavelength constant.

Constante de propagation, propagation coefficient (*ou* constant).

Constante de répartition, distributed constant.

Constante du réseau, grating constant.

Constante de structure fine, fine-structure constant.

Constante de temps, time constant.

Constante de transfert, transfer constant.

Constante de transmission, transfer constant.

Constater, to ascertain.

Constituant, component.

Constructeur, constructor, designer, fabricator, manufacturer.

Construction, building, construction, make, manufacture, structure, superstructure.

Construction en série, mass production.

Construire, to construct, to build, to design, to make, to manufacture.

Contact, abutting, contact, stop.

Contact arrière, back contact.

Contact auto-nettoyant, rubbing (*ou* self-cleaning *ou* self-wiping) contact.

Contact élastique, elastic (*ou* spring *ou* springy) contact.

Contact de repos, back (*ou* resting) contact.

Contacts séquentiels (à), Y-operated.

Contact à vis, screwed contact.

Contacteur, contact maker (*ou* unit), contactor.

Contacteur-annonceur, acknowledging contactor.

Contamination, contamination, poisoning.

Contaminer, to poison.

Contenir, to bear, to contain, to include.

Contenu, content ; enclosed *(adj)*.

Continu, continuous, direct.

Continuel, ceaseless, permanent.

Continuité, continuity.

Contour, ambit, contour.

Contournement, flashover *(arc)*.

Contracter, to contract, to cringe, to shrink.

Contraction, contraction, shrinkage, shrinking.

Contradiction, discrepancy.

Contraindre, to constrain, to restrain.

Contrainte, strain, stress.

Contraste, contrast.

Contraste des couleurs, color contrast.

Contrastes trop élevés, clouding *(cin, tlv)*.

Contraste des luminances, brightness (*ou* luminance) ratio.

Contrasteur, contrastor.

Contre-écrou, backnut, checknut, locknut, stopnut.

Contre-électrode, welding ground.

Contre-expertise, resurvey.

Contrefaçon, counterfeit.

Contre-fiche, counterplug.

Contre-griffe, counterclaw.

Contre-jour, back lighting, counterlight.

Contre-lame, contact stiffener.

Contre-manipulation, compensating (*ou* complementary) wave.

Contre-mesure, counter-measure, C.M.

Contre-plaque, back plate.

Contreplaqué, plywood, sandwich panel, veneer.

Contre-plongée, worm's eye view *(cin)*.

Contrepoids, balance (*ou* cord) weight, cord adjuster, counterbalance, counterweight, plummet *(mécanique)* ; capacity earth (*ou* ground), counterpoise, earth-screen, equipoise *(radio)*.

Contre-porte, countergate.

Contre-pression, back pressure, counterpressure.

Contre-réaction, degeneration, degenerative (*ou* negative *ou* reverse *ou* stabilized) feedback, inverse coupling (*ou* feedback), negative reaction (*ou* regeneration).

Contre-temps, mishap.

Contre-tension, countervoltage.

Contretype, dupe, duplicate *(cin)*.

Contrôlable, controllable.

Contrôle, control, check, checking, monitoring, supervision, survey, test *(sens général)* ; metering *(app. de mesures)*.

Contrôlé, controlled, checked, monitored, supervised, surveyed, tested ; metered *(mesuré)*.

Contrôle automatique d'amplitude, automatic amplitude control, A.A.C.

Contrôle automatique des basses fréquences, automatic bass control.

Contrôle automatique de luminance, automatic brightness (*ou* luminance) control.

Contrôle automatique de niveau, automatic level control, A.L.C.

Contrôle automatique de volume, automatic gain (*ou* volume) control.

Contrôle final, final examination.

Contrôle global, overall test (*ou* control).

Contrôle d'occupation de ligne, busy test *(tph)*.

Contrôle officiel, referee test.

Contrôle de trafic aérien, air-traffic control.

Contrôle de volume, ride gain, volume control.

Contrôler, to check, to control, to meter, to monitor, to supervise, to survey, to test.

Contrôleur, controller *(sens général)* ; controller, meter, monitor, tester *(appareil)* ; supervisor, surveyer, tester, time-keeper *(personne)*.

Contrôleur de modulation, modulation monitor.

Contrôleur universel, all-purpose controller (*ou* meter).

Convection, convection.

Conventionnel, conventional.

Convergence, convergence.

Convergent, convergent, converging, focusing.

Conversion, conversion, transformation.

Conversion d'alphabets, transliterate.

Conversion binaire-décimal, binary to decimal conversion.

Conversion décimal-binaire, decimal to binary conversion.

Convertir, to convert, to transform.

Convertisseur, converter, convertor *(sens général)* ; dynamotor, genemotor, inverter, invertor, motor-converter (*ou* generator) *(machines)*.

Convertisseur amplitude-temps, height-to-time converter.

Convertisseur analogique-digital, A/D converter.

Convertisseur de définition, line converter.

Convertisseur digital-analogique, D/A converter.

Convertisseur de données, data converter.

Convertisseur rotatif, rotary converter.

Convexe, convex.

Convoyeur, conveyor.

Convoyeur pneumatique, air conveyor.

Coordonnée, coordinate.

Coordonnées colorimétriques, color coordinates.

Coordonnées trichromatiques, chromaticity coordinates.

Copeau, chip, shaving, swarf, turning.

Copie, copy, duplicate, print, transcription.

Copie lavande, lavender print *(cin)*.

Copie de montage, first-answer print *(cin)*.

Copie originale, master copy (*ou* print) *(cin)*.

Copie en réserve, backup copy.

Copie de travail, studio print *(cin)*.

Coplanaire, coplanar.

Copulant, coupler, dye coupler *(cin)*.

Cordage, rope.

Corde, chord *(mus)* ; cord, rope, string, twine.

Cordon, cable, cord, lace, patch cord ; bead, seam *(soudure)*.

Cordon d'alimentation, line cord.

Cordon d'alimentation (sans), cordless.

Cordon blindé, armored cord.

Cordon résistant, line-cord resistor.

Cordon secteur, power cord.

Cordon de soudure, weld bead.

Cordon souple, flexible (*ou* plug *ou* tinsel) cord.

Cordon téléphonique, switchboard cord *(au central)*.

Corindon, corundum.

Corne, horn.

Cornet, horn *(sens général)* ; cheese, horn radiator *(antenne)*.

Cornet à correction de phase, phase-corrected horn.

Cornet double, biconical horn.

Cornière, angle, angle (*ou* corner) piece.

Cornière d'acier, angle steel.

Corona, corona, Townsend discharge.

Corps, body.

Corps de chaudière, boiler casing.

Corps de fusible, fuse tube.

Corps gris, grey body, non-selective radiator.

Corps noir, black body, complete (*ou* Planckian *ou* total) radiator.

Corpusculaire, corpuscular.

Corpuscule, corpuscule, particle.

Correct, correct.

Correcteur, corrector, equalizer ; corrective *(adj)*.

Correcteur de forme d'impulsion, pulse stretcher.

Correcteur de phase, delay equalizer.

Correcteur de tonalité, tone control.

Correctif, corrective.

Correction, correction.

Correction de directivité, shading.

Correction des données, data editing.

Correction de fréquence, line equalization *(tph)*.

Correction de zéro, zero clearing.

Correcteur automatique de gain, automatic gain stabilizer, A.G.S.

Corrélateur de quadrature, quadricorrelator.

Corrigé, corrected, marked-up.

Corriger, to correct.

Corroder, to corrode, to erode, to fret, to gnaw.

Corrosif, etching agent ; erodent *(adj)*.

Corrosion, corrosion, erosion, fretting, gnawing.

Cosécante, cosecant.

Cosinus, cosine.

Cosmique, cosmic.

COSMOS, contraction of « Complementary Symetrical Metal Oxide Silicon ».

Cosmotron, bevatron, cosmotron.

cos-φ mètre, power-factor meter.

Cosse, cable eye (*ou* lug), lug, spade, spade lug (*ou* terminal), tag, terminal, terminal connector.

Cosse à souder, bolt hole, soldering lug.

Cotangente, cotangent.

Cote, limit, size.

Côté, side.

Cote nominale, nominal size.

Côtier, coastal, shore.

Coton, cotton.

Couche, coat, coating, film, layer, stratum.

Couche antiréfléchissante, blooming layer ; bleeding *(USA)*.

Couche d'arrêt, barrier (*ou* blocking) layer.

Couche de barrage, barrier (*ou* blocking) layer.

Couche conductrice, conducting layer.

Couche E, E-layer.

Couche électronique, shell.

Couche électronique interne, rumpf.

Couche F, F-layer.

Couche d'Heaviside, Heaviside (*ou* ionized) layer.

Couche ionisée, atmospheric duct, ionized layer.

Couche mince, thin film.

Couche saturée, completed shell.

Couche sous-jacente, substratum, underlayer, understratum.

Couche supérieure, superstratum.

Couche de surface, surface duct.

Couche de valence, valence shell.

Coude, bend, elbow, knee ; corner *(guides d'onde)*.

Coude de la caractéristique, curve bend, flexion point.

Coude inférieur, lower bend.

Coude supérieur, upper bend.

Couder, to bend.

Coudre, to seam, to sew.

Coulé en matrice, diecast.

Coulée, flow, tapping.

Couler, to cast *(métaux)* ; to flow *(liquides)*.

Couleur, color *(sens général)* ; dye, paint *(teinture)*.

Couleur complémentaire, complementary color.

Couleur fondamentale, primary color.

Couleur pigmentaire, pigment color.

Couleurs reproductibles (domaine de), color gamut.

Couleur stable (de), colorproof.

Couleur superficielle, surface color.

Couleur sans tonalité chromatique, achromatic color.

Coulisseau, ram.

Couloir, runner, track.

Coulomb, coulomb.

Coulombmètre, coulometer.

Coup, blow, knock, shock, stroke ; count *(compteurs)*.

Coup de foudre, lightning discharge (*ou* flash *ou* stroke).

Coupage au chalumeau, torch cutting.

Coupe, cross section, cut, cutting, kerf, lateral section, section.

Coupé, broken, cut, sectional.

Coupe-circuit, cutout, fuse, fuse cutout (*ou* unit).

Coupe-circuit à bain d'huile, oil-fuse cutout.

Coupe-circuit à fusible, fuse (*ou* safety) cutout.

Coupe d'un cristal, crystal cut.

Coupe longitudinale, side-sectional view.

Coupelle, beaker, cup, cupel.

Coupelle de cristal, crystal cup.

Couper, to chop, to clip, to cut, to disconnect, to fret, to hew, to interrupt, to slice, to switch off, to switch out, to take off, to turn off.

Coupeuse en travers, cut-off knife.

Couplage, coupling, interlock, interlocking, linkage.

Couplage automatique, automatic interlocking.

Couplage capacitif, capacitive (*ou* condenser) coupling.

Couplage cathodique, cathode coupling.

Couplage par circuit accordé, tuned-circuit (*ou* resonance) coupling.

Couplage à courant continu, direct coupling.

Couplage critique, critical (*ou* optimum) coupling.

Couplage direct, common-impedance (*ou* conduction *ou* conductive *ou* direct *ou* straight) coupling *(radio)* ; gearless coupling *(mécanique)*.

Couplage électronique, electron coupling.

Couplage entre étages, interstage coupling.

Couplage d'espace (à), space-linked.

Couplage galvanique, galvanic coupling.

Couplage par inductance, choke coupling.

Couplage inductif, flux linkage, inductance (*ou* mutual-inductance) coupling.

Couplage intermédiaire, intervalve coupling.

Couplage lâche, loose (*ou* weak) coupling.

Couplage mixte, auto-coupling.

Couplage résistance-capacité, RC-coupling.

Couplage rétroactif, couple back, back coupling, feedback.

Couplage par self, choke coupling.

Couplage serré, closed (*ou* tight) coupling.

Couplage par transformateur, transformer coupling.

Couple, couple, torque.

Couple actif, deflecting couple.

Couple antagoniste, controlling couple.

Couple de charge, load torque.

Couple d'équilibrage, restoring-force torque.

Couple au frein, locked-rotor torque.

Couple maximal, breakdown (*ou* stalling) torque.

Couple maximal constant en charge, pull-in torque.

Couple minimal, static (*ou* switching) torque.

Couple minimal au démarrage, pull-up torque.

Couple de rappel, restoring torque.

Couple thermoélectrique, thermocouple, thermo-electric junction, thermojunction.

Couple de torsion, torque.

Coupler, to couple, to lock, to link.

Coupleur, coupler, link.

Coupleur bidirectionnel, bidirectional coupler.

Coupleur électronique, clamper.

Coupleur-équilibreur, balun, bazooka *(radar).*

Coupleur synchronisé, torque amplifier.

Coupure, break, break-up, cut-off, disconnection, interruption.

Coupure multipolaire, all-pole (*ou* multipolar) switching.

Courant, current, current flow, flow, stream ; routine *(habitude).*

Courant d'absorption, decaying conduction current.

Courant actif, operating current.

Courant alternatif, alternative current, A.C.

Courant anodique, anode (*ou* plate) current.

Courant d'antenne, aerial current.

Courant d'appel, ringing current.

Courant de d'Arsonvalisation, d'Arsonval current.

Courant cathodique, cathode (*ou* emission) current.

Courant de chauffage, heater current.

Courant de conduction, conduction current.

Courant constant, constant current.

Courant continu, direct current, D.C.

Courant de convection, convection current.

Courant de crête, peak current.

Courant de décharge, discharge (*ou* discharging) current).

Courant de déplacement, displacement current.

Courant dérivé, shunt current.

Courant déwatté, idle current.

Courant d'électrode, electrode current.

Courant électronique, electron (*ou* space) current.

Courant d'excitation, excitating current.

Courant faible, light (*ou* weak) current.

Courant de faisceau, beam (*ou* cathode-ray) current.

Courant filtré, smoothed current.

Courant fort, heavy (*ou* intense *ou* power) current.

Courant de Foucault, eddy current.

Courant de fuite, dielectric (*ou* earth) current, spike ; sneak current *(tph).*

Courant galvanique, galvanic current.

Courant d'induit, armature current.

Courant induit de rupture, break-induced current.

Courant instantané, momentary current.

Courant inverse, echo (*ou* inverse *ou* return *ou* singing) current.

Courant inverse de grille, backlash, inverse-grid (*ou* reverse-grid) current.

Courant d'ionisation, gas current.

Courant magnétique, magnetizing current.

Courant moyen, average (*ou* mean) current.

Courant d'obscurité, dark current.

Courant ondulé, ripple current.

Courant permanent, closed-circuit (*ou* rest *ou* steady) current.

Courant photoélectrique, photocurrent, photoelectric current.

Courant polyphasé, multiphase (*ou* polyphase) current.

Courant porteur, carrier (*ou* superimposed) current.

Courant redressé, rectified current.

Courant réfléchi, echo (*ou* return) current).

Courant de repos, rest (*ou* spacing) current.

Courant résiduel, follow (*ou* rest *ou* anomalous *ou* residual *ou* vestigial) current.

Courant de retour, earth current.

Courant de saturation, saturation current, total emission.

Courant sinusoïdal, sine current.

Courant sinusoïdal complexe, vector current.

Courants symétriques, push-push (*ou* totally unbalanced) currents *(de même sens).*

Courant tellurique, earth (*ou* ground *ou* terrestrial) current.

Courant thermoélectrique, thermocurrent.

Courant tourbillonnaire, whirling current.

Courant transitoire, surge, transient.

Courant triphasé, rotatory (*ou* three-phase) current.

Courant vagabond, stray current.

Courbe, bend, curve, diagram. pattern ; curvature *(courbure).*

Courbe d'activation, activation curve.

Courbe d'aimantation, magnetizing curve.

Courbe caractéristique, characteristic curve.

Courbe en cloche, bell-shaped (*ou* Gaussian) curve.

Courbe de décrochage, break-off diagram.

Courbe de démagnétisation, recoil curve.

Courbe d'étalonnage, calibrating (*ou* scale) curve.

Courbe de fréquence, response curve, frequency response.

Courbe de Gauss, Gaussian (*ou* bell-shaped) curve.

Courbe de gris, achromatic locus.

Courbe d'hystérésis, hysteresis curve.

Courbe d'intensité, loudness contour *(acoust.) ;* luminosity curve *(écl.) ;* current-density curve *(électr.).*

Courbe de Lissajous, Lissajous figure.

Courbe parabolique, para-curve.

Courbe de Planck, Planckian locus.

Courbe de radioactivité, activity curve.

Courbe de réponse, amplitude characteristic, performance (*ou* response) curve, response, response characteristic.

Courbe de réponse horizontale, flat-top response.

Courbe de saturation magnétique, B-H curve.

Courbe spectrale de visibilité relative, relative luminosity (*ou* visibility) curve.

Courbe du spectre, spectrum locus.

Courbe de survie, survival curve.

Courber, to bend, to buckle, to fold, to stoop.

Courbure, bend, bending, bulge, curvature, curve, flexure, hooking.

Couronne, ring.

Couronne dentée, bevel gear.

Courroie, belt, strap, thong.

Courroie de transmission, drive (*ou* driving) belt.

Courroie transporteuse, belt carrier, conveyor belt.

Courroie trapézoïdale, vee belt.

Cours, progress ; course.

Course, course, path, run, stroke, throw.

Court-circuit, dead short, electrical leakage, short, short circuit ; strap, strapping *(liaison)*.

Court-circuit 1/4 d'onde, metallic insulator.

Court-circuité, short-circuited, shorted, shorted out.

Court métrage, short.

Coussin chauffant, electric sheet, heating pad.

Coussinet, axe (*ou* run) bearing, bearing.

Coussinet cylindrique, bearing bushing.

Coussinet de freinage, brake block.

Couteau, blade, cutter, knife.

Couteau à lamelles, laminated brush.

Couture, seam.

Couvercle, cover, deck, lid.

Couvercle de boîte de jonction, knock-out.

Couvert, covered.

Couverture, coat, coating, cover, deck ; coverage *(étendue)*.

Couverture chauffante, bedwarmer.

Couvrir, to cover.

Couvrir un son, to drown.

C.P.S., Abbreviation from « Conversation Programming System ».

CPU, abbreviation from « Contral Processing Unit ».

Crachement, crackling, rattle.

Crampon, calkin, clinch, clincher, cramp.

Cran, digit.

Craquelé, wrinkle finish.

Craquelure, wrinkle.

Craquement, crackle.

Crasse, dirt, scale, soot.

Crasse de fonderie, foundry dross.

Cratère, crater.

Crayon électrographique, conductive pencil.

Crayon lumineux, light pen.

Créance, claim.

Crémaillère, endless rack, rack.

Créneau, gate, gating pulse ; strobe marker *(radar)*.

Crépitement, purring.

Crépuscule, dusk.

Crête, apex, crest, peak, summit.

Crête à crête, peak-to-peak.

Crête de potentiel, potential peak (*ou* hill).

Creuset, crucible, fining (*ou* melting) pot, ore hearth, pot.

Creux, recess ; valley of shadows *(d'une courbe)* ; cavernous, deep *(adj)*.

Crevasse, cleft, crack, cranny, crevice, dip.

Crevasse de grille, grid dip.

Crevassé, chinky, cracked.

Crevasser, to chink, to crack.

Cric, jack.

Crique, crack.

Cristal, crystal.

Cristal bimorphe, bimorph cell.

Cristal transmetteur, transducing piezoid.

Critique, critical.

Croc, drag.

Croche, quaver *(mus)*.

Crochet, brace, bracket, ear, hook, pawl.

Crochet amarré, anchor ear.

Crochet de suspension, strain ear.

Croisé, cross, crossed, cruciform.

Croisement, crossing, transposition, twill.

Croisillon, cross arm (*ou* bar) spider, star-wheel.

Croisillon d'induit, armature sleeve.

Croissance des cristaux, crystal growth.

Croix, cross.

Croix (en), crosswise.

Croix de Malte, Geneva movement, intermittent sprocket, Maltese cross.

Croquis, draft, draught, drawing, sketch.

Croquis à main levée, roughdraft.

Croquis nature, at-the-scene drawing.

Croûte, cake, crust.

Cryogénie, cryogenics.

Cryomagnétisme, cryomagnetism.

Cryopompage, cryopumping.

Cryostat, cryostat.

Cryotron, cryotron.

Cryptographie, code, coding privacy system.

Cube, cube.

Cubique, cube, cubic, cubical, cubiform.

Cuir, leather.

Cuirassé, armored, ironclad, ironcoated, iron-covered, metalclad, metal-coated, metal-covered, shelltype.

Cuire, to bake.

Cuivrage, copper-plating, coppering.

Cuivre, copper.

Cuivré, copperclad, copper-covered, copper-plated, copper-sheathed.

Cuivre jaune, brass, latten.

Cuivreux, cuprous.

Culasse magnétique, magnetic yoke.

Culot, base, cap.

Culot adaptateur, tube adapter.

Culot baïonnette, bayonet (*ou* Swan) base (*ou* cap).

Culot à 11 broches, magnal base.

Culot à 14 broches, diheptal base.

Culot à 20 broches, bidecal base.

Culot à contacts latéraux, side-contact base.

Culot Edison, screw (*ou* Edison) base (*ou* cap).

Culot loctal, loctal (*ou* loktal) base.

Culot octal, octal base.

Culot à vis, screw (*ou* Edison) base (*ou* cap).

Culottage, capping.

Cupule, cup, cupel.

Cupule de focalisation, concentrating (*ou* focusing) cup.

Curie, curie, Ci.

Curseur, collector-shoe gear, cursor, slide (*ou* sliding) contact, slider.

Cuve, container, jar, pan, sink, tank, vat.

Cuve de coulée, casting box.

Cuve électrolytique, electrolytic cell (*ou* furnace), electrolyzer.

Cuve finale, commercial tank.

Cuve métallique, metal tank.

Cuve de récupération, liberator tank, replenisher.

Cycle solaire, solar (*ou* sunspot) cycle.

Cyclique, cyclic, cyclical.

Cyclothérapie, rotation therapy.

Cyclotron, cyclotron, magnetic resonance accelerator.

Cyclotron isochrone, azimuthally variable-field cyclotron, A.V.F.C.

Cylindre, barrel, calender, cylinder, drum.

Cylindre de Faraday, Faraday icepail (*ou* cylinder).

Cylindre de Wehnelt, control electrode, Wehnelt cylinder (*ou* gun).

Cylindrer, to calender, to roll.

Cylindrique, cylindric, cylindrical.

Cymomètre, cymometer.

Cuve de refroidissement, cooling tank.

Cuvette, bowl, cistern, cup, dish, weel.

Cuvette de potentiel, potential trough.

C.V. ***(condensateur variable),*** variable capacitor, V.C.

Cyanure, cyanide.

Cybernétique, cybernetics ; cybernetic *(adj).*

Cycle, cycle.

Cycle de base, cycle time.

Cycle opératoire, processing cycle.

Cycle de recherche, search cycle.

D

Daltonien, color-blind.

Daltonisme, color blindness.

Dame-jeanne, demijohn.

D'Arsonvalisation, high-frequency treatment.

Dash-pot, dashpot.

Datation, dating.

Date prévue, due date.

D.C., Abbreviation from « Digital Computer ».

D.C.A. (défense contre aéronefs), anti-aircraft artillery, A.A.A.

Dé, dee.

Débit, demand, flow, flow capacity, stream flow.

Débit binaire, bit rate.

Débit de traitement, throughput.

Débiteur, feeding.

Débitmètre, flowmeter.

Débobiné, run-off.

Débordement, overflow.

Débouter, to dismiss.

Débranchement, power off.

Débrancher, to disconnect, to switch off.

Débrayage, disengaging, uncoupling.

Débrayer, to disengage, to unclog.

Début, start.

Début de fichier, file beginning.

Décadrage, misframe *(cin, tlv).*

Décagonal, decangular, ten-angled.

Décalage, angular displacement, phase difference (*ou* displacement *ou* error *ou* shift *ou* splitting).

Décalage arithmétique, arithmetic shift.

Décalage de fréquence, carrier deviation (*ou* shift).

Décalage logique, logic shift.

Décalage d'origine, zero offset.

Décalaminage, descaling.

Décalé, displaced, off-set, outphased, shifted ; staggered *(circuits).*

Décaler, to dephase, to displace, to shift ; to stagger *(circuits).*

Décapage, cleaning, degrease, etching, pickling, relieving.

Décapant, cleaner, degreaser, flux *(soudure).*

Décaper, to clean, to degrease, to etch, to pickle, to relieve.

D.C.B., contraction of « Decimal Code Binary ».

Déceler, to detect.

Décéléromètre, decelerometer.

Décennal, decennial.

Décentrage, off-centring.

Décentré, off-center.

Décentrement horizontal, horizontal centring control.

Décentrement vertical, vertical centring control.

Décharge, discharge, flashover, glow.

Déchargé, discharged, run-down *(électr.) ;* unladen *(colis).*

Décharge en arc, arc discharge.

Décharge en circuit ouvert, local action, self-discharge.

Décharge disruptive, disruptive (*ou* spark) discharge; sparking, sparkover).

Décharge extérieure, arcover.

Décharge de Geissler, Geissler discharge.

Décharge luminescente, glow discharge.

Décharge obscure, dark discharge.

Décharge superficielle, surface discharge.

Déchargement, unloading.

Décharger, to discharge *(électr.)* ; to unlade, to unload *(colis)*.

Déchet, chip, rejection, scrap.

Déchets inactifs, cold waste.

Déchets radioactifs, radioactive (*ou* A-) waste.

Déchiffrage, deciphering, decoding.

Déchiffrer, to decipher, to decode, to decrypt.

Déchiré, rent, ripped, torn.

Déchirer, to rend, to rip, to tear.

Déchirure, rent, tear.

Décibel, T.U. *(dés)* ; decibel, V.U.

Décibelmètre, decibelmeter, level indicator, level-measuring set, volume (*ou* volume-unit) indicator, V.U.-meter.

Décider, to decide.

Décimal, decimal, denary.

Décimètre, decimeter.

Déclaveter, to disengage.

Déclenchement, release, switching, triggering, trip, tripping.

Déclenchement automatique, automatic release.

Déclenchement périodique, gating.

Déclenchement retardé, delay-action circuit-breaking.

Déclencher, to initiate, to release, to snap, to switch.

Déclencheur, initiator, releaser, switch, trigger.

Déclencheur périodique, gate, sequence timer.

Déclinaison, declination.

Déclinaison magnétique, magnetic declination (*ou* variation).

Déclive, declivous.

Décodage, decoding.

Décodeur, decoder, outscriber.

Décohéreur, decoherer, tapper.

Décolleteuse, sealing-off machine.

Décoloration, decoloration, solarization.

Décoloration du verre, roentgenization *(par les rayons X)*.

Décolorer, to decolor, to decolorate, to solarize.

Décomposition, splitting.

Décomposition des forces, resolution of forces.

Décomposition spectrale, spectral decomposition.

Déconnecter, to branch off, to clear, to cut off, to disconnect.

Décontamination, decontamination.

Décor, flat.

Décor dessiné, cartoon set.

Décor de fond, backing.

Découpage, chopping, cutting, quenching, slicing.

Découpage à l'arc, arc (*ou* carbon-arc) cutting.

Découpe des flans, blanking, stamping.

Découper, to cut away, to cut off, to quench, to stamp.

Découplage, by-pass, decoupling, discoupling, loosening, uncoupling.

Découverte, finding.

Découvrir, to find out *(recherche)* ; to uncover *(mettre à nu)*.

Décrassage, cleaning, skimming, slicing.

Décrément, damping (*ou* decay) factor ; decrement.

Décrémètre, decremeter.

Décrochage, break-off, breaking step, de-energization, failure.

Décrocher, to break off, to de-energize ; to take up *(tph)*.

Décroissance, decay.

Décryptage, deciphering, decoding.

Décrypteur, decoder, outscriber.

Déculoter, to uncap.

Dédit, forfeit.

Dédoubler, to bisect.

Déduire, to discount.

Défaillant, balky.

Défaut, defect, failure, fault, flaw, lack.

Défaut d'alignement, misalinement.

Défaut d'alimentation, power supply interrupt.

Défaut (sans), faultless, flawless.

Défaut d'excitation, refusal of excitation.

Défaut de fabrication, product fault.

Défaut de masse, mass defect, packing effect.

Défaut d'origine, inherited error (*ou* defect).

Défectueux, defective, faulty, lame, unsound.

Déficience, deficiency.

Défilement, louvering, masking *(écl)*; run *(course)*.

Défilement de l'image, frame roll *(tlv)*.

Défilement des lignes, line crawl *(tlv)*.

Définir, to define.

Définition, definition, snap *(tlv)*.

Définition (défaut de), definition error (*ou* fault) ; aperture distorsion.

Déflecteur, baffle, deflector.

Défocalisation, defocusing.

Déformation, deformation, distortion.

Déformation permanente, permanent set.

Déformer, to distort.

Dégagement, clearance.

Dégagement de gaz, gassing.

Dégager, to disengage, to free, to give off.

Dégazage, degassing, run.

Dégazer, to degas.

Dégel, thawing.

Dégeler, to thaw.

Dégivrage, defrosting, de-icing.

Dégivreur, antifreeze.

Dégraissage, anode (*ou* cathode *ou* reverse-current) cleaning (*ou* pickling) ; cleaning, degrease, solvent cleaning.

Dégraissant, cleaner, degreaser, grog.

Dégraisser, to clean, to degrease, to pickle, to relieve.

Degré, degree, grade, pitch, rank, step.

Degré absolu, absolute (*ou* Kelvin) degree.

Degré de couplage, coupling degree.

Degré de déséquilibrage, unbalance (*ou* unsymmetry) factor.

Degré de liberté, degree of freedom.

Degré de précision, accuracy, validity.

Degré de saturation, excitation purity *(opt)*.

Dégripper, to free.

Dégrossir, to roughen.

Dégrossissement, roughen, roughing.

Dégroupage, debunching.

Délai, delay.

Délai d'attente, time out.

Délai d'exécution, run time.

Délai d'intervention, response time.

Délimiter, to define.

Délivrer, to deliver.

Démagnétisation, degaussing, demagnetization.

Demande, demand.

Demande de renseignements, enquiry character.

Démarreur, releaser, starter, startor.

Démarreur automatique, automatic starter, autostarter.

Démarreur centrifuge, centrifugal starter.

Dématérialisation, dematerialisation, annihilation.

Demi-additionneur, half adder.

Demi-alternance, alternation, half-cycle, half-period, half-wave.

Demi-cercle, semi-circle.

Demi-onde, half-wave.

Demi-période, v. *Demi-alternance.*

Demi-rond, half-round.

Demi-soupir, quaver rest *(mus).*

Demi-teinte, half-tone.

Demi-ton, half-step, semitone *(mus).*

Demixage, descrambling.

Démodulateur, demodulator, speech inverter (*ou* scrambler) *(tph cryptée).*

Démodulation, demodulation.

Démoduler, to demodulate.

Démonstrateur, exhibit engineer.

Démontable, demountable, removable.

Démontage, removal, removing.

Démonté, disabled, dismounted, removed, unset.

Démonter, to dismantle, to dismount, to remove, to take apart, to unblock, to unset.

Démultiplexage, demultiplexing.

Démultiplexeur, demultiplexor.

Démultiplicateur, demultiplier, reduction unit, scaler, vernier ; fine-regulating *(adj).*

Démultiplicateur 2/1, scale-of-two, scaling couple.

Démultiplicateur 8/1, scale-of-eight.

Démultiplicateur 10/1, scale-of-ten.

Démultiplicateur 32/1, scale-of-thirty-two.

Démultiplicateur de décades, decade scaler.

Démultiplication, demultiplication, scaling.

Démultiplié, demultiplicated, geared down, scaled.

Dénaturant, denaturant.

Dénaturé, foul.

Dénivellation, dislevelment.

Dénominateur, denominator.

Dense, compact, dense.

Densimètre, densimeter.

Densité, density *(sens général)* ; compactness *(pesant)* ; specific gravity *(poids spécifique).*

Densité de bits, bit density.

Densité de courant, current density.

Densité électrique, areal (*ou* surface) density.

Densité d'enregistrement, recording density.

Densité optique, optical (*ou* photographical) density, opaqueness.

Densité surfacique, areal (*ou* surface) density.

Densitomètre, densitometer.

Dent, cog, dent, tooth (*pl.* teeth), slot.

Dent d'induit, armature tooth.

Dent pleine, solid blade.

Dent de scie, jag, sawtooth.

Dent de scie (en), sawtooth-shaped.

Denté, cogged, dentate, dentated, indented, slotted, studded, toothed.

Dentelé, dentate, dentated, indented, milled, serrated.

Denteler, to indent.

Dentelure, indentation, indent.

Denter, to indent.

Denture, indent, indentation, toothing.

Denture droite, right-hand gear.

Denture gauche, left-hand gear.

Denture d'induit, armature teeth.

Dénudé, peeled, peeled off, stripped, skinned.

Dénuder, to peel, to peel off, to strip.

Dépannage, fault localization (*ou* tracing), repair, repairing, service, servicing, trouble-shooting.

Dépannage point par point, signal tracing, stage-by-stage trouble-shooting.

Dépanner, to repair.

Dépanneur, fault finder (*ou* tracer), repairman, serviceman.

Déparasité, noise-free, noiseproof, static-free, static-proof.

Dépareillé, odd.

Départ, distribution center *(tph).*

Dépassement, excess, overshoot, overshooting, overflow.

Dépendance, dependency.

Déphasage, angle of phase difference, angular displacement, displaced phase, electrical angle, outphasing, phase change (*ou* displacement *ou* error *ou* shift *ou* splitting).

Déphasage capacitif, electrostatic displacement.

Déphasage inductif, induction displacement.

Déphasé, out of phase.

Déphasé (en arrière), lagging.

Déphasé (en avant), leading.

Déphaser, to dephase.

Déphaseur, phase converter (*ou* modifier) ; outphasing *(adj)*.

Dépistage, scanning.

Déplacement, displacement, shift, thrust, translation, transport, trip, weave.

Déplacer, to displace, to shift, to shove, to transport.

Déplomber, to unseal.

Dépolarisant, depolarizing mix ; depolarizing *(adj)*.

Dépolarisation, depolarization.

Dépolariser, to depolarize.

Dépolariseur, depolarizer.

Dépoli, frosted.

Dépolir, to buff off, to frost.

Déposer, to anodize.

Dépôt, cladding *(action)*.

Dépôt, coating, crust, deposit, deposition, mud, plating, sediment, slime ; bead *(soudure)* ; coating, plating *(revêtement)* ; store *(magasin)*.

Dépôt automatique, automatic plating.

Dépôt brûlé, burn deposit.

Dépôt conducteur, land.

Dépôt par contact, contact plating.

Dépôt électrolytique, electrodeposition, electroforming, electroplating, plating.

Dépôt épitaxial, epitaxial deposit.

Dépôt par immersion, dip coating (*ou* plating).

Dépôt longitudinal, bead.

Dépôt mixte, alloy (*ou* composite) plate.

Dépôt partiel, parcel plating.

Dépôt radioactif, active deposit.

Dépôt souterrain, burial ground, graveyard.

Dépôt spongieux, sponge.

Dépôt au tonneau, barrel plating.

Dépouille, front clearance.

Dépoussiérage électrostatique, smoke deposition.

Dépoussiéré, dust-free.

Dépoussiéreur électrique, electric precipitor.

Dérailler, to derail.

Dérangement, fault breackdown.

Déraper, to slip out.

Déréglage, maladjustment, mismatch, off-balance, derating.

Déréglage en direction, misorientation.

Dérivateur, rat race *(guides d'ondes)*.

Dérivation, abutting, branch, branch circuit (*ou* conductor), branching, by-pass, curent branch, derivation, junction, lateral.

Dérivation (de), deriving, diversion.

Dérivation (en), abreast, shunt, shunt-feed.

Dérivation latérale, subsidiary conduit (*ou* duct).

Dérive, drift, shift ; course error.

Dérivé, derived, shifted.

Dérivée, derivative.

Dérivée partielle, partial derivative.

Dérivée première, first derivative, derived function.

Dérivée seconde, second derivative.

Dérivée vectorielle, vector derivative.

Dériver, to derive.

Dériveter, to unrivet.

Dérivomètre, deviometer ; course deviation indicator, C.D.I.

Dérouler, to unwind.

Dérouleur de bande, tape drive.

Dérouleur de bande magnétique, magnetic tape deck.

Déroulement, hape execution.

Déroulement par canal, channel trap.

Déroulement continu, scrolling.

Déroutement, alternate routing.

Désaccentuation, post-emphasis.

Désaccord, detuning, maladjustment, misalignment, misalinement, mismatch, mistuning, tuning out.

Désaccordé, misaligned, out of tuning, tuned out, untuned.

Désaccorder, to detune, to tune out, to unmatch, to untune.

Désactivation, de-activation.

Désaimantation, demagnetization.

Désalignement, v. *Désaccord.*

Désamorçage, de-energization, stoppage.

Désamorcer, to de-energize.

Désaxé, non-axial.

Descendre, to alight *(avions) ;* to pull down *(tirer).*

Descente d'antenne, aerial lead-in, downlead, feeder.

Descente de paratonnerre, down conductor.

Descriptif d'organigramme, flowchart text.

Description des fichiers, data description.

Désensibilisation, desensitizing.

Déséquilibré, lop-sided, unbalanced.

Désexcitation, de-energization.

Désexciter, to de-energize.

Déshydratation, dehydration.

Désintégration, annihilation, disintegration.

Désintégrer, to disintegrate.

Désionisation, deionization.

Désiré, desired, requisite, wanted.

Désorption, desorption.

Désoxydant, deoxidizer.

Désoxydation, deoxidation, pickling.

Desserrer, to unfasten.

Dessicateur, breather, dessicator.

Dessin, drawing, figure.

Dessin animé, animated (*ou* live) cartoon.

Dessin de programme, program design.

Dessiner, to drax.

Dessouder, to unsolder, to unweld.

Détection linéaire, linear detection.

Destructif, destructive.

Destruction (de l'écran), burn-up.

Désuet, obsolete, outmoded.

Désuétude, obsolescence.

Détachement, detachment, frilling.

Détacher, to detach, to strip, to unbrace, to unfasten, to unfit.

Détail, detail.

Détartrage, descaling.

Détecté, rectified, demodulated *(radio) ;* detected, trapped *(avions).*

Détecter, to demodulate, to detect.

Détecteur, demodulator, detector, rectifier.

Détecteur bidirectionnel, bidirectional coupler *(guides d'ondes).*

Détecteur à contact, contact detector.

Détecteur à cristal, crystal detector ; crystal receiver *(guides d'ondes).*

Détecteur diode, diode detector.

Détecteur de fissures, crack detector.

Détecteur de fuites, leak hunter (*ou* locator).

Détecteur de masse, ground detector.

Détecteur de mensonge, lie detector, psychointegroammeter.

Détecteur de mesure, directional coupler *(guides d'ondes).*

Détecteur de mines, mine (*ou* metal *ou* small-object) detector.

Détecteur d'orages, keraunophone.

Détecteur de panne, fault finder (*ou* tracer).

Détecteur de rapport, ratio detector.

Détection, demodulation, detection, rectification.

Détection d'avions, aircraft warning.

Détection diode, diode detection.

Détection électromagnétique, radar.

Détection grille, bias detection (*ou* rectification).

Détection linéaire, linear detection.

Détection plaque, anode (*ou* plate) bend detection (*ou* rectification), C-bias detection.

Détection quadratique, parabolic (*ou* square *ou* square-law) detection.

Détendeur, relief valve.

Détendre, to expand, to relax, to release, to relieve, to unbend, to unbrace.

Détente, detent, expansion, relaxation, release, relief.

Détersif, cleaner, detergent, leaching, solvent.

Détimbreur, pitch waver.

Détonation, detonation.

Détourner, to divert.

Détruire, to destroy, to raze.

Détruit, burnt-out, destroyed.

Deutérium, deuterium, heavy hydrogen.

Deuton, deuteron, deuton.

Deux directions (à), dual-control, two-way, double-throw.

Développement, development.

Déverrouillage de secours, emergency release.

Déverrouiller, to unbolt, to unlock.

Déversement, outfall.

Déversoir, off-take, spillway.

Déviation, deflexion, deviation, excursion, sensing, shift.

Déviation angulaire, angle straggling.

Dévidoir, reel.

Dévier, to deviate, to divert.

Déviomètre, deviometer.

Dévisser, to unscrew.

Dévolteur, negative booster.

Déwatté, idle, imaginary, quadrature, reactive, wattless.

Dextrogyre, dextrorotatory.

Diagnostique, diagnostic.

Diagonale, diagonal, twill.

Diagramme, chart, diagram, graph, pattern.

Diagramme de charge, load graph.

Diagramme de chromaticité, chromaticity diagram.

Diagramme colorimétrique, chromaticity diagram.

Diagramme de diffraction, radiogram.

Diagramme directionnel, directivity pattern.

Diagramme énergétique, energy-level diagram.

Diagramme isobougie, isocandle diagram.

Diagramme isolux, isolux (*ou* isophot) diagram.

Diagramme de Laue, Laue pattern.

Diagramme de marche, performance curve.

Diagramme optique, Christmas-tree (*ou* optical) pattern.

Diagramme de position électronique, Applegate diagram.

Diagramme des poudres, powder diagram.

Diagramme de rayonnement, beam (*ou* directivity *ou* free-space *ou* radiation *ou* response) pattern, directional diagram, radiation characteristic.

Diagramme synoptique, block diagram.

Diagramme vectoriel, vector diagram.

Diamagnétique, diamagnetic.

Diamagnétisme, diamagnetism.

Diamant, diamond.

Diamètre, diameter, gauge.

Diapason, tuning fork.

Diaphonie, crosstalk, flutter, co-channel interference ; thump *(tlg sur tph)*.

Diaphonie entre antennes, aerial crosstalk.

Diaphonie entre spires, record crosstalk *(disques).*

Diaphonie multiple, babble.

Diaphonie de proximité, sending-end crosstalk.

Diaphonomètre, crosstalk meter.

Diaphotie luminance/chrominance, cross color *(tlv).*

Diaphragme, diaphragm, iris, membrane ; septum *(guides d'ondes).*

Diaphragme correcteur, sheath-reshaping converter *(guides d'onde).*

Diapositive, lantern slide, slide, transparency.

Diathermie capacitive, autocondensation.

Diathermie haute fréquence, radiothermy, short-wave diathermy.

Diathermie inductive, autoconduction.

Diatomique, biatomic, diatomic.

Diatonique, diatonic *(mus).*

Dichroïque, dichroic.

Dictaphone, dictaphone, transcribing machine.

Dictionnaire, dictionary, glossary.

Dictionnaire de données, data dictionary.

Dictionnaire de programmes, catalog.

Diélectrique, dielectric, dielectrical.

Dièse, diesis, sharp *(mus).*

Différé, deferred, delayed, postponed.

Différence, deviation, difference, discrepancy, unlikeness.

Différence moyenne de températures, mean temperature difference, M. T. D.

Différencier, to differentiate.

Différent, alternative, different, unlike.

Différentiation, differentiation.

Différentiel, difference, differential, incremental ; hybrid *(transformateurs).*

Différentielle, differential coefficient.

Diffraction, diffraction, divergence.

Diffraction côtière, shore effect *(radio).*

Diffus, diffuse, diffused, scattered.

Diffusant, diffusing, scattering.

Diffuser, to diffuse, to scatter.

Diffuseur, diffuser, diffusor.

Diffuseur parfait, white object *(opt)* ; ideal diffusor.

Diffusion, diffusion, scattering ; angular distribution.

Diffusion ambipolaire, ambipolar diffusion.

Diffusion par chaînes, polycasting.

Diffusion totale, complete diffusion (*ou* scattering).

Diffusion troposphérique, troposphere scattering, troposcatter.

Digit, contraction of « DIGI tal, uniT ».

Dilatation, dilatation, expansion.

Dilater, to dilate, to distend, to expand.

Diluer, to dilute.

Dilution, dilution.

Dimension, dimension, pitch, size.

Dimensions (sans), dimensionless, proportionless.

Dimensionnement, dimensioning.

Diminuer, to curtail, to depress, to dim, to diminue, to diminish, to lessen, to reduce, to shorten.

Diminution, curtailment, decay, declension, decrease, dimming, diminution, drop, reduction, shortening.

Dineutron, dineutron.

Diode, anode rectifier, diode, two-electrode tube.

Diode de Boff, Boff (*ou* snap-off) diode.

Diode de bouclage, clamping diode.

Diode de bruit, noise diode.

Diode à commutation rapide, double-plug diode, D.P.D.

Diode de déclenchement, gate-trigger diode.

Diode économisatrice série, booster diode.

Diode économisatrice shunt, efficiency diode.

Diode électroluminescente, light emitting diode.

Diode sans moustaches, whiskerless diode.

Diode de niveau, *(USA)* D.C. clamp diode, *(GB)* D.C. restorer diode.

Diode-penthode, diode-pentode.

Diode de récupération série, booster diode.

Diode de récupération shunt, efficiency diode.

Diode stabilisatrice, stabilizing diode, stabistor.

Diode-triode, diode-triode.

Diode tunnel, tunnel diode.

Diode de Zener, avalanche (*ou* Zener) diode.

Dioptre, lenticle.

Dioptrie, diopter.

Dioptrique, dioptric, dioptrical.

Diphasé, diphase, quarter-phase, two-phase.

Diplex, diplex.

Diplexeur, diplexer.

Dipôle, dipole, doublet.

Dipôle demi-onde, half-wave dipole (*ou* doublet).

Dipôle replié, bowtie (*ou* folded) dipole (*ou* doublet).

Diproton, diproton.

Direct, direct, plain.

Directeur, director.

Direction, direction, pilot, sense, throw *(inverseurs)*.

Direction (à une), one-way, single-throw.

Directions (à deux), two-way, double-throw.

Direction de la propagation, wave normal.

Directionnel, directional, directive.

Directivité, directivity.

Directrice, directrix.

Dirigé, directed, directional, directive, piloted.

Diriger, to direct ; to pilot, to steer *(un appareil)*.

Discontinuer, to cease, to discontinue.

Discontinuité, discontinuity.

Discontinuités d'absorption, absorption edges.

Discothèque, disk library.

Discriminateur, discriminator, gate ; « AND » circuit ; kick sorter *(impulsions)*.

Discrimination, discrimination, sampling.

Discriminer, to discriminate.

Disjoncteur, break (*ou* cutout *ou* disconnecting *ou* magnetic) switch, breaker, circuit-breaker, bus (*ou* ground) protection, cutout, protection, protector, switch, switchgear, tripping mechanism.

Disjoncteur à air comprimé, air-blast circuit-breaker, pneumatic switch.

Disjoncteur à l'air libre, air circuit-breaker (*ou* switch).

Disjoncteur amovible, draw-out switchgear.

Disjoncteur automatique, automatic circuit-breaker (*ou* tripping).

Disjoncteur auxiliaire, action circuit-breaker.

Disjoncteur bipolaire, double-throw (*ou* D.T.) circuit-breaker.

Disjoncteur de champ, field suppressor.

Disjoncteur à commande pneumatique, air-pressure switch.

Disjoncteur à cornes, horn-gap switch.

Disjoncteur à couteau horizontal, side-break switch.

Disjoncteur à désionisation, deion circuit-breaker.

Disjoncteur directionnel, reverse-current circuit-breaker.

Disjoncteur à fusible, fuse (*ou* fuse-disconnecting) switch.

Disjoncteur de ligne, track-feeder breaker.

Disjoncteur à manche, hook switch.

Disjoncteur à maximums, maximum (*ou* overcurrent *ou* overload) cutout.

Disjoncteur à minimums, low-voltage protection.

Disjoncteur protégé, cellular switch-gear.

Disjoncteur à réenclenchement, reclose circuit-breaker, reset contactor (*ou* switch), recloser.

Disjoncteur de sécurité, limit switch.

Disjonction, breaking, release, switching, tripout, tripping.

Disjonction shunt, shunt tripping.

Dislocation, dislocation.

Disparaître, to die away (*ou* out).

Disparition, evanescence.

Disparition graduelle, fade-out *(cin, tlv)*.

Dispatching, common-equipment system, dispatching, grid control.

Dispatching central, master control.

Dispatching centralisé, common-diagram system.

Disperser, to disperse, to scatter, to stray.

Dispersion, dispersion, leak, leakage, scattering, straying.

Dispersion électromagnétique, electromagnetic leakage.

Disponibilité, availability.

Disponible, available, ready made.

Disposer, to dress, to lay out, to lie.

Dispositif, array, contrivance, device, system.

Dispositif anti-vol, burglar alarm.

Dispositif d'entrée des données, data entry device.

Dispositif de gestion, management facility.

Dispositif d'interface, computer interface unit (C.I.V.).

Dispositif de mise en mémoire, data storage device.

Dispositif de sécurité, deadman's device.

Disposition, configuration, disposition, format.

Disposition à adresses, word address format.

Disposition à bloc fixe, fixed block format.

Disposition à bloc variable, variable block format.

Disposition à séquence fixe, fixed sequential format.

Disposition à tabulation, tabulation sequential format.

Disposition à tabulation et adresses, combined sequential format.

Disque, disc, discus, disk, sheave ; dial *(tph)* ; record *(phono)*.

Disque acétate, acetate record.

Disque analyseur, scanner disk.

Disque d'appel, calling dial *(tph)*.

Disque à encoches, slotted disc.

Disque de fréquences, frequency record.

Disque à lentilles, lens disk.

Disque magnétique, magnetic disk.

Disque microsillon, long-playing (*ou* L.P.) record *(33 tours)* ; extended-play (*ou* E.P.) record *(45 tours)* ; microgroove *(sens général)*.

Disque de Nipkow, hole (*ou* Nipkow) disk.

Disque nitrate, nitrate record.

Disque perforé, chopper disk, episcotister.

Disque phonographique, record.

Disque porte-têtes, head wheel.

Disque du pupitre, console file.

Disque à secteurs colorés, color disk.

Disque stroboscopique, stroboscopic-pattern wheel, synchronoscope.

Disque vierge, blank, recording blank, wax.

Disquette, mini floppy disk.

Disrupteur, disrupter.

Disruptif, disruptive.

Dissector, dissector.

Dissimulé, concealed.

Dissipatif, dissipative.

Dissipation, dissipation.

Dissipation anodique, anode (*ou* plate) dissipation.

Dissiper, to dissipate.

Dissociation, dissociation ; color breakup *(tlv coul.)*.

Dissolution, dissolution ; rubber solution *(caoutchouc)*.

Dissolution électrolytique, electrodissolution, re-solution.

Dissolvant, solvent *(subst.) ;* leaching *(adj)*.

Dissonnance, jar.

Dissoudre, to dissolve, to strip off.

Distance, distance, DX, throw.

Distance angulaire, angular distance.

Distance (détermination de la), automatic distance tracking, A.D.T.

Distance disruptive, break distance, spark length.

Distance focale, focal length.

Distillation, distillation.

Distorsiomètre, distortion meter.

Distorsion, deformation, distortion ; clipping *(tlg, tph)*.

Distorsion (sans), distortionless, linear, mar-proof, undistorted.

Distorsion admissible, margin *(tlv)*.

Distorsion caractéristique, characteristic distortion.

Distorsion chromatique, color contamination.

Distorsion de contact, tracing distortion *(disques)*.

Distorsion de contrastes sur les bords, edge flare *(tlv)*.

Distorsion de forme, signal distortion.

Distorsion harmonique, amplitude distortion.

Distorsion d'image, picture distortion ; skew ; on-screen distortion *(due à la courbure de l'écran)*.

Distorsion d'intermodulation, combination-tone distortion.

Distorsion de ligne, fortuitous distortion *(tph)*.

Distorsion de lignes, S-distorsion *(tlv)*.

Distorsion linéaire, frequency distortion.

Distorsion non-linéaire, delay (*ou* harmonic *ou* non-linear) distorsion.

Distorsion par sous-modulation, undershoot (*ou* underthrow) distorsion.

Distorsion par surmodulation, overshoot (*ou* overthrow) distorsion.

Distorsion en tonneau, barrel distortion.

Distribué, distributed.

Distribuer, to distribute.

Distributeur, concentrator ; distributor, dealer *(personne)*, dispatcher.

Distributeur de tâches, task dispatcher.

Distribution, allotment, distribution *(sens général) ;* wiring system *(réseau)*.

Distribution 2 fils, two-wire system.

Distribution 3 fils, three-wire system.

Distribution 4 fils, four-wire system.

Distribution 5 fils, fire-wire system.

Distribution 7 fils, seven-wire system.

Distribution biphasée 3 fils, three-wire two-phase system.

Distribution biphasée 4 fils, four-wire two-phase system.

Distribution biphasée 5 fils, five-wire two-phase system.

Distribution coaxiale, coaxial (*ou* concentric-wiring) system.

Distribution électrique intérieure, branch circuit, interior wiring system.

Distribution en étoile, radial (*ou* star *ou* Y-) system.

Distribution force, motor branch circuit, power feeder (*ou* mains).

Distribution lumière, light system, lighting feeder (*ou* branch circuit).

Distribution mixte, dual (*ou* duplicate) service.

Distribution monophasée 2 fils, two-wire single-phase system.

Distribution monophasée 3 fils, three-wire single-phase system.

Distribution multiple, plural service.

Distribution série 2 fils, open-loop system.

Distribution série 4 fils, closed-loop system.

Distribution statistique, statistical distribution, randomness.

Distribution en triangle, delta system.

Distribution triphasée 3 fils, three-wire three-phase system.

Distribution triphasée 4 fils, four-wire three-phase system.

Distribution triphasée 7 fils, seven-wire three-phase system.

Distribution des vitesses, Maxwellian distribution.

Diurne, day, diurnal.

Divergence, divergence.

Divergent, divergent, diverging.

Diverger, to diverge.

Diversité, diversity (*v.* système diversité).

Diviser, to divide.

Diviseur, divider, divisor.

Diviseur de fréquence, frequency divider, harmonic conversion transducer.

Diviseur de tension, bleeder, potential (*ou* voltage) divider.

Division, division, slimming.

D.M.A., contraction of « Direct Memory Access ».

Do, C *(mus).*

Document de base, input document.

Document imprimé, hard copy.

Document séparé, cut form.

Dodécagonal, twelve-angled.

Dodécaphasé, double-hexaphase, twelve-phase.

Doigt, digit, finger, index, pin.

Doigt d'entraînement, drive (*ou* driving *ou* striker) pin.

Domaine, domain, field, region.

Domaine de fonctionnement, operating range.

Domaine de puissances, power range.

Dome, dôme.

Dominant, dominant.

Dominante, dominant *(mus).*

Domino, split fitting, splitter.

Dommage, damage.

Donnée, data.

Donnée analogique, analog data.

Données de base, basic (*ou* fundamental) data.

Données brutes, raw data.

Données complexes, complexe data.

Données en dépassement de capacité, overflow data.

Donnée élémentaire, data element.

Données d'entrée, input data.

Donnée numérique, digital data.

Données de sortie, output data.

Donnée virtuelle, virtual data.

Donneur, donor.

Dopage, doping.

Dorer, to gild, to gilt.

Dorure, gilding, gold plating *(action)* ; gild, gold plate *(aspect).*

Dos, back, backside.

D.O.S., contraction of « Disk Operating System ».

Dos à dos, back-to-back.

Dosage, dosage.

Dose, dosage, dose.

Dose de sortie, exit dosis.

Dosimètre, dosage (*ou* Rœntgen) meter, dosemeter, dosimeter, intensimeter, ionometer, quantimeter, roentgenometer ; air monitor ; X-ray meter.

Dosimètre local, area monitor.

Dosimètre portatif, pocket chamber (*ou* meter).

Dossier, file.

Dossier d'exploitation, program run shects.

Dossier de programmation, write-up.

Doublage, doubling, dubbing *(cin)*.

Double, doublc, dual, duple, duplex, duplicate, tandem, twin.

Double changement de fréquence, double-frequency changing.

Double croche, semi-quaver *(mus)*.

Double effet (à), double-acting.

Double perforation, double punch.

Doublet, dipole, doublet.

Doublet demi-onde, half-wave dipole (*ou* doublet).

Doublet replié, bowtie (*ou* folded dipole (*ou* doublet).

Doubleur, doubler.

Douille, bush, bushing, jack, sleeve, socket.

Douille baïonnette, bayonet (*ou* Swan) socket.

Douille de connecteur, coupler receptacle (*ou* socket).

Douille d'éjection, ejector sleeve.

Douille encastrée, crowfoot.

Douille femelle, pup (*ou* tip) jack.

Douille de fusible, fuse clip (*ou* contact).

Douille de guidage, guide sleeve.

Douille intermédiaire, reducing (*ou* socket) adapter.

Douille de lampe, lamp receptacle (*ou* socket), lampholder.

Douille roulée, wrapped bush.

Douille à vis, Edison (*ou* screw) socket.

Douille voleuse, cluster plug *(dés)* ; current tap, lamp adapter, lampholder plug.

Douteux, dubious.

Doux, mild, smooth, soft.

Douzaine, dozen.

Drain, drain.

Drap, cloth.

Drapeau, flag.

Dressage, dressing, truing.

Dresser, to dress, to straighten, to true.

Driver, driver.

Droit, clean, straight *(normal)* ; right *(direction)*.

Droite de balisage, beacon course, equi-signal sector.

Droite de charge, load line.

Droite de démagnétisation, recoil line.

Ductile, ductile, tractile.

Ductilité, ductileness, ductility, tractility.

Duobinaire, duobinary.

Duo-diode, double diode, duodiode.

Duo-diode-penthode, duodiode-pentode.

Duo-diode-triode, duodiode-triode.

Duo-triode, double triode, duotriode, pentatron, twin triode.

Duplex, duplex.

Duplexeur, duplexer.

Dur, hard ; abrasive-resistant, raw, rough, tough.

Durabilité, durability, lastingness.

Durable, lasting, standing.

Durci, hardened, toughned.

Durcir, to harden, to toughen.

Durcissement, curing, hardening.

Durée, duration, life, period, span, time.

Durée d'affaiblissement, time of decay.

Durée d'affaiblissement d'impulsion, pulse-decay time, trailing-edge pulse time.

Durée d'arc, arcing time.

Durée de coupure, releasing time.

Durée d'échauffement, run-up time.

Durée d'établissement, access (*ou* build-up *ou* building-up *ou* operating *ou* transient) time, time of rise.

Durée d'établissement d'une communication, splitting time.

Durée d'établissement d'impulsion, pulse-rise time.

Durée d'exécution, make time.

Durée de fermeture, closing (*ou* locking) time.

Durée de fonctionnement, holding time.

Durée de fusion, clearing time.

Durée de réenclenchement, release time.

Durée de rétablissement, clean-up (*ou* recovery) time.

Durée de vie, lifetime, life span.

Durée de vie moyenne, average (*ou* mean) life.

Durée de vie probable, life expectancy.

Durée de vie utile, service life.

Dureté, hardness.

Dureté Brinnell, Brinnell hardness, B.H.N.

Duromètre, hardness tester.

Dynamique, dynamics ; dynamic, dynamical *(adj)*.

Dynamique des contrastes, contrast range.

Dynamo, dynagenerator, dynamo.

Dynamo à balai auxiliaire, third-brush generator.

Dynamo compensatrice, direct-current compensator *(dés)* ; direct-current balancer.

Dynamo compound, compound-wound generator.

Dynamomètre, dynamometer.

Dynamoteur, dynamotor.

Dynatron, dynatron.

E

E.A.O., (Enseignement Assisté par Ordinateur) Computer Assisted Instruction (C.A.I.).

Eau, water.

Eau courante, running water.

Eau hyperlourde, superheavy (*ou* tritiated) water.

Eau lourde, heavy water.

Eau mère, mother liquor.

Eau ordinaire, tap water.

Eau oxygénée, hydrogen peroxide.

Ebarber, to trim up.

Ébauche, blank, roughcast ; roughing *(action)*.

Ébauché, roughwrought.

Ébène, ebony.

Ébénisterie, cabinet.

Éblouir, to blind, to dazzle.

Éblouissant, blinding, dazzling, glaring.

Éblouissant (non-), glare-free.

Éblouissement, blinding, dazzle, dazzling, glare.

Ébonite, hard rubber, vulcanite.

Écailler, to chafe, to peel, to peel off.

Écart, gap, space *(espace)* ; variation *(caractéristique)*.

Écart atonal, hearing thresholds difference.

Écarté, spaced.

Écartement, clearance, gap.

Écartométrie, directional error.

Échafaudage, scaffold.

Échancré, indented.

Échancrer, to indent.

Échancrure, indentation.

Échange, exchange, interchange.

Échange thermique, heat balance.

Échanger. to exchange, to interchange.

Échantillon, pattern, sample, specimen.

Échantillonnage, sampling.

Échappement, eduction, exhaust.

Échapper, to escape.

Échauffement, heating-up, warming-up.

Échelle, dial, scale *(mesure)* ; ladder *(matériel)*.

Échelle de comptage, scaler.

Échelle étalonnée, calibration scale.

Échelle de gris, grey (*ou* shading) scale.

Échelle de réduction, reduced scale.

Échelle réduite (à), scaled-down.

Écho, echo, return, backward signal ; backscattered blip, tail *(radar)*.

Écho arrière, back echo.

Écho magnétique, magnetic (*ou* printing *ou* transfer) echo.

Écho multiple, flutter echo.

Écho parasite, angel *(radar)*.

Écho rapproché, near echo.

Écho de sol, ground return *(radar)*.

Échomètre, echo-test set.

Éclair, flash, lightning.

Éclairage, illumination, lighting.

Éclairage diffus, diffuse illumination (*ou* lighting).

Éclairage direct, direct lighting.

Éclairage à feux croisés, cross lighting.

Éclairage de fond, back-lighting.

Éclairage indirect, indirect lighting.

Éclairage principal, highlight, hot light *(cin, tlv)*.

Éclairage de prise de vues, cue light.

Éclairage par projection, directional floodlight system, distance lighting, floodlight, floodlighting.

Éclairage public, street-lighting system.

Éclairage rasant, grazing lighting.

Éclairage de secours, emergency lighting.

Éclairage semi-direct, semi-direct (*ou* direct-indirect) lighting.

Éclairage semi-indirect, semi-indirect (*ou* indirect-direct) lighting.

Éclairage par la tranche, edge lighting.

Éclairage par transparence, transillumination.

Éclairage vers le bas, downlighting.

Éclairagisme, illuminating (*ou* lighting) engineering.

Éclairagiste, lighting engineer.

Éclaircir, to brighten.

Éclairement, illuminance, illumination.

Éclairer, to enlighten, to light.

Éclat, brilliance, brillancy *(apparence)* ; flash, flash signal *(éclairs rythmés)*.

Éclatement, breakdown.

Éclater, to break out, to burst, to split.

Éclateur, arrester, arrestor, discharger, spark-gap.

Éclateur à aiguilles, needle-point gap.

Éclateur à barreaux, rod gap.

Éclateur à boules, ball spark-gap, sphere gap.

Éclateur à cornes, horn gap.

Éclateur à disques, disk discharger (*ou* gap).

Éclateur à pointes, needle gap.

Éclateur réglable, spark micrometer.

Éclateur tournant, rotating spark-gap.

Éclisse, fishplate.

Économie, economy, saving.

Économiser, to economize, to save, to spare.

Économiseur, economizer.

Écorce, bark.

Écoulement, carry-over, effluence, efflux, flow.

Écouler, to escape.

Écoute, listening-in.

Écouter, to listen, to listen in.

Écouteur, can, phone.

Écouteur téléphonique, earphone, phone, receiver.

Écran, baffle, board *(méc)* ; filter *(opt)* ; screen, viewing screen *(cin)* ; screen, shield, absorber *(radioactivité)* ; scope *(trc)*.

Écran acoustique, baffle, baffle board.

Écran acoustique réflex, reflex baffle.

Écran cathodique, cathode screen.

Écran de ciel, sky filter.

Écran à dépôt ponctuel, phosphordot screen *(tlv)*.

Écran diffusant, diffuser, diffusor.

Écran diffuseur, butterfly *(cin)*.

Écran directionnel, shadow bar.

Écran électrostatique, Faraday screen (*ou* shield).

Écran électrostatique cylindrique, Faraday's wire cylinder.

Écran large, wide screen.

Écran opaque, barn door, gobo *(cin)*.

Écran perlé, pearl (*ou* glass-pearl) screen *(cin)*.

Écran de protection, biological shield.

Écran réducteur, scrim *(cin)*.

Écran renforçateur, intensifying screen.

Écran thermique, heat shield.

Écran transsonore, sound screen.

Écraser, to crush, to squash, to squeeze off.

Écrêtage, chopping, clipping, limiting, peak clipping.

Écrêteur, amplitude limiter, chopper, clipper, peak-shiff limiter.

Écrêteur basse fréquence, audio-peak chopper.

Écrêteur de bruits, noise limiter.

Écriture, writing.

Écrou, bolt, fastener, female screw, nut.

Écrou à chape, cap nut.

Écrou à cosse, spade bolt.

Écrou fileté, screw bolt (*ou* nut).

Écrou molleté, milled nut.

Écrou à oreilles, finger nut, flynut, thumbnut, thumbscrew, wingnut, winged nut.

Écrou à six pans, Allen screw, hex-head bolt, hexagon (*ou* hexagonal) nut.

Écrou à tête, headed nut.

Écrouir, to hammer.

Écrouissage, hammering.

Écume, lather.

Écusson, escutcheon.

Éditer, to edit.

Éditeur de textes, text editor.

Éditeur de liens, linkage editor.

Édition, edit, printing.

Effacement, erasement, erasure ; clearing ; deletion.

Effacer, to delete, to erase, to clear.

Effectif, actual, effective, operative.

Effet, effect, working.

Effet d'anode, anode (*ou* plate) effect.

Effet d'antenne, antenna effect.

Effet Becquerel, Becquerel effect.

Effet de bord, edge effect.

Effet couronne, corona.

Effet directif, directional effect.

Effet Doppler-Fizeau, Doppler effect.

Effet (à double), dual-operation.

Effet Edison, Edison (*ou* Thomson) effect.

Effet électrodermal, electrodermal effect.

Effet électrophonique, electrophony.

Effet d'extrémité, end effect.

Effet de grêle, Johnson noise, Shottky (*ou* Schrott *ou* shot) effect (*ou* noise).

Effet de grenaille, fluctuation noise

Effet Joule, Joule effect.

Effet Larsen, acoustic feedback (*ou* regeneration), Larsen (*ou* microphonic) effect, microphonics.

Effet local, sidetone effect *(tph)*.

Effet de lumière, dramatic lighting *(cin, tlv)*.

Effet Luxembourg, ionospheric cross-modulation, Luxembourg (*ou* Tellegen) effect.

Effet de main, body capacity, hand effect.

Effet de masque, blanket (*ou* masking) effect, blanketing.

Effet microphonique, *v.* Effet Larsen.

Effet de nuit, night effect.

Effet pelliculaire, fringe (*ou* Kelvin *ou* skin) effect.

Effet Peltier, Peltier (*ou* Seebeck *ou* thermoelectric) effect.

Effet photoélectrique interne, photo conductive effect.

Effet de pincement, pinch effect.

Effet de pluie, rain effect *(cin).*

Effet redresseur, Edison (*ou* rectifying *ou* Thomson) effect.

Effet résiduel, after-effect.

Effet Rocky-Point, flash-arc, Rocky-point effect.

Effet de rupture, pinch effect.

Effet Schwarzschild, Schwarzschild effect, reciprocity law failure.

Effet de surface, S-effect.

Effet Tellegen, *v.* Effet Luxembourg.

Effet thermique, heating effect.

Effet thermoélectrique, Peltier (*ou* Seebeck *ou* thermoelectric) effect.

Effet Volta, contact e.m.f. (*ou* potential).

Effet Zeeman, Zeeman effect.

Efficace, active, effective, efficient, operative ; r.m.s. *(math.).*

Efficacement, effectively.

Efficacité, effectiveness, efficacy, efficiency ; count down *(rendement).*

Efficacité en champ diffus, diffuse-field efficacy.

Efficacité en champ libre, free-field efficacy.

Efficacité intrinsèque, specific efficacy.

Efficacité lumineuse, luminous efficacy (*ou* efficiency).

Efficacité neutronique, collision density.

Efficacité omnidirectionnelle, random sensitivity ; random-incidence response.

Efficacité paraphonique, close-talking sensitivity (*ou* response).

Efficacité relative, relative sensitivity (*ou* response).

Efficient, efficient.

Effluve, brush (*ou* convective) discharge, corona, effluve, glow, static breeze (*ou* brush).

Effort, effort, force, stress.

Effort (sans), effortless.

Effort de cisaillement, shearing stress.

Effort à la compression, compressive (*ou* crushing) stress.

Effort diélectrique, dielectric stress.

Égal, equal, even, level.

Égale force sonore, equivalent loudness.

Égalisation, equalization, levelling.

Égaliser, to equalize, to even, to level.

Égaliseur, equalizer, leveller.

Égalité, equality, evenness, levelness, par, plainness.

Éjecteur, ejector, knockout.

Élargir, to broaden, to widen.

Élargissement du spot, deflection defocusing.

Élastance, elastance.

Élasticité, elasticity, resiliency.

Élasticité acoustique, acoustic capacitance (*ou* compliance).

Élastique, elastic, resilient, spring, springy, yielding.

Élastomère, elastomer.

Électret, electret.

Électricien, electrician ; sparks *(familier).*

Électricité, electricity.

Électricité nerveuse, neuroelectricity.

Électrification, electrification.

Électrifié, electrified.

Électrifier, to electrify.

Électrique, electric, electrical.

Électriquement, electrically.

Électrisation, electrisation.

Électrisation par frottement, frictional electricity, triboelectricity.

Électrisation par influence, induction charging.

Électroacoustique, electroacoustics ; electroacoustic *(adj)*.

Électro-aimant, electromagnet.

Électro-aimant à plongeur, long-pull magnet.

Électroartériographe, electroarteriograph, plethysmograph.

Électrobiologie, electrobiology.

Électrobioscopie, electrobioscopy.

Électronique, electronics.

Électrocapillarité, électrocapillarity.

Électrocardiogramme, electrocardiogram.

Électrocardiographe, cardiotachometer, electrocardiograph, E. C. G.

Électrocautère, electrocautery.

Électrochimie, electrochemistry.

Électrochimique, electrochemical.

Électrochronographe, electric chronograph.

Électrocinétique, electrokinetics ; electrokinetic *(adj)*.

Électrocoagulation, diathermic coagulation, electrocoagulation.

Électroculture, electroculture.

Électrocution, electrocution.

Électrocymographe, electrokymograph.

Électrode, electrode *(sens général)* ; half-cell *(chimie)*.

Électrode accélératrice, accelerating electrode.

Électrode d'amorçage, firing (*ou* starting) electrode.

Électrode bimétallique, bipolar electrode.

Électrode boudinée, extruded electrode.

Électrode au calomel, calomel electrode (*ou* half-cell).

Électrode de captage, collector.

Électrode de commande, control electrode.

Électrode de contact, contact electrode.

Électrode courte, non-continuous electrode.

Électrode douce, easy-flowing electrode.

Électrode dure, hard-metal electrode.

Électrode enduite, thin-coated electrode.

Électrode à enrobage épais, heavily-coated electrode.

Électrode à enrobage mince, light-coated (*ou* washed) electrode.

Électrode enrobée, coated (*ou* covered) electrode.

Électrode d'entretien, keep-alive electrode.

Électrode de focalisation, concentration electrode, concentrator.

Électrode de freinage, decelerating electrode.

Électrode de garde, arcing horn.

Électrode à l'hydroquinone, quinhydrone electrode (*ou* half-cell).

Électrode de masse, ground electrode.

Électrode nue, bare electrode.

Électrode positive, accelerator.

Électrode post-accélératrice, electron accelerator, intensifier electrode.

Électrode prolongée, continuous electrode.

Électrode protégée, shielded-arc electrode.

Électrode reflex, repeller *(klystrons)*.

Électrode de réflexion, reflector electrode.

Électrode de sortie, output electrode ; signal plate.

Électrode de soudure, welding electrode.

Électrode de touche, point electrode.

Électrode trempée, dipped electrode.

Électrode de verre, glass half-cell.

Électrodésintégration, electrodisintegration.

Électrodessiccation, spark therapy.

Électrodiagnostic, electrodiagnosis.

Électrodissolution, electrodissolution.

Électrodynamique, dynamoelectric, electrodynamic.

Électrodynamomètre, electrodynamometer.

Électroémission, field emission.

Électroencéphalogramme, electroencephalogram.

Électroencéphalographe, electroencephalograph.

Électrofondu, fusion-cast.

Électrogalvanique, electrogalvanic.

Électroluminescence, electroluminescence.

Électrolyse, electrolysis, electrolytic dissociation.

Électrolyte, electrolyte, electrolytic conductor, fused salt.

Électrolyte liquide, fused electrolyte.

Électrolyte pâteux, paste.

Électrolytique, electrolytic.

Électromagnétique, electromagnetic.

Électromagnétisme, electromagnetism.

Électromécanique, electromechanic, electromechanical.

Électrométallurgie, electrometallurgy.

Électromètre, electrometer.

Électromètre-triode, tube electrometer.

Électromoteur, electromotor ; electromotive *(adj)*.

Électromyographe, electromyograph.

Électron, electron.

Électron atomique, syn. de *Électron lié*.

Électron libéré, freed (*ou* runaway) electron.

Électron libre, conduction (*ou* free) electron.

Électron lié, atom-bound (*ou* orbital) electron.

Électron lourd, heavy electron, meson ; mesoton, penetron *(dés)*.

Électron négatif, beta particle (*ou* ray) ; negaton.

Électron périphérique, peripheral electron.

Électron positif, positon.

Électron de recul, knocked-on (*ou* recoil) electron.

Électron thermique, thermoelectron.

Électron de valence, valence electron

Électron-volt, equivalent volt *(dés)* ; electron-volt.

Électronégatif, electronegative.

Électronique, electronics, thermionics ; electronic, electron, thermionic *(adj)*.

Électro-optique, electro-optical.

Électro-osmose, electro-osmosis, electrosmosis.

Électrophone, electric phonograph, electrophone.

Électrophore, electrophorus.

Électrophorèse, electrophoresis, ionic medication, medical ionization, phoresis.

Électroplastie, electroplating, plating.

Électropneumatique, electropneumatic.

Électropolissage, electropolishing.

Électropositif, electropositive.

Électroscope, electroscope.

Électroscope à feuille d'or, gold-leaf electroscope.

Électrostatique, electrostatic, static.

Électrosténolyse, electrostenolysis.

Électrostéthoscope, electric stethoscope.

Électrostriction, electrostriction, inverse-piezoelectric effect.

Électrotechnique, electrical engineering, electrotechnics, electrotechnique ; electrotechnical *(adj)*.

Électrothérapie, electrotherapy ; sinusoidal therapy *(courant alternatif)*.

Électrothermique, electrothermal, electrothermic.

Électrotonus, electrotonus.

Électrotropisme, electrotropism.

Élément, element, unit ; batwing *(d'antenne croisée).*

Élément d'accumulateur, accumulator cell.

Élément adressable, item.

Élément binaire, binary cell, binary element.

Élément chargé, active cell.

Élément chauffant, heating (*ou* warming) element (*ou* unit).

Élément à deux liquides, concentration cell.

Élément excité, driven element.

Élément fusible, fuse filler (*ou* link).

Élément d'image, elemental area, picture dot (*ou* element) *(tlv).*

Élément d'information, bit.

Élément interchangeable, packet.

Élément logique, logic element.

Élément de mémoire, memory cell.

Éléments préfabriqués, kit.

Élément de programme, entry.

Élément de réduction, regulating cell.

Élément de réseau, mesh contour.

Élément résistant, resistor element.

Élément-témoin, control (*ou* pilot) cell.

Éléments transuraniens, transuranium elements, transuranides.

Élémentaire, elementary.

Élévateur, hoist, gin, hoisting engine, lifter.

Élévation, altitude, elevation, height ; raised plan *(géom.).*

Élever, to elevate, to raise, to rise.

Éliminateur, eliminator, rejector, stopper, suppressor, trap.

Éliminateur de parasites, anti-clutter *(radar)* ; noise eliminator *(radio).*

Élimination, elimination, rejection, relaxation, suppression.

Éliminer, to buff off, to eliminate, to filter out, to reject, to suppress.

Ellipse, ellipse.

Ellipsoïde, ellipsoid.

Ellipsoïde de révolution, prolate spheroid *(allongé)* ; oblate spheroid *(aplati).*

Ellipticité, ellipticity.

Elliptique, elliptic, elliptical.

Éloigné, remote.

Élongation, elongation.

Émail, enamel.

Émaillé, enameled.

Émanation, emanation.

Emballage, container, housing, pack, packing, wrapper, wrapping.

Emballé, boxed, packed.

Emballement, racing.

Emboîtage, housing.

Embouchure, horn-mouth, mouth, mouthpiece ; aperture *(guides d'ondes).*

Embout, cap, end,

Embout protecteur, end-seal, sealing end, shipping seal.

Embout téléphonique, insert earphone.

Embout en U, clevis.

Embouti, dished, stamped.

Emboutir, to dish, to flange, to stamp.

Emboutissage, cupping, stamping.

Embrayage, clutch, coupling, engagement.

Embrayage magnétique, magnetic-particle power clutch, magnetic drive.

Embrayer, to engage.

Émerillon, swivel.

Émetteur, emitter, sender, station, transmitter, X-mitter ; emitting, radiating *(adj).*

Émetteur à arc, arc transmitter.

Émetteur automatique, automatic sender, auto-transmitter.

Émetteur barométrique, baroswitch.

Émetteur de bord, ship transmitter.

Émetteur dirigé, directional-beam transmitter.

Émetteur de données, data transmitter.

Émetteur microphonique, telephone transmitter.

Émetteur piloté, driven transmitter.

Émetteur portatif de télévision, walkie-lookie, walkie-seeie.

Émetteur-récepteur, transceiver.

Émetteur-récepteur portatif, walkie-talkie, portable transceiver ; back-pack *(en havresac).*

Émetteur régional, district transmitter.

Émetteur relais, link transmitter, repeater station, retransmitter.

Émetteur de secours, emergency transmitter.

Émetteur son, aural transmitter *(tlv).*

Émetteur-suiveur, emitter-follower.

Émetteur de téléciméma, film transmitter.

Émetteur télégraphique, code transmitter.

Émetteur télégraphique (à bande perforée), tape transmitter.

Émettre, to emit, to radiate, to send, to transmit ; to give off *(particules).*

Émettre un signal sonore, to beep.

Émissif, emmissive, emitting.

Émission, emission, transmission, broadcast *(radiodiffusion).*

Émission sur une bande latérale, single-sideband transmission, S. S. B.

Émission en clair, plain transmission.

Émission sur les deux bandes latérales, double-sideband transmission, D. S. B.

Émission en direct, studio pickup.

Émission dirigée, beamed radio.

Émission électronique, electron emission *(ou* evaporation).

Émission parasite, stem *(ou* stray) radiation *(rayons X).*

Émission relayée, simultaneous broadcasting.

Émissions simultanées, branching *(particules et/ou photons).*

Émissivité, emissivity.

Emmagasinage, storage.

Emmagasineur, accumulator *(tlg).*

Emmêler, to tangle.

Émoussé, blunt, edgeless.

Empieter, to encroach.

Empilage, stack.

Empirique, empirical.

Emplacement, location, position.

Emplacement d'un bit, bit location.

Emploi, use.

Empoisonnement, poisoning.

Empreinte, mold.

Emprunt, debenture.

Émulateur, emulator.

Émulateur intégré, integrated emulator.

Émulation, emulation mode.

Émulsion, emulsion ; film layer, material *(cin).*

Encâblure, *(USA)* cable length.

Encapsulation, sealing.

Encastré, embedded, flush-type, inserted, sink, sunk, sunken.

Enceinte anti-déflagrante, detonation chamber.

Enchaînement, catenation.

Enclencher, to connect.

Enclos, dirtproof, enclosed.

Enclume, anvil.

Encochage, plate slitting.

Encoche, recess, notch, rotor slot, slot.

Encombrement, floor-space, space factor.

Encrage, ink coverage.

Encrassé, coated, dirty, fouled, scaled.

Encre, ink.

Encre magnétique, magnetic ink.

Endoénergétique, endoergic.

Endommagement, damage.

Endothermique, endogeric, endothermal.

Endroit, location, spot.

Enduire, to coat.

Enduit, coat, coating, dope, putty ; coated *(adj)*.

Enduit anti-halo, anti-halation coating, grey-back *(cin)*.

Enduit dorsal, backing.

Énergétique, energetic, energetical.

Énergie, energy, power.

Énergie absorbée, absorbed energy, Q-value.

Énergie accumulée, stored energy.

Énergie d'activation, activation energy.

Énergie atomique, atomic energy (*ou* power).

Énergie cinétique, kinetic energy.

Énergie d'entrée, input.

Énergie d'excitation, radiation potential.

Énergie de liaison, binding (*ou* separation) energy.

Énergie massique, mass energy.

Énergie potentielle, virtual energy (*ou* force).

Énergie radiante, radiant energy (*ou* flux).

Énergie rayonnée, aerial output.

Enfermé, enclosed.

Engendrer, to generate.

Engin, missile.

Engin anti-engin, antimissile missile, A.M.M.

Engin air-air, air-to-air missile, A.A.M.

Engin air-mer, air-to-underwater missile, A.U.M.

Engin air-sol, air-to-surface (*ou* air-to-ground) missile, A.S.M., A.G.M.

Engin antibalistique, anti-ballistic missile, A.B.M.

Engin mer-air, underwater-to-air missile, U.A.M.

Engin sol-air, surface-to-air (*ou* ground-to-air) missile, S.A.M., G.A.M.

Engin sol-sol, surface-to-surface (*ou* ground-to-ground) missile, S.S.M., G.G.M.

Engin téléguidé, guided missile, G.M.

Engin téléguidé (d'avion), guided aircraft missile, G.A.M.

Engorgement, contention, overrun.

Engrenage, gear, gearing, toothed gear, wheel.

Engrenage à chevrons, double-helical (*ou* herringbone) gear.

Engrenage conique, bevel gear.

Engrenage à crémaillère, tooth rack.

Engrenage hélicoïdal, wheel-screw, worm-wheel.

Engrenage réducteur, reduction gear.

Engrenage sélectif, pick-off gear.

Engrener, to mesh.

Enlèvement, removal.

Enlever, to detach, to keep out, to put away, to put off, to remove, to take away.

Ennéagonal, nine-angled.

Enquête, enquiry.

Enregistré, recorded, registered.

Enregistrement, recording, registration.

Enregistrement à amplitude constante, constant-amplitude recording.

Enregistrement sur disque, disk (*ou* sound-on-disk), recording.

Enregistrement de données, data entry.

Enregistrement double, double-edge *(cin)*.

Enregistrement double multiple, double-multiple edge *(cin)*.

Enregistrement erroné, misentry, faulty recording.

Enregistrement magnétique, magnetic recording.

Enregistrement magnétoscopique, videotaping.

Enregistrement optique, optical recording.

Enregistrement physique, physic record.

Enregistrement en profondeur, hill-and-dale (*ou* vertical) recording.

Enregistrement à vitesse constante, constant-velocity recording.

Enregistrer, to record, to register, to transcribe.

Enregistrer en mémoire, to store.

Enregistreur, graphic instrument (*ou* meter), recorder, register, transcriber; code recorder *(tlg)*; recording *(adj)*.

Enregistreur d'appels, call (*ou* call-count *ou* traffic) meter *(tph)*.

Enregistreur automatique, logger.

Enregistreur de communications, calculagraph *(tph)*.

Enregistreur de données, data logger (*ou* recorder).

Enregistreur météorologique, meteorograph.

Enregistreur de pointe, demand meter, maximum-demand recorder.

Enregistreur à retardement, lagged-demand meter.

Enregistreur à siphon, siphon recorder.

Enregistreur à stylet, ink recorder.

Enregistreur de trafic, analysis (*ou* traffic) meter (*ou* recorder).

Enrichissement, enrichment.

Enrobage, coat, sleeve, potting.

Enrobé, coated, cored.

Enroulement, reactance *(dés)*; coil, reactor, winding.

Enroulement anti-inductif, bifilar winding.

Enroulement en barres, bar winding.

Enroulement de chauffage, filament winding.

Enroulement compensateur, stabilizing winding.

Enroulement en court-circuit, amortisseur (*ou* damping) winding.

Enroulement à encoches, slot winding.

Enroulement d'équilibrage, paralleling reactor, regulating winding.

Enroulement d'induit, armature coil (*ou* winding).

Enroulement en tambour, drum winding.

Enrouleuse, spooler.

Enseigne lumineuse, electric sign.

Enseignement assisté par ordinateur (E.A.O.), Computer Assisted Instruction (C.A.I.).

Ensemble, assembly, pack, set.

Ensemble de disques, disk pack.

Ensemble de données, data set.

Ensemble de programmes, software.

Ensemble terminal, terminal set.

Ensemble de traitement de l'information, data processing system.

Entaille, kerf, nick, notch.

Enterré, buried.

En-tête, header.

Enthalpie libre, Gibbs free energy.

Entier, integral, total.

Entonnoir, funnel.

Entraînement, drive *(méc)*; training *(métier)*.

Entraînement de bande magnétique, tape drive.

Entraînement de disques, disk drive.

Entraînement par courroie, belt drive.

Entraînement par galet, rim drive.

Entraînement jumelé, common drive.

Entraîneur, carrier.

Entraîneur (sans), carrier-free.

Entrance, fan-in.

Entraxe, pitch.

Entrée, access, entrance, entry, inlet, lead-in; throat *(d'un cornet)*.

Entrée (d'), feed-through, incoming, input, inrush.

Entrée au clavier, keyboard entry.

Entrée d'éléments, fan-in.

Entrée manuelle, manual input.

Entrée-sortie, input-output.

Entrefer, air gap, gap.

Entrelacé, interlaced, interwoven.

Entrelacement, interlacing, wreathing.

Entrelacer, to entwine, to interlace, to lace, to twine.

Entretenir, to keep up, to maintain, to sustain.

Entretien, maintenance, service, servicing, upkeep, upkeeping.

Entretien (facilité d'), maintainability

Entretoise, antenna spacer (*ou* spreader *(antennes)* ; spacer, spreader.

Entreposer, to store.

Entrepôt, store.

Entropie, entropy, average information content.

Enveloppe, bag, boot, casing, cover, envelope, shell, wrapping.

Enveloppe de modulation, modulation enveloppe (*ou* waveform).

Envelopper, to cover, to wrap.

Envergure, span, width of span.

Environnant, circumambient, neighboring.

Environnement, environment.

Envisager, to think.

Envoi postal, delivery through the mail.

Envoyer, to dispatch, to send.

Épais, thick.

Épaisseur, thickness.

Épaisseur équivalente d'air, air equivalent.

Épaisseur équivalente d'aluminium, aluminum equivalent.

Épaisseur équivalente de plomb, lead equivalent.

Épaisseur massique, surface density.

Épaisseur-moitié, half-thickness.

Épaissir, to thicken.

Épanouissement polaire, pole shoe.

Éparpillement, sparseness.

Épaulement, ledge, pawl, rib, shoulder.

Épingle, pin.

Épissure, Britannia splice *(gros câbles)* ; cable bond (*ou* joint *ou* splice), fixture splice, splice, straight-through joint *(sens général)* ; reducing joint *(entre câbles de diamètres différents)*.

Épissure cuirassée, shielded joint.

Épissure droite, straight joint.

Épissure en T, Y-splice.

Épitaxie, epitaxy.

Épithermique, epithermal.

Éponge, sponge.

Épreuve, probation, proof, test, testing.

Éprouvé, proofed, reliable.

Éprouver, to check out.

Éprouvette, sample, specimen, test piece.

Épuisement, exhaustion, fatigue.

Épurateur, purifier ; scrubber, scavenger.

Épuration, purification : decontamination *(radioactivité)*.

Équation, equation.

Équation de de Broglie, De Broglie (*ou* wave-mechanics fundamental) equation.

Équation fondamentale, equation fundamental (*ou* unit).

Équation linéaire, linear equation.

Équation du premier degré, linear equation.

Équation du radar, radar equation.

Équation du second degré, quadratic equation.

Équerre, right-angle bracket, side gauge.

Équerre de fixation, angle bracket, panel brace.

Équiangle, equiangle ; equiangled, equiangular *(adj)*.

Équidistant, equidistant, equispaced.

Équilatéral, equilatéral.

Équilibrage, balance, impairment, match, matching.

Équilibrage colorimétrique, color match (*ou* matching).

Équilibrage d'un pont, bridge balance.

Équilibre, balance, counterbalance, equilibrium, libration, poise.

Équilibré, balanced, compensated, equalized, matched.

Équilibre radioactif, radioactive equilibrium.

Équilibrer, to balance, to compensate, to equalize, to equibalance, to match, to poise.

Équilibreur, attenuation equalizer, balancer ; network *(réseau)*.

Équipage astatique, astatic pair.

Équipage mobile, dial train, moving element.

Équipement, equipment, outfit, rig.

Équipement terminal de traitement de données, data terminal equipment.

Équipotentiel, equipotential, unipotential.

Équivalent, equivalent ; overall attenuation *(tph)*.

Équivalent d'absorption, absorption equivalent.

Équivalent chimique, equivalent weight.

Équivalent électrochimique, electrochemical equivalent.

Équivalent de transmission, attenuation equivalent.

Érable, maple, maplewood.

Ergot, catch, fin, inset, pin, spigot, spur.

Ergot de guidage, indexing pin.

Eriger, to erect.

Erratique, erratic, random.

Erreur, error, fault, lapse, mishap, mismatching factor, mistake.

Erreur, error, fault, lapse, mishap, mismatching factor, mistake.

Erreur accumulée, inherited error.

Erreur d'arrondissage, rounding-off error.

Erreur à court terme, short-time error.

Erreur de dérive, drift error.

Erreur de lecture, misread.

Erreur machine, machine error.

Erreur de piste, tracking error *(disques)*.

Erreur de relèvement, direction-finder deviation, error in bearing; ship error *(due à la masse du navire)*.

Erreur à long terme, long-time error.

Erreur de site, site error, squint.

Erreur systématique, biased error.

Erreur de tri, missorting.

Erroné, mistaken, spurious, wrong.

Érythématique, erythemal.

Escalier roulant, escalator.

Escamotage, cut-off, feeding, shuttle.

Espace, air gap, blank, gap, room, space, spacing.

Espacé, spaced.

Espace d'accélération, accelerating chamber.

Espace adresse, address space.

Espace des couleurs, color space.

Espace de glissement, drift space.

Espace intermédiaire, buffer space.

Espace sombre, dark space.

Espace sombre cathodique, cathode (*ou* Crookes) dark space.

Espace sombre de Faraday, Faraday dark space.

Espace-temps, space-time.

Espacement, space, spacing.

Espacement des caractères, horizontal pitch.

Espacement des lignes, vertical pitch.

Espacer, to space.

Esquisse, sketch.

Essai, assay, check, essay, experiment, probation, proof, run, test, testing, touch, trial.

Essai en charge, rating, service test.

Essai comparatif (avant et après le traitement), before-and-after test.

Essai de contrastes, high-peaker control *(tlv)*.

Essai de contrôle, testing.

Essai de coupure, continuity test.

Essai à la demande, request test.

Essai de durée, delayed (*ou* life *ou* running) test ; shelf test *(en circuit ouvert)*.

Essai de fatigue par flexion, pulsating-bend test.

Essai de flexion, deflection test.

Essai de fluage, creep test.

Essai de fréquence, frequency run.

Essai d'isolement, dielectric (*ou* flash *ou* pressure) test.

Essai de pliage, bend test.

Essai pratique, field test.

Essai du programme, program test.

Essai de réception, acceptance test.

Essai en régime permanent, continuous test.

Essai sur le terrain, field test.

Essai thermique, heat run.

Essai de traction, tensile test.

Essence *(USA)* gas, gasoline, *(GB)* petrol.

Essieu, arbor, axle, shaft, spindle.

Essorage, dripping.

Estampage, stamping.

Estamper à froid, to hob out.

Estimation, computation, estimate.

Et, and.

Établi, bench.

Établissement, building *(bâtiment)* ; building-up *(montage)*.

Étage, stage ; decker *(fusées)*.

Étage amplificateur, amplifying stage.

Étage audio-fréquence, low-frequency (*ou* L.F. *ou* sound) stage.

Étage changeur de fréquence, conversion detector.

Étage haute-fréquence, high-frequency (*ou* R. F.) stage.

Étage intermédiaire, buffer stage.

Étage modulateur, modulator, modulator stage.

Étage moyenne-fréquence, intermediate-frequency (*ou* I.F.) stage.

Étage pilote, driver stage.

Étagère, shelf, shelve.

Étai, prop, propping.

Étain, tin.

Étalement, spread, spreading.

Étalement de bande, bandspread.

Étaler, to expand, to spread, to stretch, to widen.

Étaleur de bande, expander, expandor.

Étalon, gauge, rate, reference, standard.

Étalon A, standard illuminant *(opt)*.

Étalon de fréquence, frequency standard.

Étalon Hefner, Hefner lamp.

Étalon photométrique, luminous standard, illuminant, luminator.

Étalon radioactif, radioactivity standard.

Étalonnage, calibration, gauging, rating.

Étalonner, to calibrate, to gauge, to graduate.

Étamage, tinning.

Étamé, tinned.

Étamer, to quick, to tin.

Étanche, driptight, impervious, leakproof, submergence-proof, submersible, tight, vacuum-tight, vaportight, waterproof, watertight, weatherproof.

Étanchéité, tightness.

État, state.

État d'entrée, input state.

État de flux magnétique négatif, zero state *(mach. à. calc.)*.

État de flux magnétique positif, one state *(mach. à calc.)*.

État fondamental, ground state.

État interruptible, interruptable state.

État moniteur, supervisor state.

État opérationnel, running state.

État solide, solid state.

État de sortie, output state.
État stationnaire, stationary state.
Étau, vice, vise.
Étau d'établi, bench vise.
Étau-limeur, shaper.
Éteindre, to extinguish.
Étendre, to lie, to extend.
Étendre (s'), to creep along, to distend.
Étendu, extended, laid.
Étendue, coverage, extent, reach, span.
Éther, ether.
Étinceleuse, sparking machine.
Étincelle, flake, spark.
Étincelle disruptive, jumping spark.
Étincelle de fermeture, closing spark.
Étincelle musicale, singing spark.
Étincelle de rupture, break (*ou* induction) spark.
Étiquette, label, name-plate.
Étirage, drawing, stretching.
Étiré, drawn, stretched.
Étirer, to draw, to stretch.
Étireuse, drawing (*ou* slotting *ou* stretching) machine.
Étoffe, cloth.
Étoile, star (*v.* Montage).
Étouffement, choking, dying-out, quenching.
Étouffer, to choke, to quench.
Étouffeur, choke, quencher ; noise silencer *(anti-parasites)*.
Étoupe, gasket, tow.
Étrangeté, strangeness.
Étranglement, constriction, contraction, throttling.
Étrier, bracket, clamp, U-link.
Étroit, narrow.
Étude, draft, draught, investigation, study, survey.
Étude préalable, feasibility study.
Étuvage, baking.
Étuvage total, outbaking.
Étuve, oven.
Évacuateur, outlet.
Évaluation, computation, rating.
Évaluer, to compute, to derive.
Évanescence, evanescence.
Évanouissement, dying-out, fading.
Évaporation, evaporation.
Évaporer, to evaporate, to fuzz.
Évasé, bell-mouthed, opened-out.
Évasement, flange.
Événement, event.
Évent, air (*ou* vent) hole.
Éventage, airing, ventilation.
Éventail, fan.
Évidement, recess, undercut.
Exact, accurate, precise.
Exactitude, accuracy, accurateness, positiveness.
Examen, examination, inspection.
Examiner, to examine, to inspect, to view.
Excédent, overbalance, overweight.
Excentricité, eccentricity.
Excentrique, eccentric.
Excès, excess.
Excès de particules, particle difference number.
Excitateur, driver, exciter, excitor, stimulator ; discharge, driving *(adj)*.
Excitateur électrostatique, driving grid.
Excitation, energization, excitation *(électricité)* ; stimulus *(biologie)*.
Excitation anti-compound, differential excitation.
Excitation par choc, impact (*ou* impulse *ou* shock) excitation.
Excitation instrumentale, matching stimulus *(opt)*.
Excitation irréelle, unreal stimulus *(opt)*.
Excitation repère, cardinal stimulus *(opt)*.
Excitation séparée (à), energized, excited-field, separately excited.

Excitatrice, exciter, excitor.

Excitatrice primaire, pilot exciter.

Exciter, to energize, to excite.

Excursion, deviation, drift, excursion.

Excursion de fréquence, deviation ratio, excursion, frequency deviation, swing.

Excursion totale de fréquence, white-to-black frequency swing *(bélino)*.

Exécuter, to execute.

Exécuter un programme, to execute a program.

Exécution, operation, run.

Exécution par étapes, step by step operation.

Exécution du travail, job run.

Exoénergétique, exoergic.

Exothermique, exoergic, exothermal.

Expanseur, accentuator, expander expandor.

Expanseur automatique des contrastes, automatic volume expander.

Expansion, expansion.

Expansion des contrastes, contrast expansion, pre-emphasis.

Expédier, to forward, to send off, to ship.

Expédition, shipment, shipping.

Expérience, experiment.

Expérimental, developmental, experimental.

Expert, surveyor.

Expert-conseil, consultant.

Exploitable, workable.

Exploitation, operation.

Exploitation manuelle, manual operation.

Exploitation des ordinateurs, operation of computers.

Explorateur, analyzer, scanner *(tlv)*.

Exploration, analysis, exploration, scan, search ; searchlighting *(radar)*.

Exploration limitée, section scanning *(radar)*.

Explorer, to analyse, to explore, to scan ; to find out *(rechercher)*.

Explosion, blast, blasting, explosion ; ignition *(moteurs)*.

Exponentiel, exponential.

Exposant, exponent.

Exposant de propagation, propagation exponent.

Exposant de transfert, transfer exponent.

Exposé, exposed.

Exposition, exhibition, show *(présentation)* ; exposure *(cin)*.

Expression, expression, notation *(math)*.

Expression polaire, polar notation.

Exprimer, to squeeze out *(recueillir)*.

Extensible, expendable, extensible tensible.

Extension, extension.

Extensomètre, extensometer, strain gauge.

Extérieur, exterior, external, outdoor, outer, outside.

Externe, external, outer.

Extincteur, extinguisher, fire extinguisher, sprinkler.

Extinction, extinction.

Extra-courant de rupture, break impulse, doubling effect.

Extracteur, extractor, puller.

Extraction, extraction.

Extraction électrochimique, electro-extraction.

Extraction électrolytique, electrowinning.

Extraire, to abstract, to extract, to knock out, to pull out.

Extrapolation, extrapolation.

Extrapoler, to extrapolate.

Extrême, extreme, ultimate.

Extrémité, butt, end piece, fringe, nib, tail, terminal, termination, tip.

Extrémité non réfléchissante, matched termination *(guides d'ondes)*.

F

fa, F *(mus)*.

Fabricant, masker, manufacturer.

Fabrication assistée par ordinateur (F.A.O.), Computer Aided Manufacturing (C.A.M.).

Fabrication en série, mass production.

Fabrique, factory, manufactory, works.

FACE, abbreviation from « Field Alterable Control Element ».

Face, face, front.

Face avant, front, front face.

Facette de brunissage, burnishing facet.

Facile, easy.

Facilité de paiement, deferred payment.

Fac-similé, facsimile, fax, telephoto.

Facteur, coefficient, factor, index.

Facteur d'accumulation, build-up factor.

Facteur d'affaiblissement, attenuation factor.

Facteur d'amplification, amplification constant (*ou* factor).

Facteur d'avantage, advantage factor.

Facteur de bruit, noise factor (*ou* figure).

Facteur de charge, load factor.

Facteur de ciel, skylight factor.

Facteur de consommation, demand factor.

Facteur de contraste, brightness-transfer (*ou* luminance-transfer) characteristic.

Facteur de conversion, maximum luminosity.

Facteur de correction, correction factor ; corrective multiplier *(polymètres)*.

Facteur de crête, amplitude (*ou* crest *ou* peak) factor.

Facteur de déphasage, phase difference factor.

Facteur de directivité, directivity factor.

Facteur de diversité, diversity (*ou* contract-demand) factor.

Facteur d'efficacité lumineuse, luminosity coefficient.

Facteur d'érythème, erythemal factor.

Facteur de force, force factor.

Facteur de forme, form (*ou* shape) factor ; D.C. form factor *(courant redressé)*.

Facteur de fuite, escape factor.

Facteur de luminosité, luminosity factor.

Facteur de masque, shadow factor.

Facteur de modulation, modulation factor (*ou* index).

Facteur de pénétration, barrier factor.

Facteur de pénétration I.F., I.F.-rejection factor.

Facteur de perte, loss factor.

Facteur de perte transductique, transducer loss factor.

Facteur de pointe, v. *Facteur de crête.*

Facteur de propagation, transfer factor (*ou* ratio).

Facteur de puissance, power (*ou* vector-power) factor.

Facteur de pureté (d'une couleur), colorimetric purity, purity, purity factor.

Facteur de qualité, quality factor.

Facteur de réduction, reduction factor.

Facteur de réflexion, luminous reflectance.

Facteur de réflexion spectrale, spectral reflectance.

Facteur de réjection, antiphase/inphase (*ou* rejection) ratio, common-mode rejection, transmission factor.

Facteur de surtension, Q-factor.

Facteur de transmission, transmittance *(opt)* ; transfer factor (*ou* ratio) *(radio)*.

Facteur de transmission spectrale, spectral transmittance.

Factice, artificial, dummy, fictitious.

Factorielle, factorial number.

Facturation, billing.

Facture, account, invoice, bill.

Facture, account, invoice.

Fading, fading.

Fading d'amplitude, amplitude fading.

Fading scintillant, roller fading.

Fading total, synchronous fading.

Faible, light, slight, sluggish, weak.

Faiblement, lightly, slightly.

Faire un brouillon, to draft.

Faire une édition, to list.

Faire un nouvel essai, to retry.

Faisceau, beam *(sens général)* ; bunch, bundle, cluster, group, jet *(groupe)*.

Faisceau d'accumulation, holding beam.

Faisceau d'atterrissage, check beam.

Faisceau cathodique, cathode beam.

Faisceau compensé, cosecant-squared beam *(radar)*.

Faisceau électronique, electron beam, pointer.

Faisceau étroit, pencil beam.

Faisceau-guide d'atterrissage, landing beam.

Faisceau hertzien, Hertzian beam.

Faisceau ionique, H-ray *(protons)*.

Faisceau de régénération, holding beam.

Faisceau secondaire, beamlet.

Faisceau utile, useful beam.

Falciforme, sickle-shaped.

Famille, family.

Famille radioactive, disintegration (*ou* radioactive *ou* transformation) chain (*ou* family *ou* series).

Fan in, fan in.

Fan out, fan out.

Fantôme, echo, ghost, image, phantom.

Faradique, faradic.

Faradisation, faradism, faradization.

Fatigue oculaire, eyestrain.

Fausse manœuvre, false-proceed operation, false trip.

Faute, mistake.

Faux, false, mistaken, spurious, wrong.

Faux-repos, false-relief period *(tph)*.

f.c.é.m. *(force contre-électromotrice)*, back (*ou* counter *ou* opposing) electromotive force, c.e.m.f.

Feeder, feeder ; operating pipe (*ou* rod) *(radio)*.

Feeder croisé, crossed feeder.

Feeder direct, direct feeder.

Feeder de four, forehearth.

Feeder d'interconnexion, tie interconnection.

Feeder de liaison, tie feeder.

Feeder multiple, teed feeder.

Feeder principal, secondary-distribution trunk line.

Feeder secondaire, sub-feeder.

Feeder de sous-station, radial distribution (*ou* transmission) feeder, radial (*ou* stub) feeder.

Feldspath, feldspar, feldspath.

Fêlé, cracked.

Fêlure, crack, cranny, crevice.

f.é.m. *(force électromotrice)*, electromotive force, e.m.f.

Femelle, female.

Fendre, to chink, to cleave, to rip, to wedge.

Fendu, chinky, cleft, ripped, slotted, split.

Fenêtre, port, window ; shield window *(réacteurs) ;* trap *(cin).*

Fenêtre atmosphérique, atmospheric window.

Fenêtre de sortie, beam hole (*ou* window).

Fente, cleft, cranny, crevice, rent *(fissure) ;* slit, slot, split *(méc.).*

Fente de lecture, sound gate.

Fente mécanique, real slit.

Fente optique, optical slit, scanning line.

Fer, iron.

Fer-blanc, tinplate.

Fer carré, square iron.

Fer doux, ductile (*ou* soft) iron.

Fer feuilleté, laminated iron.

Fer de fonderie, ingot iron.

Fer forgé, wrought iron.

Fer plat, flat iron.

Fer puddlé, wrought iron.

Fer à repasser, flat iron, iron.

Fer à repousser, repelling iron.

Fer à souder, iron, solder (*ou* soldering) gun (*ou* iron).

Fer à T, T-section iron.

Fer à U, channel iron.

Fer à X, cross beam, cross-beam iron.

Fermé, clogged, closed, locket, shut.

Fermer, to close, to lash, to lock, to shut.

Fermeture, closing, closure, latch, lock.

Fermeture étanche, solid (*ou* waterproof *ou* watertight) enclosure.

Fermeture de fichier, close file.

Fermion, fermion.

Fermoir, clasp.

Ferraille, scrap iron.

Ferreux, ferrous.

Ferrique, ferric.

Ferrodynamique, ferrodynamic.

Ferroélectricité, ferroelectricity.

Ferromagnétique, ferromagnetic.

Ferromagnétisme, ferromagnetism.

Ferrugineux, chalybeate, ferriferous.

Ferrure, hardware.

Feu, fire ; lamp, light, signal *(lumière).*

Feu arrière, backlight, backing lamp (*ou* light).

Feu clignotant, blinker (*ou* intermittent *ou* occulting) light, flashlight.

Feu coloré, color-light signal.

Feu d'encombrement, gauge light.

Feu fixe, fixed light.

Feu d'identification, classification light.

Feu d'obstacle, obstacle light *(dés) ;* obstruction light.

Feu de piste, strip light.

Feu de piste de décollage, taxi-strip light.

Feu de position, anchor (*ou* courtesy) light *(dés) ;* classification (*ou* parking *ou* position) lamp (*ou* light), sidelight.

Feu de position arrière, marker lamp (*ou* light).

Feu rythmé, rythmic light.

Feuille, leaf, sheet.

Feuille d'étain, tinfoil.

Feuille (de métal), foil, sheet-metal.

Feuille de programmation, coding sheet.

Feuille de saisie, printer spacing chart.

Feuille de tôle, sheet-iron.

Feuillet, magnetic layer (*ou* shell).

Feuilletage, lamination.

Feuilleté, flaked, foliated, laminated.

Feuilleter, to laminate.

Feuillure, rabbet.

Feutrage, felting.

Feutre, felt.

Fiabilité, reliability, quality.

Fiabilité acceptable, admissible (*ou* acceptable) quality level, A.Q.L.

Fibre, fiber.

Fibreux, fibrous.

Fiche, adaptor plug *(dés) ;* plug.

Fiche banane, banana pin (*ou* plug).
Fiche blindée, shell-type plug.
Fiche de commutation, throw-over plug.
Fiche de connecteur, coupler plug.
Fiche de contact, contact plug.
Fiche isolante, dummy plug.
Fiche mâle, male plug.
Fiche de pointage, attendance card.
Fiche de raccordement, connection plug.
Fiche de référence, reference card.
Fiche technique, data sheet.
Fichier, card-index system, file.
Fichier à accès direct, direct access file.
Fichier d'adresses, address file.
Fichier bibliothèque, library file.
Fichier de catalogue, catalog file.
Fichier de données, data file.
Fichier principal, master file.
Fichier de travail, scratch file.
Fictif, artificial, dummy, fictitious.
Fidélité, fidelity.
F.I.F.O., abbreviation from « First Input First Output ».
Fil, cable, conductor, cord, thread, wire.
Fil (à), wire-ended.
Fil actif, P-wire *(tph)*.
Fil aérien, aerial cable, air (*ou* open) wire.
Fil d'attache, tie wire.
Fil bitumé, asphalted wire.
Fil blindé, screened (*ou* shielded) wire.
Fil de bougie, ignition cable.
Fil de câblage, bus (*ou* mounting) wire.
Fil chauffant, heater, heating wire.
Fil de connexion, connecting wire.
Fil écroui, hard wire.
Fil émaillé, enameled (*ou* glazed) wire.
Fil fin, fine wire.
Fil fusible, fuse wire.
Fil de grille, grid wire.
Fil-guide, wireguide.
Fil guipé, braided (*ou* covered) wire.
Fil guipé pour connexions, push-back wire.
Fil de ligature, tie wire.
Fil lumière, lighting cable.
Fil magnétique, magnet wire.
Fil de masse, minus (*ou* negative) wire.
Fil méplat, flat wire.
Fil monométallique, plain conductor.
Fil neutre, common (*ou* main *ou* middle *ou* neutral) conductor (*ou* wire).
Fil de phase, phase conductor.
Fil plein, solid wire.
Fil à plomb, plumb, plumb line (*ou* rule), plummet.
Fil de quarte, A (B *ou* C *ou* D) -wire.
Fil de quartz, quartz fiber.
Fil recuit, soft-drawn wire.
Fil résistant, resistance (*ou* resistor) wire.
Fil de sonnerie, bell wire.
Fil souple, flex, flexible lead.
Fil de terre, earth (*ou* earthing *ou* ground) wire.
Fil toronné, litz (*ou* litzendraht) wire, twine.
Fil torsadé, stranded (*ou* twisted) wire.
Fil unique, single (*ou* solid) wire.
Fil volant, jumper, jumper wire.
Filage, ghost travel *(cin)*.
Filage horizontal, streaking *(tlv)*.
Filament, emitter, filament.
Filament chauffant, cathode heater.
Filament à oxydes, coated filament.
Filament thorié, thoriated filament.
Filet, net *(sens général)* ; thread, screw thread *(méc)*.
Filet acoustique, stream.
Filet carré, square thread.
Filet conique, taper thread.
Filet double, double thread.
Filet droit, right-hand thread.

Filet de garde, guard wire.

Filet gauche, left-hand thread.

Filetage, fillet, thread, threading *(filet)* ; screw cutting *(action)*.

Fileteuse, thread grinder.

Filière, die, die-stock, draw bench (*ou* plate), drawing frame, stock.

Film, film ; *(USA)* pic (*pl.* pix).

Film en couleurs, color film.

Film à deux couches, bipack (*ou* two-layer) film.

Film gaufré, lenticulated film.

Film grandeur, wide film.

Film inversible, reversal film.

Film muet, silent film.

Film noir et blanc, black-and-white film.

Film parlant, sound (*ou* talking) film, talkie.

Film en relief, 3-D (*ou* stereoscopic) film.

Film sans fin, loop test.

Film à trois couches, three-layer film, tripack.

Film vierge, raw film, stock.

Filtrage, clarification, straining *(chim)* ; filtering, filtration, smoothing.

Filtrat, filtrate.

Filtration, filtration.

Filtre, filter *(sens général)* ; grating *(physique)* ; smoothing circuit (*ou* filter) *(électr.)* ; clarifier, strain *(chim)* ; window *(guides d'onde)*.

Filtre acoustique, acoustic clarifier (*ou* filter).

Filtre d'aiguilles, noise (*ou* scratch) filter.

Filtre anti-éblouissant, antidazzle filter.

Filtre antiparasite, interference (*ou* noise) eliminator (*ou* filter *ou* suppressor), line filter ; statics eliminator *(atmosphériques)*.

Filtre de bande, band (*ou* electric-wave *ou* separating *ou* stop-band) filter ; sheet-grating *(guides d'onde)*.

Filtre bleuté, whiterlite filter *(cin)*.

Filtre circulaire, circular grating.

Filtre coloré, color filter.

Filtre complexe, composite wave filter.

Filtre correcteur, equalizer, line equalizer.

Filtre discriminateur, discrimination filter.

Filtre en échelle, ladder filter.

Filtre éliminateur de bande, band-elimination (*ou* rejection) filter ; band-stop filter.

Filtre d'harmonique, harmonic suppressor.

Filtre d'impulsions, impulse corrector (*ou* regenerator).

Filtre de manipulation, click filter.

Filtre neutre, neutral filter *(cin)*.

Filtre non calculé, brute-force filter.

Filtre d'ondulation, ripple filter.

Filtre passe-bande, band-pass (*ou* pass-band) filter.

Filtre passe-bas, low-pass filter.

Filtre passe-haut, high-pass (*ou* low-stop) filter.

Filtre passe-tout, all-pass filter.

Filtre piézoélectrique, crystal filter.

Filtre de redresseur, rectifier filter.

Filtre résonnant, resonance filter.

Filtre séparateur, crossover (*ou* separating) filter.

Filtre de tonalité, tone filter.

Filtre en treillis, lattice filter.

Fin, end ; fine *(adj)*.

Fin de bobine, reel end.

Fin d'émission, close-down, station break.

Fin de fichier, end of file.

Fin de ligne, trailing blank.

Fin de message, sign-off, end of message.

Final, final, ultimate.

Finesse, detail, fineness, sharpness.

Fini, finish, ended, finished, finite *(adj)*.

Finir, to end, to finish.

Finissage, finishing.

Fissile, fissile *(GB)*; fissionable *(USA)*.

Fission, fission.

Fissure, cleft, crack, cranny, crevice, rent.

Fissuré, cleft, cracked.

Fixage, fixing.

Fixateur, fixer.

Fixation, anchor, fastening, fixture.

Fixation de page, page fixing.

Fixation papier, paper hold down.

Fixe, fixed, fixed-up, non-renewable, stationary, still, vested.

Fixer, to clamp, to fasten, to fix, to hold, to inbed, to lock-in, to stay put, to stick.

Flambage, bend.

Flamme, flame.

Flasque, bracket, flange, flask.

Flasque latéral, end-shield.

Fléau, balancier.

Flèche, arrow ; dip, sag *(méc)* ; pole *(trolley)*.

Flexibilité, flexibleness, litheness, pliability, pliableness, pliancy, pliantness.

Flexible, flexible, lithe, pliable.

Flexion, bend, bending, flexion, lithe.

Flip-flop, one-kick (*ou* one-shot) multivibrator, *(USA)* monostable multivibrator.

Flocon, flake.

Floconneux, flocculent.

Flotter, to float, to swim.

Flotteur, float, swimmer.

Flou, blank, blurr, unsharpness ; blurred *(adj)*.

Flou artistique, soft focus.

Flou géométrique, geometric unsharpness.

Flou d'image, blooming *(tlv)*.

Fluctuation, fluctuation, variation.

Fluide, fluid.

Fluor, fluorine.

Fluorescence, blueglow, fluorescence.

Fluorescent, fluorescent.

Fluorhydrique, hydrofluoric.

Fluoromètre, fluoremeter.

Fluorure, fluoride.

Flux, flow, flux, stream.

Flux de courant, current flow.

Flux de dispersion, leakage (*ou* stray) flux.

Flux électrique, electric flux.

Flux électronique, electron flow (*ou* stream).

Flux élémentaire, specific flux.

Flux d'énergie acoustique, sound energy flux.

Flux d'érythème, erythemal flux.

Flux de fuite, leakage flux.

Flux hémisphérique subhorizontal, downward (*ou* lower hemispheric) flux.

Flux hémisphérique supérieur, upward flux.

Flux d'induction magnétique, magnetic flux.

Flux lumineux, light (*ou* luminous) flux.

Flux magnétique, magnetic current (*ou* flux).

Flux parallèles, cocurrent flow.

Flux de vitesse acoustique, particle velocity flux.

Fluxmètre, fluxgraph, fluxmeter.

Focal, focal.

Focalisation, concentration, focusing.

Focalisation du faisceau, shimming.

Focaliser, to concentrate, to focus.

Foncé, dark, dusky, deep.

Foncer, to deepen.

Fonction, dependence, dependency ; function *(math)*.

Fonction de Bessel, Bessel function.

Fonction de corrélation, correlation function.

Fonction de Lagrange, Lagrangian function.

Fonction d'onde, wave function, amplitude probability.

Fonction ET, AND function.

Fonction logique, logic function.

Fonction NON, NOT function.

Fonction NON-ET, NAND function.

Fonction NON-OU, NOR function.

Fonction OU, OR function.

Fonction OU exclusif, OR exclusive function.

Fonction périodique, periodic function.

Fonction scalaire, scalar function.

Fonction sphérique, ball function.

Fonction transcendante, transcendental function.

Fonction de transfert, transfer function.

Fonction vectorielle, vector function.

Fonctionnement, operation, process, response, working.

Fonctionnement autonome, home-loop operation.

Fonctionnement en connecté, line -loop operation.

Fonctionnement par étape, step by step operation.

Fonctionnement itératif, iterative operation.

Fonctionnement en parallèle, parallel operation.

Fonctionnement séquentiel, sequential operation.

Fond, background.

Fond bombé, dish end.

Fond sonore, background sound.

Fondamental, basic, fundamental.

Fondamentale, fundamental (*ou* harmonic *ou* ordinary) component.

Fondations, footing, foundations.

Fonderie, founding, foundry.

Fondeur, founder.

Fondre, to blow, to flow, to fuse, to smelt ; to tip off *(une électrode)*.

Fonds de roulement, working capital.

Fondu, dissolve, fading, wipe *(cin)* ; melted, molten, smelted, tipped off *(adj)*.

Fondu enchaîné, cross fade, fade-over, lap dissolve *(cin)*.

Fondu fermé, closing dissolve *(cin)*.

Fondu ouvert, opening dissolve *(cin)*.

Fonte, cast iron.

Fonte dure, chill cast iron.

Fonte grise, gray iron.

Forage, boring, drilling.

Force, field strength *(champ)* ; force, power, strength, swing.

Force d'appui vertical, pick-up vertical pressure.

Force coercitive, coercive force, coercivity.

Force contre-électromotrice, back (*ou* counter *ou* opposing) electromotive force, c.e.m.f.

Force électromotrice, electromotive force, e.m.f.

Force hydraulique, water power.

Force d'inertie, vis inertiae.

Force magnétique, magnetic force (*ou* intensity *ou* power).

Force magnétisante, magnetizing force.

Force magnétomotrice, magnetomotive force, m.m.f.

Force motrice, motive (*ou* moving) power *(sens général)* ; propelling power *(d'un mobile)*.

Force répulsive, repelling power.

Force sonore, loudness.

Force tensorielle, non-central force.

Force thermoélectromotrice, thermoelectromotive force.

Force vive, vis viva.

Forcé, constrained, forced.

Forcer, to constrain, to force.

Forer, to bore, to drill, to pierce.

Foret, auger, bit, drill, gimlet, twist drill.

Foreuse, borer, boring machine

Forge, forge, smithy.

Forgeable, forgeable.

Forger, to forge.

Forgeron, smith.

Formant, formant.

Format, size.

Format à adresses, word address format.

Format d'affichage, display setting.

Format à bloc fixe, fixed block format.

Format à bloc variable, variable block format.

Format des données, data format.

Format réduit, small film, sub-standard *(cin)*.

Format à séquence fixe, fixed sequential format.

Formation, formation, forming, occurence.

Forme, form, mold, shape.

Formé, formed, molded, squashed.

Forme de culottage, capping jig.

Forme d'onde, waveform.

Former, to form, to mold, to squash.

Formulaire, handbook.

Formule, formula.

Fort, cogent, rough, strong, stout, strong, tough.

FORTRAN, abbreviation from « FORmula TRANslator ».

Fortuit, chance.

Fou, idle.

Foudre, lightning, thunder.

Four, furnace, oven, stove.

Four à air chaud, hot-blast furnace.

Four à arc, arc (*ou* direct-arc) furnace.

Four à arc protégé, smothered-arc furnace.

Four basse fréquence, core-type induction furnace.

Four de cuisson, baking oven.

Four électrique, electric furnace.

Four de fusion, melting furnace (*ou* pot).

Four à récupération, regenerative furnace.

Four à refroidissement brusque, quenching furnace.

Four à résistance, charge-resistance (*ou* resistor) furnace.

Four tournant, rocking furnace.

Four de verrerie, glass furnace.

Fourche, fork, prong.

Fourche d'essai, dial testing fork *(tph)*.

Fourchette, fork.

Fourchu, forked.

Fournir, to deliver, to supply.

Fourreau, pipe connection (*ou* end), quill, sleeve, rod end.

Fourreau isolant, insulated sleeve (*ou* tubing), spaghetti.

Fourreau porte-broche, spindle sleeve.

Fourrure, bush.

Fusionner, to merge.

Foyer, crossover point, focal point (*ou* spot), focus.

Foyer linéaire, line focus.

Foyer lumineux, light (*ou* lighting) source.

Fraction molaire, mole fraction, molecular abundance.

Fraction périodique, circulating decimal.

Fractionné, sectional.

Fragile, brittle, crimp, crisp.

Fragilité, brittleness, crimpness, crispness.

Frais, cool *(température)* ; cost *(dépense)*.

Frais d'entretien, wear and tear.

Frais d'exploitation, operating (*ou* running *ou* working) charges (*ou* costs *ou* expenses).

Frais généraux, overhead.

Frais de gestion, management expenses.

Frais permanents, standing charges (*ou* costs *ou* expenses).

Fraisage, milling.

Fraise, cutter, iron (*ou* milling) cutter, mill.

Fraisé, milled, shaped.

Fraiser, to bore, to counterbore, to mill, to shape.

Fraiseuse, milling machine, shaper.

Frange, fringe ; bleeding *(opt)*.

Frange colorée, color edging (*ou* fringe).

Frappe double, double stroke.

Frein, brake, drag.

Frein magnétique, eddy-current (*ou* magnet *ou* magnetic) brake.

Freinage, braking, stopping power.

Frêne, ashwood.

Fréquence, periodicity *(dés)* ; frequency.

Fréquence acoustique, audio frequency.

Fréquence adjacente, adjacent frequency.

Fréquence d'alignement, tie-down point.

Fréquence d'analyse, dot frequency.

Fréquence asservie, piloted (*ou* regulated) frequency.

Fréquence de basculage, toggle frequency.

Fréquence de base, basic (*ou* clock) frequency.

Fréquence basse, low frequency.

Fréquence de battement, beat (*ou* heterodyne *ou* note) frequency.

Fréquence centrale, center (*ou* resting) frequency.

Fréquence de commutation des couleurs, color sampling frequency.

Fréquence de coupure, cutoff frequency.

Fréquence critique, critical (*ou* penetration *ou* threshold) frequency.

Fréquence critique (de papillottage), critical flicker frequency, C.F.F.

Fréquence de découpage, quench (*ou* quenching) frequency.

Fréquence de denture, slot-ripple frequency.

Fréquence différentielle, difference frequency.

Fréquences élevées, treble.

Fréquence étalonnée, standard frequency.

Fréquence d'étincelles, spark frequency (*ou* rate).

Fréquence d'exploration, *(USA)* field (*ou* vertical) frequency ; *(GB)* frame frequency.

Fréquence de fluctuation, speed-variation frequency *(disques)*.

Fréquence fondamentale, fundamental (*ou* ground) frequency.

Fréquence d'image, *(USA)* frame frequency ; *(GB)* picture frequency.

Fréquence image, image (*ou* second-channel) frequency (*ou* response).

Fréquence d'impulsions, impulse (*ou* pulse) frequency.

Fréquence intermédiaire, intermediate frequency.

Fréquence latérale, side frequency.

Fréquence de ligne, strip frequency *(dés)* ; horizontal (*ou* line) frequency *(tlv)*.

Fréquence limite, limit (*ou* top) frequency.

Fréquence locale, converter frequency.

Fréquence maximale de lecture, read-around ratio *(mach. à calc.)*.

Fréquence maximale d'utilisation, maximum usable frequency, M.U.F.

Fréquence minimale d'utilisation, lowest usable frequency, L.U.F.

Fréquence moyenne, mean (*ou* medium) frequency.

Fréquence nominale, center (*ou* resting) frequency.

Fréquence d'ondulation, ripple frequency.

Fréquence passante, filter frequency.

Fréquence pilote, control (*ou* holding *ou* monitor *ou* pilot) frequency.

Fréquence porteuse, carrier frequency.

Fréquence propre, natural frequency.

Fréquence de recouvrement, crossover frequency.

Fréquence de récurrence, recurrent (*ou* repetition) frequency.

Fréquence de répétition, repetition rate.

Fréquence de réponse, response frequency.

Fréquence de résonance, resonant frequency.

Fréquence résultante, sum (*ou* summation) frequency.

Fréquence de rotation, gyro frequency.

Fréquence subsonique, infrasonic (*ou* subsonic) frequency.

Fréquence de trame, line frequency.

Fréquence de travail, nominal frequency.

Fréquence ultra-sonore, supersonic frequency.

Fréquence vocale, voice frequency.

Fréquencemètre, carpet checker, frequency meter.

Fréquencemètre à lame vibrante, reed-frequency meter.

Fréquencemètre à résonance, resonance-frequency meter.

Frettage, shrinking.

Fretté, shrink-fit, shrunk.

Friabilité, brittleness, crimpness, crispness, friability, friableness.

Friable, brittle, crimp, crisp, friable.

Friction, friction.

Frittage, caking, sintering.

Fritté, caked, sintered.

Fritter, to cake, to sinter.

Friture, crackling, sizzle.

Froid, cold.

Front d'onde, wavefront, leading edge.

Frontal, front, frontal.

Frottement, friction, rubbing, slide, wiping.

Frotter, to rub.

Frotteur, brush, collector-shoe gear, pan, shoe, solider, wiper.

Fuite, arcover, by-pass, cross coupling, leak, leakage, overflow, running, seepage.

Fuite minimale décelable, minimum detectable leak, M.D.L.

Fuite à la terre, earth leak, fault current.

Fuite par la voie, ballast leakage.

Fulguration, electrodessiccation, spark therapy.

Fumant, fuming.

Fumée, fume, smoke.

Furet, rabbit *(réacteurs)*.

Fusée, fuse, rocket.

Fusée de guidage, control rocket.

Fusée interplanétaire, spaceship.

Fusée porteuse, booster rocket (*ou* vehicle).

Fusée de proximité, proximity fuse.

Fusée téléguidée (d'avion), guided aircraft rocket, G.A.R.

Fuselé, slender, tapering, streamlined.

Fusibilité, liquescence.

Fusible, cutout, fuse, fuse element, protector ; liquescent *(adj)*.

Fusible à cartouche, cartridge fuse.

Fusible de compteur, house-service cutout.

Fusible à expulsion, expulsion fuse.

Fusible indicateur, pilot fuse.

Fusible de ligne, power-current fuse.

Fusible à liquide, liquid fuse (*ou* fuse unit).

Fusion, blowing, fusion, melting, smelting, tipping.

Fusion au chalumeau, flame fusion.

Fusionner, to merge.

Fusion nucléaire, nuclear fusion.

G

Gabarit, caliper, former, gauge tester, jig, template.

Gabarit de perçage, drilling gauge.

Gâchette, trigger.

Gain, advantage factor, gain, amplification, increase, magnification, output response, power ratio, raise.

Gain maximal, singing point *(au-dessous de l'auto-oscillation)*.

Gain progressif, fade-in.

Gaîne, lining, rounding, sheath, sheathing, shield, shielding, tubing.

Gaîne de distribution, busway.

Gaîne isolante, sleeve, sleeving, tubing, excelsior tubing, loom.

Gaîne luminescente, surface glow.

Gaîne protectrice, liner, lining, protector, sleeve, sleeving.

Galène, galena.

Galet, follower, roller, runner, sprocket.

Galet d'entraînement, pulling sprocket.

Galet fou, floating idler wheel.

Galet-guide, guide (*ou* idle) roller.

Galvanique, galvanic.

Galvanisation, galvanization, galvanism, zinking.

Galvanisé, galvanized.

Galvanomètre, galvanometer ; rheometer *(dés)*.

Galvanomètre astatique, astatic galvanometer.

Galvanomètre balistique, ballistic galvanometer, quantometer.

Galvanomètre à cadre, loop galvanometer.

Galvanomètre à cadre mobile, d'Arsonval galvanometer.

Galvanomètre à corde, Einthoven (*ou* string *ou* torsion-string) galvanometer.

Galvanomètre d'Einthoven, Einthoven (*ou* string *ou* torsion-string) galvanometer.

Galvanomètre à miroir, mirror (*ou* reflecting) galvanometer.

Galvanomètre de résonance, vibrating galvanometer.

Galvanoplastie, plating.

Galvanotropisme, galvanotropism.

Galvanotypie, electrotyping.

Gamma, gamma *(cin, tlv)*.

Gammamètre, γ -(*ou* gamma-) counter, gammameter.

Gamme, band, channel, range, region ; gamut *(mus)*.

Gamme dynamique, dynamic range.

Gamme des fréquences audibles, audible (*ou* audio) range.

Gamme d'ondes, waveband.

Gamme d'utilisation, actual (*ou* variation *ou* catching) range.

Gant, glove.

Garanti, guaranteed.

Garantie, guarantee, pledge, warrant

Garantir, to assume.

Garde, guard.

Garniture, fitting, liner, lining, packing.

Gauchissement, buckling, distortion, warping.

Gaufrage, buckling, embossing.

Gaufrer, to crimp.

Gaussien, gaussian.

Gaz, gas.

Gaz inerte, inert gas.

Gaz occlus, occluded gas.

Gaz parfait, ideal (*ou* perfect) gas.

Gaz rare, noble (*ou* rare) gas.

Gaz raréfié, rarefied gas.

Gaze, gauze.

Gazeux, gaseous, gassy.

Gel, freeze, frost.

Gelé, frozen, frosted.

Geler, to freeze.

Gélifié, jelled.

Gêne, nuisance, perturbance.

Générateur, generator.

Générateur et analyseur de langage, problem language analyser.

Générateur asynchrone, asynchronous (*ou* induction) generator.

Générateur automatique de programmes (GAP), report program generator (RPG).

Générateur auto-régulateur, booster.

Générateur de base de temps, sweep (*ou* time-base) generator, timing-axis oscillator.

Générateur basse fréquence, audio oscillator, tone generator.

Générateur de battements, beat-note oscillator.

Générateur de bruits, confuser, interference unit, noise generator.

Générateur de bruits complexes, random-noise generator.

Générateur à courant constant, constant-current generator.

Générateur de dents de scie, sawtooth generator.

Générateur différentiel, differential generator.

Générateur discriminant, sampling pulse generator *(tlv)*.

Générateur domestique, house generator.

Générateur électrostatique, influence machine.

Générateur étalonné, calibrator.

Générateur à étincelle tournante, alternator-disk set.

Générateur d'harmoniques, harmonic generator.

Générateur d'impulsions, carpet tester, impulse (*ou* pulse) generator, kicker ; impulse machine *(tph)*.

Générateur d'impulsions codées, pulse coder.

Générateur de mire, crosshatch (*ou* grating *ou* pattern) generator.

Générateur de mire à barres, bar generator.

Générateur de mire à barres horizontales, horizontal-bar generator.

Générateur de mire à barres verticales, vertical-bar generator.

Générateur de mire à points, dot generator.

Générateur de mire à points et barres, dot-bar generator.

Générateur de neutrons, neutron generator.

Générateur d'ondes de choc, lightning generator *(dés)* ; impulse (*ou* pulse *ou* surge) generator.

Générateur-régulateur, reversible booster.

Générateur de signaux, signal generator ; color coder (*ou* encoder) *(tlv coul.)*.

Générateur à sous-multiples, multitone generator.

Générateur pour tubes à rayons X, Rœntgen (*ou* X-ray) machine.

Génération accidentelle, drop-in.

Génératrice, generator, generatrix *(géom.)*.

Génératrice d'avion, engine-driven generator.

Génératrice à champ tournant, torque-synchro generator.

Génératrice couplée aux essieux, axle generator.

Génératrice à main, hand-driven generator.

Génératrice polymorphique, multiple-current generator.

Génératrice à régulation de vitesse, controlled-speed generator.

Génératrice de tension anodique, anode (*ou* plate) generator.

Générique, continuity *(cin)*.

Genouillère, knee-grip.

Géométrie, geometry.

Géométrique, geometric.

Gerbe, shower *(rayons cosmiques)*.

Gerbe géante, extensive (*ou* giant-air) shower *(rayons cosm.)*.

Germe, nucleus.

Gestion automatisée, computer assisted management.

Gestion, management.

Gestion des données, data management.

Gestion des stocks, stock control.

Gestionnaire, manager.

Gestionnaire de fichiers, file librarian.

Getter, getter.

Gicleur, jet, nozzle.

Girafe, beam *(cin, tlv)*.

Gisement, bearing, fix.

Gisement faux, aberrational bearing.

Gisement vrai, true (*ou* unilateral) bearing.

Givre, rime, sleet.

Glace, ice.

Glacé, glazed, satined ; frozen.

Glacer, to freeze *(geler)* ; to glaze, to satine *(polir)*.

Glaise, clay.

Gland, acorn.

Glissant, sliding, slipping.

Glissement, drift, excursion, shift, slide, sliding, slip.

Glissement de fréquence, frequency drift (*ou* shift).

Glissement thermique, thermal runaway.

Glisser, to slide, to slip.

Glissière, guide, slide bar, slideway.

Global, complete, global.

Globe, globe.

Glossaire, glossary.

Glucinium, beryllium, glucinium.

Godet à aiguilles, needle cup.

Gomme, gum, india rubber, rubber.

Gomme-laque, shellac.

Gond, hinge.

Gondolage, buckling.

Gonfler, to blow out, to inflate.

Goniomètre, goniometer, X-ray goniometer.

Gorge, cove, furrow, groove, neck, recess ; trough ; throat *(d'un cornet)*.

Gorge d'étanchéité, seal groove.

Goudron, tar.

Goudronné, tar, tarred.

Goujon, dowel, gudgeon, stud.

Goujon d'arrêt, forelock.

Goujonné, studded.

Goujonner, to stud.

Goupille, cotter, detent (*ou* stop) pin, spike, spill.

Goupille fendue, cotter (*ou* split) pin.

Gousset, shoulder bracket.

Goutte, drop.

Gouttelette, droplet.

Gouttière, gutter, troffer, trough.

Gradateur, dimmer, light control.

Gradation, gradation.

Grade, grade.

Gradient, gradient.

Gradient de potentiel, voltage gradient.

Gradient de pression, pressure gradient.

Gradient de vitesse, particle-velocity gradient *(acoust.)*.

Graduation, chart scale, scale.

Graduation sans zéro, set-up scale.

Graduel, gradual.

Graduer, to graduate.

Grain fin, fine grain *(cin)*.

Graissage, lubrication, oiling.

Graissage sous pression, splash lubrication.

Graisse, fat, grease.

Graisser, to grease, to lubricate, to oil.

Graisseur, giller, grease cup, lubricator, oil cup, oiler.

Gramme, gram.

Gramme-poids, gram-weight.

Grand angle, wide-angle.

Grand angulaire, wide-angle.

Grandes ondes, long waves.

Grandeur naturelle, actual (*ou* life) size, full-scale, full-size.

Grandeur oscillante, oscillating quantity.

Grandeur périodique, periodic quantity.

Grandeur pseudopériodique, pseudoperiodic quantity.

Grandeur pseudoscalaire, pseudoscalar quantity.

Grandeur pulsatoire, pulsating quantity.

Grandeur scalaire, scalar quantity.

Grandeur sinusoïdale, sinusoidal quantity.

Grandeur unité, unit quantity.

Grandeur vectorielle, vector quantity.

Grandissement, v. *Grossissement.*

Granulaire, granular.

Granularité, granularity.

Granulation, graininess, granulation.

Graphe, flowchart array.

Graphes d'informations, data flowchart.

Graphique, graph; graphical *(adj.)*.

Graphite, black lead.

Gras, fat, oily.

Graticule, graticule ; *parfois* réticule.

Grattement, scratch.

Gratter, to scrape *(action) ;* to scratch *(bruit)*.

Grattoir, scraper.

Gravé, applied, etched, engraved.

Graver, to etch, to engrave.

Graves, bass (*ou* deep) tones.

Graveur, cutter, cutting head.

Gravitation, gravitation.

Gravitationnel, gravitational.

Gravité, gravity.

Gravure, cutting, etching, engraving, recording.

Gravure transversale, lateral recording.

Grenaille (à), carbon-granule.

Grenu, grainy.

Griffe, claw, dog, finger, gallery, holder, jaw ; climbing iron *(pour monteur)*.

Griffe d'entraînement, feed dog.

Grillage de protection, safety guard.

Grille, grating, grid, lattice ; stoker *(chaudière)*.

Grillé, burnt-out *(sens général) ;* burnt-up *(cin)*.

Grille en l'air, floating (*ou* free) grid.

Grille antidiffusante, antidiffusion grid.

Grille d'arrêt, accelerating electrode, collecting (*ou* intercepting *ou* suppressor) grid, shield-grid.

Grille d'attaque, injection grid.

Grille de champ, cathode (*ou* space-charge) grid.

Grille chauffante, heating grill.

Grille de commande, control (*ou* signal grid), modulating electrode.

Grille-écran, screen-grid.

Grille extérieure, outward grid.

Grille à mailles fines, fine-mesh grid.

Grille à la masse, earthed (*ou* grounded) grid.

Grille à secousses, jolt machine.

Grille suppresseuse, suppressor (*ou* earthed *ou* grounded *ou* anode-screening) grid.

Grincement, rattle.

Grincer, to rattle.

Gris équivalent, color balance.

Grisâtre, dunnish, grayish.

Grognement, howl, rumble.

Groisils, cullet.

Gros, coarse.

Gros grain, coarse grain *(cin)*.

Gros plan, close-up.

Grossier, coarse.

Grossissement, magnifying power *(opt)*.

Groupage, batching, grouping.

Groupe, batch, bunch, group *(ensemble)* ; generator, set, unit *(générateur)*.

Groupe convertisseur, motor-generator set.

Groupe de disques, disk pack.

Groupe électrogène, engine-driven (*ou* power) generator (*ou* set), generating (*ou* generator) set (*ou* unit), power unit.

Groupe générateur, gas-electric drive.

Groupe de liaison, link group.

Groupe mobile, mobile unit.

Groupe de recul, recoil aggregate.

Groupe de travail, working group.

Groupe unité, block.

Groupement des électrons, bunching.

Grue, crane, dumbwaiter, gin, hoist, lifter ; boom *(cin, tlv)*.

Grugeoir, notching machine.

Gueuse, pig iron.

Guichet automatique, automatic teller machine.

Guichet bancaire, bank counter.

Guide, advance ball ; aligning plug, frog, guide, slide, slide bar.

Guide de couteau, blade guide.

Guide à dépression, vacuum guide.

Guide d'entraînements drive roller.

Guide à iris, corrugated guide.

Guide de lumière, light guide.

Guide d'ondes, conducting guide, hollow pipe, pipe, shielded line, waveguide.

Guide d'ondes articulé, vertebrae (*ou* vertebrate) waveguide.

Guide d'ondes cloisonné, ridge waveguide.

Guide d'ondes cylindrique, circular guide (*ou* waveguide), wave duck.

Guide d'ondes à diaphragmes, septate waveguide.

Guide d'ondes diélectrique, dielectric guide (*ou* waveguide *ou* wire).

Guide d'ondes fendu, leaky pipe.

Guide d'ondes en haltère, dumbbell waveguide.

Guide d'ondes parallélépipédique, rectangular waveguide.

Guide d'ondes rayonnant, flared-radiating, guide.

Guide d'ondes souple, flexible waveguide.

Guide d'ondes unifilaire, guide wire, single-wire transmission line.

Guide de sabot, end-approach.

Guide transversal, cross slide.

Guipage, braiding, cover, covering, taping.

Guipage caoutchouc (à), rubbercovered.

Guipage coton (à), cotton-covered.

Guipage papier (à), paper-covered.

Guipage soie (à), silk-covered.

Guipage soie sur émail (à), single-silk enamelled.

Guipé, covered.

Guipé une couche caoutchouc, single-rubber covered, S.R.C.

Guipé une couche coton, single-cotton covered, S.C.C.

Guipé une couche papier, single-paper covered, S.P.C.

Guipé une couche soie, single-silk covered, S.S.C.

Guipé deux couches caoutchouc, double-pure rubber covered, D.P.R.C.

Guipé deux couches coton, double-cotton covered, D.C.C.

Guipé deux couches papier, double-paper covered, D.P.C.

Guipé deux couches soie, double-silk covered, D.S.C.

Guipé trois couches coton, triple-cotton covered, T.C.C.

Guipé trois couches papier, triple-paper covered, T.P.C.

Guipé trois couches soie, triple-silk covered, T.S.C.

Guiper, to braid, to cover, to tape.

Gutta-percha, gutta-percha.

Gyrateur, circulator, gyrator.

Gyrocompas, gyro-compass.

Gyrofréquence, gyro-frequency.

Gyroscope, gyroscope.

Gyrostatique, gyrostatic.

H

HA, abbreviation from « Half Adder ».

Habiller, to dress.

Habitacle, binnacle, bittacle.

Hacher, to hatch, to quench.

Hachette, hatchet.

Hachure, hatching.

Halo, halation ; bleeding white *(tlv)*.

Hardware, hardware.

Harmonique, harmonic, harmonic component (*ou* wave), overtone ; harmonic, harmonical *(adj)*.

Harmonique inférieur, subharmonic.

Harmonique d'ordre élevé, higher harmonic.

Hauban, anchor, bracing (*ou* stay) wire, guy, halyard, pole guy, rope, span rope, stay.

Haubannage, guying, staying.

Hausse, rise.

Haute définition (à), fine-focus, high-definition.

Haute fidélité, high fidelity, hi-fi.

Haute fréquence, high (*ou* radio) frequency, H.F., R.F.

Haute fréquence mélangée, mixed-high frequency, mixed highs.

Haute tension, high tension (*ou* voltage), supervoltage.

Hauteur, altitude, elevation, height, peak ; pitch *(acoust.)*.

Hauteur de chute, head.

Hauteur efficace, effective (*ou* radiation) height.

Hauteur tonale, pitch.

Haut-parleur, loudspeaker, speaker, L.S., sound reproducer.

Haut-parleur d'aiguës, treble speaker, tweeter.

Haut-parleur à aimant permanent, permanent-magnet (*ou* P.M.) loudspeaker.

Haut-parleur à chambre de compression, labyrinth (*ou* closed-diaphragm) loudspeaker.

Haut-parleur de contrôle, monitor loudspeaker.

Haut-parleur électrodynamique, dynamic (*ou* moving-coil *ou* moving-conductor) loudspeaker.

Haut-parleur électromagnétique, induction (*ou* moving-armature *ou* moving-cone) loudspeaker.

Haut-parleur électrostatique, capacitor (*ou* condenser *ou* electrostatic) loudspeaker.

Haut-parleur à excitation séparée, energized loudspeaker.

Haut-parleur de graves, bass loudspeaker, boomer, woofer.

Haut-parleur ionique, ionic loudspeaker.

Haut-parleur à magnétostriction, magnetostriction loudspeaker.

Haut-parleur à membrane conique, cone (*ou* open-diaphragm) loudspeaker.

Haut-parleur à membrane elliptique, elliptic loudspeaker.

Haut-parleur mixte, duocone loudspeaker.

Haut-parleur piézoélectrique, crystal (*ou* piezoelectric) loudspeaker.

Haut-parleur séparé, extension loudspeaker.

Haut-parleur témoin, monitor (*ou* pilot) loudspeaker.

Haut-parleur à voies multiples, multichannel loudspeaker.

Hélice, helix *(géom.)* ; propeller *(propulsion)* ; wrapped-up line *(tubes à ondes progressives)*.

Hélice à miroirs, mirror screw.

Hélicoïdal, helical, spirally-wound.

Hélion, alpha particle, helion.

Hémisphérique, hemispherical.

Hémodynamomètre, hemadynamometer.

Heptagonal, seven-angled.

Heptode, heptode, pentagrid.

Hermétique, air-proof, air-tight, air-locked, explosion-proof, hermetical, gas-proof, gas-tight, vacuum-tight, vapor-tight.

Herse, bank.

Hertz, cycle par second.

Hétérochrome, heterochromatic.

Hétérodyne, heterodyne ; service oscillator, signal generator *(atelier)*.

Hétérogène, heterogenous, inhomogeneous.

Hétéropolaire, heteropolar.

Hétérostatique, heterostatic.

Hêtre, beech, beechwood.

Heure, hour ; time *(instant)*.

Heure de commutation, switching time.

Heure locale, local time.

Heure de pointe, busy-hour.

Heurt, collision.

Hexagonal, hexagonal, six-angled, sexangular.

Hexagone, hexagon, sexangle.

Hexaphasé, hexaphase, six-phase.

Hexode, hexode, six-electrode tube.

H.F. *(haute fréquence)*, high frequency, H.F.

Hiérarchie, hierarchy.

Hodoscope, hodoscope.

Hologramme, hologram.

Homochrome, homochromatic.

Homodyne, homodyne.

Homofocal, confocal.

Homogène, homogeneous.

Homologue, homologous.

Homopolaire, homopolar.

Homosphère, homosphere.

Horaire, time chart (*ou* schedule) *(subst.)* ; horal, horary, hourly *(adj)*.

Horizon, horizont.

Horizontal, horizontal.

Horizontalité, horizontalness.

Horloge, clock.

Horloge asservie, slave clock.

Horloge mère, master clock.

Horloge parlante, time announcer.

Horloge principale, master clock.

Horloge temps réel, time-of-day clock.

Hors circuit, down status.

Hors ligne, off line.

Hors programme, external.

Hors de propos, irrelevant.

Hors texte, zone punch.

Hors tout, overall.

Hotte, booth.

Houille, coal.

Housse, cover.

H.P. *(haut-parleur)* loudspeaker, speaker, L.S.

H.T. *(haute tension)*, high tension (*ou* voltage), H.T.

Hublot, port, window ; shield window *(réacteurs)*.

Huilage, lubrication, oiling.

Huile, oil.

Huilé, oiled.

Huile de lin, linseed oil.

Huile lourde, fuel, gasoil.

Huile lourde (à), fuel-fired.

Huile de récupération, reclaimed oil.

Huile de ricin, castor oil.

Huile de trempe, tempering oil.

Huiler, to lubricate, to oil.

Hululement, warble, wow.

Hululer, to warble.

Humecter, to dampen, to moisten.

Humide, damp, dank, moist, wet.

Humidificateur, damp-air blower, moistener.

Humidifier, to moisten.

Humidimètre, moisture meter.

Humidité, dampness, dank, dankishness, humidity, moisture.

Hurlement, howl, howling.

Hurler, to howl.

Hurleur, howler.

Hybrid, hybrid.

Hydrate, hydroxide.

Hydraulique, hydraulic, hydro-, water.

Hydrocarbure, hydrocarbon.

Hydrodynamique, hydrodynamic, hydrokinetic.

Hydroélectrique, electrohydraulic, hydroelectric.

Hydrofuge, water-repellent.

Hydrogène, hydrogen.

Hydrogène lourd, deuterium, heavy hydrogen.

Hydrolyse, hydrolysis.

Hydromagnétique, hydromagnetics *(subst.)* ; hydromagnetic *(adj.)*.

Hydrophone, hydrophone.

Hydrostatique, hydrostatic.

Hydrure, hydride.

Hydrure lourd, deuteride.

Hygromètre, hygrometer.

Hygroscope, hygroscope.

Hyperbole, hyperbola.

Hyperbolique, hyperbolic.

Hypercompoundé, overcompounded.

Hypercritique, above critical, supercritical.

Hyperfréquences, microwave region, hyperfrequencies ; very-high frequencies, V.H.F. *(de 30 à 300 MHz)* ; ultra-high frequencies, U.H.F. *(de 300 MHz à 3 GHz)* ; super-high frequencies, S.H.F. *(de 3 à 30 GHz)* ; extremely-high frequencies, E.H.F. *(de 30 à 300 GHz)*.

Hypernoyau, hypernucleus.

Hypothèse, hypothesis.

Hypsomètre, hypsometer, transmission-level meter (*ou* measuring set).

Hystérésigraphe, hysteresigraph.

Hystérésimètre, ferrometer, hysteresimeter, hysteresis meter, magnetic tester, vectometer.

Hystérésis, hysteresis, magnetic lag (*ou* loss).

Hystérésis diélectrique, dielectric (*ou* electric) hysteresis.

Hystérésis magnétique, magnetic hysteresis.

I

Iconoscope, iconoscope, storage tube.

Icosaèdre, icosahedron.

Ictomètre, ratemeter.

Idéal, ideal.

Identificateur, identifier.

Identificateur de périphérique, device identifier.

Identifier, to identify.

Identique, identical.

Identité, identity.

Idiochromatique, idiochromatie.

I.E.E.E., Abbreviation from « Institute of Electrical and Electronics Engineers ».

Ignifugé, fireproof, fire-resistant (*ou* resistive), fire-retardant, flameproof, flame-resistant (*ou* resistive), slow-burning.

Igniteur, igniter, ignitor.

Ignitron, ignitron.

Illuminant normalisé CIE, CIE-standard illuminant.

Illumination, illumination.

Image, display, image, picture, frame *(tlv)*.

Image de carte, card image.

Image fantôme, echo image, ghost.

Image imprimée, printed image.

Image mémoire, core image.

Image-orthicon, image-orth, image orthicon.

Image réelle, actual (*ou* real) image.

Image en trapèze, trapezoidal pattern *(trc)* ; Keystone effect *(cin)*.

Image virtuelle, virtual image.

Imaginaire, imaginary.

Imaginer, to suppose.

Imbiber, to soak.

Imbriquer, to interleave.

Immédiat, on-line.

Immergé, immersed, subaqueous, underwater.

Immersion, dipping, immersion, plunging.

Immersion à chaud, hot dip.

Imminent, pending.

Immobile, motionless, unmoved.

Immobile, motionless, unmoved.

Impact, blow, collision, impact, impinge.

Impair, odd, uneven.

Impasse, deadlock.

Impédance, apparent resistance *(dés)* ; impédance *(grandeur)* ; impedior *(enroulement)*.

Impédance acoustique, acoustic impedance.

Impédance de blocage, blocking impedance.

Impédance aux bornes, terminal impedance.

Impédance caractéristique, characteristic (*ou* matching *ou* surge *ou* wave) impedance.

Impédances conjuguées, conjugate impedances.

Impédance en court-circuit, short-circuit (*ou* free) impedance.

Impédance dynamique, rejector impedance.

Impédance d'entrée, driving-point (*ou* sending-end) impedance.

Impédance image, image impedance.

Impédance itérative, iterative impedance.

Impédance motionnelle, motional impedance.

Impédance négative, expedance.

Impédance normale, loaded impedance.

Impédance ponctuelle d'application, driving-point impedance.

Impédance propre, self-impedance.

Impédance réelle, normal impedance.

Impédance de sortie, blocked (*ou* damped) impedance.

Impédance terminale, sending-end impedance.

Impédance de transfert, transfer impedance.

Impédance vectorielle, vector impedance.

Impédancemètre, impedometer, inductometer, reactance meter, Z-meter.

Imperfection de structure, phonon *(microphysique)*.

Imperméabilisation, waterproofing.

Imperméable, impervious, rainproof, raintight, waterproof, watertight, weatherproof.

Implantation, map, set up.

Implanter, to set up.

Impliquer, to involve.

Implosion, implosion.

Imprécis, inaccurate.

Imprécision, inaccuracy, indeterminateness.

Imprégnateur, saturant.

Imprégnation, impregnation, soaking.

Imprégné, impregnated.

Imprégner, to impregnate.

Impression, printing.

Impression automatique, print all mode.

Impression en caractères gras, bold print.

Impression en creux, imprit.

Impression du fond, background printing.

Impression mémoire, storage print.

Impression d'un programme, program listing.

Impression trait, solid printing.

Imprimante, printer.

Imprimante à fils, wire printer.

Imprimante à laser, laser printer.

Imprimante mosaïque, mosaic printer.

Imprimante parallèle, parallel printer.

Imprimante par ligne, line printer.

Imprimante par page, page printer.

Imprimante série, serial printer.

Imprimé, printed ; applied *(méc.)*.

Imprimé de relevé de compte, account form.

Imprimer, to print.

Impropre, unfit, unsuited.

Impulsion, impulse, pulse, surge, impetus *(méc.)*.

Impulsion de blocage, inhibit pulse.

Impulsion de commande, drive pulse.

Impulsion de courant, make-impulse.

Impulsion élémentaire d'enregistrement, partial-write pulse *(mach. à calc.)*.

Impulsion élémentaire de lecture, partial-read pulse *(mach. à calc.)*.

Impulsion d'enregistrement, write pulse *(mach. à calc.)*.

Impulsion étalée, stretched (*ou* spreaded) pulse.

Impulsion d'excitation, set pulse *(mach. à calc.)*.

Impulsion d'horloge, clock pulse.

Impulsion d'inscription, shift pulse *(mach. à calc.)*.

Impulsion de lecture, read pulse *(mach. à calc.)*.

Impulsion de maintenance, inhibit pulse *(mach. à calc.)*.

Impulsion mécanique, impetus, mass impact, moving power, shock motion.

Impulsion parasite, pulse spike.

Impulsion-pilote, challenge.

Impulsion de rétablissement, reset pulse *(mach. à calc.)*.

Impulsion de suppression du faisceau, blanking pulse.

Impulsion de synchronisation, sync pulse, burst.

Impulsion de synchronisation (de sous-porteuse), color burst *(tlv coul.)*.

Impur, foul.

Impureté, impurity.

Inaccessible, concealed, unattainable, unobtainable.

Inaltérable, inaltcrable, unalterable.

Inattaquable, non-corrodible.

Inattaquable aux acides, acid-proof (*ou* -resistant).

Inaudible, inaudible, unaudible, unhearable.

Incalculable, sumless.

Incandescence, incandescence, white-heat.

Incandescent, incandescent, white-hot.

Incassable, non-breakable, unbreakable, shatterproof.

Incendie, fire.

Incendier, to burn, to set on fire.

Incertain, dubious.

Incessant, ceaseless, continuous, permanent.

Incidence, incidence.

Incident, incident.

Incident machine, breakdown time.

Inclinaison, angle of dip, declension, dip, draft, draught, grade, inclination, incline, lean, rake, sag, stoop, tilting.

Inclinaison magnétique, magnetic dip.

Incliné, inclined, prone, sloping, tilted.

Incliner, to dip, to lean, to pent, to stoop, to tilt.

Inclusion de zéros, zeroising.

Incolore, colorless, uncolored.

Incombustible, fireproof, flameproof, flame-resistant (*ou* resistive), self-extinguishing.

Incompressible, incompressible.

Inconnu, unknown.

Inconvénient, drawback.

Incorporé, built-in, embedded, inbuilt, sealed-in, self-contained.

Incorrect, false, erroneous, untrue, wrong.

Incrément, increment.

Incrémenter, to increment.

Incrementiel, incremental.

Indéfini, indefinite.

Indéformable, non-shrinking.

Indépendant, independent.

Indéréglable, fool-proof.

Indésirable, undesirable, unwanted.

Indesserrable, fool-proof.

Indestructibilité, indestructibility.

Indestructible, indestructible.

Indéterminé, indeterminate.

Index, index *(sens général)* ; cock, cursor, dial pointer, digit, finder, hand, point *(app. de mes)*.

Indexation, indexing.

Indicateur, controller, digitizer, indicator, locator, telltale.

Indicateur d'accord, tuning indicator (*ou* meter).

Indicateur d'accord à ombre, shadow-tuning indicator.

Indicateur d'acheminement, routing indicator.

Indicateur d'appels, call indicator *(tph)*.

Indicateur de dépassement de capacité, overflow indicator.

Indicateur de dérive, course deviation indicator, C.D.I.

Indicateur de direction, direction finder ; to-from indicator *(radiogoniométrie) ; v. aussi* indicateur de gisement.

Indicateur d'enveloppe, enveloppe viewer *(radar)*.

Indicateur d'erreur de gisement, bearing deviation indicator, B.D.I.

Indicateur de gisement, location (*ou* right-left bearing) indicator, locator.

Indicateur à lame vibrante, tuned-reed indicator.

Indicateur de lever du doute, sense finder.

Indicateur de pente, clinometer.

Indicateur de pertes, leakage indicator.

Indicateur de pointe, maximum-demand indicator (*ou* meter).

Indicateur de pointe à diode, diode-peak detector.

Indicateur de position, balancing machine, dynetric balance ; bug *(radar)*.

Indicateur de relèvement, bearing-deviation indicator.

Indicateur de touche, fiducial indicator.

Indicateur de zéro, balance (*ou* null) indicator, null detector.

Indicatif, call letters, call-sign, call-signal, local, sign, signature.

Indicatif musical, theme.

Indication, cue, indication, registration.

Indicateur de branchement, power-on indicator.

Indice, index, factor, number, rating ; indication ; subscript *(math)*.

Indice d'affaiblissement sonore, sound reduction factor.

Indice de capacité auditive, aural capability factor.

Indice du local, room index.

Indice de réfraction, refraction (*ou* refractive) index.

Indirect, indirect.

Indisponible, busy.

Inductance, electrical inertia, inductance.

Inductance mutuelle, mutual inductance.

Inductance réglable, self-inductor.

Inductance répartie, distributed inductance.

Inductancemètre, inductometer, L-meter.

Inducteur, field magnet, inductor, inductor coil ; inducing *(adj)*.

Inducteur auxiliaire, mutual inductor.

Inductif, inductance, inductive.

Induction, induction, proximity effect.

Induction électrique, electric induction.

Induction magnétique, ferric induction *(dés)* ; magnetic induction.

Induction mutuelle, common reactance.

Inductivité, inductivity.

Induire, to induce.

Induit, anchor, armature, commutator armature, induced coil ; induced *(adj)*.

Induit en barres, bar-wound armature.

Induit en double T, shuttle armature.

Induit en tambour, drum armature.

Industrie, industry.

Industriel, industrial.

Ineffaçable, non-erasable.

Inefficace, ineffective, inefficient.

Inégal, rough, unequal, uneven.

Inégalité, unevenness.

Inertance acoustique, acoustic inertance (*ou* mass).

Inerte, inert, sluggish.

Inertie, inertia, sluggishness.

Inertie (sans), inertialess.

Inertie électrique, electrical inertia.

Inférieur, bottom, lower.

Infini, infinity ; infinite *(adj)*.

Infinitésimal, infinitesimal.

Inflammabilité, flammability, inflammability.

Inflammable, flammable, inflammable.

Information, communication, display, information, advisoy.

Information cathodique, cathode-ray tube display.

Information numérique, numerical display.

Informationnel, communication, information.

Informatique, informative science ; information treatment.

Informatique pour l'éducation, computer aided instruction (C.A.I.).

Informatique de gestion, business data processing.

Informatique industrielle, industrial data processing (I.D.P.).

Infra-acoustique, subsonic *(dés) ;* infrasonic, sub-audio.

Infra-audible, subsonic *(dés) ;* infrasonic, sub-audio.

Infrarouge, infrared, ultrared.

Infrason, infrasound.

Infrastructure, substructure.

Infusible, infusible.

Ingénieur, engineer.

Ingénieur civil, civil engineer.

Ingénieur conseil, consultant.

Ingénieur éclairagiste, illuminating (*ou* lighting) engineer.

Ingénieur électricien, electrical engineer.

Ingénieur d'entretien, customer engineer.

Ingénieur mécanicien, mechanical engineer.

Ingénieur mineur, mining engineer.

Ingénieur radio, radio engineer.

Inhiber, to imply.

Ininflammable, fire-retardant, nonflam, non-flammable, non-inflammable.

Initial, boundary, initial.

Initialiser, to initialize.

Injecter, to admit, to inject, to throw in.

Injecteur, injector.

Injection, admission, injection.

Inoxydable, rustless, rustproof, stainless.

Insensible, deaf, unsensitive.

Insertion, insertion, inset.

Insoluble, insoluble, unsolved *(sens général) ;* undissolvable *(chimie).*

Insonore, noise-free, noise-proof, sound-absorbing, soundproof.

Insonorisation, acoustic treatment, sound insulation, sound-proofing.

Insonorisé, acoustically treated, damped, sound-insulated, soundproof.

Insonoriser, to dampen.

Inspecter, to inspect, to survey, to view.

Inspection, inspection, survey.

Instabilité, evanescence, fickleness, instability, unstableness, unsteadfastness, unsteadiness ; jitter *(trc).*

Instable, fickle, inconstant, instable, non-steady, unstable, unbalanced, instable, unsteadfast, unsteady.

Installateur, contractor.

Installation, installation, service.

Installation de secours, emergency service.

Instant, moment, span.

Instantané, instant, instantaneous, momentary ; snapshot *(photo).*

Instruction d'arrêt, breackpoint instruction.

Instruction de branchement, branch instruction.

Instruction codée, coding line *(mach. à calc.).*

Instruction de contrôle, contrôl statement.

Instructions d'entrée, call.

Instruction de longueur variable, variable length instruction.

Instruction machine, machine instruction.

Instruction programmée, programmed instruction.

Instruction de saut, jump instruction.

Instrument, apparatus, instrument.

Insuccès, failure.

Intact, intact, undamaged, unimpaired.

Intégral, integral, full.

Intégrale de composition, convolution integral.

Intégrale curviligne, curvilinear *(ou* line) integral.

Intégrale définie, definite integral.

Intégrale double, surface integral.

Intégrale linéaire, integral line.

Intégrale multiple, repeated integral.

Intégrale primitive, indefinite integral.

Intégrale de Riemann, pattern integration.

Intégrale de surface, area integral.

Intégrale triple, volume integral.

Intégrateur, integraph, integrating *(adj) ;* color decoder *(tlv coul.).*

Intégration, integration.

Intégration à grande échelle, Large scale integration (L.S.I.).

Intégré, integrated.

Intégrer, to integrate.

Intelligibilité, intelligibility.

Intelligible, intelligible.

Intense, intense.

Intensifier, to intensify.

Intensité, amperage, current, current density (*ou* draw *ou* flow), density, drain, intensity, strength.

Intensité acoustique, sound intensity.

Intensité d'aimantation, magnetization density.

Intensité anodique de crête, anode peak current.

Intensité cathodique, cathode current.

Intensité de champ, field density (*ou* intensity *ou* strength).

Intensité de champ magnétique, magnetic-field strength, magnetic-flux density, magnetic force (*ou* intensity).

Intensité de champ perturbateur, noise-field intensity.

Intensité de chauffage, filament current.

Intensité critique, regulation drop-out (*ou* pull-out).

Intensité de déclenchement, releasing current.

Intensité au démarrage, starting current.

Intensité de désexcitation, drop-out current.

Intensité efficace, effective (*ou* r.m.s.) current.

Intensité d'excitation, sealing current.

Intensité de fusion, fusing current.

Intensité lumineuse, candlepower, luminous intensity.

Intensité lumineuse hémisphérique, hemispherical candlepower.

Intensité lumineuse horizontale, horizontal candlepower.

Intensité lumineuse sphérique, spherical candlepower.

Intensité minimale d'excitation, pick-up current.

Intensité minimale d'oscillation, starting current.

Intensité de réception, signal strength.

Intensité de rupture, interrupting capacity.

Intensité sonore, loudness, sound intensity (*ou* energy flux density).

Interactif, interactive.

Interaction, interaction.

Intercaler, to intercalate.

Intercepter, to intercept.

Interception, interception.

Interception d'appel, call pickup.

Interchangeable, plug-in, renewable, replaceable.

Interclasser, to collate.

Interclasseuse, collator.

Interconnexion, interconnection, switching.

Interconnexion automatique, automatic transfer equipment.

Interdire, to forbid.

Interface, boundary face, interface.

Interférence, beat, blanking, breakthrough, disturbance, interference, jamming, squealing, trouble.

Interférence d'images, contamination *(tlv)*.

Interférer, to interfere, to jam.

Interféromètre, interforemeter.

Intérieur, inner, inside, interior.

Interlignage, line spacing.

Interligne, pitch, line space.

Intermédiaire, intermediary, intermediate ; spacer, spreader *(subst.)*.

Intermittent, intermittent.

Intermodulation, intermodulation.

Interne, inner, internal.

Interphone, intercom, interphone, intertalkie, talk-back.

Interpoler, to foist, to interpolate.

Interporteuse, intercarrier.

Interpréter, to interpret.

Interrogation, request.

Interroger, to poll.

Interrompre, to break, to cut off, to disconnect, to interrupt.

Interrompu, broken, cut off, disconnected, interrupted.

Interrupteur, break switch, breaker, chopper, circuit breaker, contact breaker, cutout, interrupter, interruptor, on-off switch.

Interrupteur automatique, automatic cutout (*ou* switch).

Interrupteur à bascule, bat-handle (*ou* toggle) switch, tumbler, tumbler switch.

Interrupteur à berceau, cradle switch, receiver rest *(tph)*.

Interrupteur bipolaire, double-pole (*ou* D.P.) switch.

Interrupteur de champ, field-discharge switch.

Interrupteur de commande, control switch.

Interrupteur à contacts arrière, back-connected switch.

Interrupteur électrolytique, Wehnelt interrupter.

Interrupteur d'excitation, field breakup switch.

Interrupteur à flotteur, float switch.

Interrupteur général, power switch.

Interrupteur à marteau, hammer break.

Interrupteur au pied, foot switch.

Interrupteur profilé, rocker switch.

Interrupteur à ressort de rappel, spring-return switch.

Interrupteur à ressort de rappel, spring-return switch.

Interrupteur secondaire, auxiliary switch.

Interrupteur de sécurité, safety switch.

Interrupteur à tambour, drum switch.

Interrupteur va-et-vient, intermediate switch.

Interruption, break, breaking, chopping, cutting-out.

Interruption externe, priority interruption.

Interruption interne, class interruption.

Intervalle, gap, interval, range, space, spacing, space component.

Intervalle de fréquence, frequency spacing.

Intervalle de manipulation, spacing interval.

Intervalle minimal, minimum pause *(tph)*.

Intervalle minimal (de temps), resolving time.

Intervalle réticulaire, reticular distance (*ou* spacing).

Intervenir, to interfere.

Intervention, insertion.

Intitulé, label.

Intrinsèque, specific.

Introduire, to lead in.

Inutile, needless, of no use, useless.

Inutilisable, unserviceable, useless.

Inutilisé, blank, unused.

Invalider, to disable.

Invariabilité, invariability, unalterableness.

Invariable, invariable, unalterable, unchanging.

Invariance, reentrancy.

Invariant, monotonic quantity.

Inventer, to find out, to invent.

Invention, contrivance, invention.

Inversable, unspillable.

Inverse, converse, inverse, opposed, reciprocal, reverse.

Inversé, inverted, reversed.

Inverse carré, square inverse.

Inverser, to invert, to reverse.

Inverseur, commutator, inverter, invertor, reverser, reversing switch.

Inverseur de marche, reversing gear.

Inversible, reversal, reversible.

Inversion, inversion, reversal.

Inversion de phase, phase reversal.

Inversion de pôles, polarity reversal, pole changing.

Inversion de température, subsidence inversion.

Invisible, invisible, unapparent.

Invoquer, to call.

I.O.C.R., Contraction of « Input Output Control Routine ».

Iode, iodine.

Iodure, iodide.

Ion, Ion.

Ion thermique, thermion.

Ionique, ionic, ion.

Ionisation, ionization.

Ionisé, ionized.

Ioniser, to ionize.

Ionogène, ionogen.

Ionomètre, ionometer.

Ionosphère, Heaviside layer, ionosphere.

Ionosphérique, ionospheric.

Iontophorèse, iontophoresis.

Iris, iris.

Irisation, irridescence.

Irradiation, raying *(dés)* ; irradiation.

Irrationnel, irrational.

Irrégularité de coupe, pinch effect.

Irrégulier, anomalous, fitful, irregular.

Irrétrécissable, unshrinkable.

Irréversible, irreversible, non-reversible.

Isobare, isobar.

Isocèle, isosceles.

Isochrone, isochronous.

Isochronisme, isochronism.

Isocline, isoclinal.

Isodiaphère, isodiapher.

Isodynamique, isodynamic.

Isoélectrique, isoelectric.

Isoélectronique, isoelectronic.

Isolant, insulator ; insulating *(adj)*.

Isolateur, insulator, isolator.

Isolateur de base d'antenne, base insulator.

Isolateur de chaîne, shackle insulator.

Isolateur à cloche, bell-shaped (*ou* petticoat) insulator.

Isolateur d'extrémité, test cap.

Isolateur de feeder, antenna spreader.

Isolateur à gorges, cleat.

Isolateur de ligne, section insulator.

Isolateur de paroi, knob.

Isolateur à tige, pin-type insulator.

Isolateur de traversée, bushing (*ou* lead-in) insulator.

Isolation, insulation.

Isolation phonique, sound insulation.

Isolé, insulated, leakproof, shockproof; isolated *(seul)*.

Isolement, insulation.

Isolement acoustique, acoustical isolation.

Isolement par air, air break (*ou* space), air section break.

Isolement linéique, line insulation.

Isolement sonore brut, sound-pressure level difference.

Isolement sonore normalisé, effective sound pressure level difference.

Isoler, to insulate ; to isolate *(rendre seul).*

Isomère, isomer.

Isomérie, isomerism.

Isotope, isotope.

Isotopique, isotopic.

Isotron, isotron.

Isotrope, isotropic.

Itération, iteration.

J

Jack, jack.

Jack banane, banana jack.

Jack à lames, blade-type jack.

Jack miniature, pin jack.

Jack de rupture, break (*ou* switch) break.

Jack simple, branch jack.

Jalon, leveling staff, stake.

Jambe, leg.

Jambe de force, strut.

Jante, felly, hoop, rim.

Jauge, caliper, gage, gauge, gauging rod.

Jauge de contrainte, extensometer, strain gauge.

Jauge d'épaisseur, thickness gauge.

Jauge ionique, ionization gauge.

Jauge de Mac Leod, McLeod gauge.

Jauge de Pirani, hot-wire (*ou* Pirani) gauge.

Jauge radiométrique, radiometric gauge.

Jet, jet, throw.

Jet d'air, blast, air jet.

Jet de coulée, sprue.

Jeter, to throw.

Jeu, backlash, clearance, play, slack.

Jeu (sans), tight-fitted.

Jeu axial, end-play.

Jeu de caractères, character set.

Jeu de cartes, deck of cards.

Jeu de cartes-programme, instruction deck.

Jeu de cartes-programme en langage symbolique, symbolic deck.

Jeu de construction, kit.

Jeu de données, data set.

Jeu d'essai, test file.

Jeu d'instructions, instruction set.

Jeu latéral, lateral play (*ou clearance*).

Jeux d'entreprises, business games.

Jeux informatiques, computerezid game playing.

Joindre, to clasp, to join.

Joint, binding, caulking *(sens général)* gasket, joint, packing *(accessoire de liaison) ;* electrode economizer *(four électrique).*

Joint d'about, butt joint.

Joint d'about avec espace, open-butt joint.

Joint d'about sans espace, closed-butt joint.

Joint annulaire, O-ring, annular joint (*ou* gasket).

Joint d'articulation, knuckle.

Joint conducteur, collector plate.

Joint étanche, stuffing box, watertight gland.

Joint hermétique, vacuum joint.

Joint à recouvrement, lap joint.

Joint à rotule, ball (*ou* ball-and-socket *ou* globe) joint.

Jonction, joint, junction; tie point.

Jonction différentielle, hybrid junction *(guides d'ondes)*.

Jonction différentielle annulaire, rat race, U-hybrid ring *(guides d'ondes)*.

Joue, flange, flask, jaw.

Jour, day.

Journal parlé, newscast.

Journée, day.

Jumelé, ganged.

Jumeler, to gang.

Justifier, to justify.

Juxtaposé, opposed.

K

Kelvinomètre, color (*ou* color temperature) meter, kelvinometer, thermo-colorimeter.

Kénotron, kenotron.

Kerdomètre, kerdometer.

Klystron, electron-beam generator, klystron, inductive-output tube, velocity-modulated tube.

Klystron réflex, reflex klystron, backward-wave tube.

K.S.R., abbreviation from « Keyboard Send and Receive ».

Krarupisation, coil (*ou* continuous *ou* krarup) loading, krarupization.

K.W.I.C., abbreviation from « Key Word In Context ».

K.W.I.C. INDEX, KWIC index.

K.W.O.C., abbreviation from « Key Word Out of Context ».

L

La, A *(mus)*.

Label, label, plate mark.

Labo, lab.

Laboratoire, laboratory.

Labyrinthe acoustique, acoustic labyrinth.

Lacé, woven.

Lacer, to weave.

Lâche, loose, slack.

Lacune, gap, hole, vacancy.

Laine, wool.

Laitier, floss, slag.

Laiton, brass, latten, red brass.

Laitonnage, brass plating.

Lame, blade, flake, plate, reed, vane.

Lame bimétallique, bimetallic strip.

Lame de collecteur, collector (*ou* commutator) segment *(dés)* ; commutator bar (*ou* strip).

Lame de découpage, cropping blade.

Lame demi-onde, half-wave plate.

Lame à faces parallèles, optical flat *(opt)*.

Lame fendeuse, slitter.

Lame fendue, serrated (*ou* slotted *ou* split) rotor plate *(cond. var.)*.

Lame fixe, stator, stator plate *(cond. var.)*.

Lame mobile, rotor plate *(cond. var.)*.

Lame quart-d'onde, quarter-wave plate.

Lampe ondulée, groove lamp.

Lame piézoélectrique, crystal plate.

Lame renforcée, trussed blade *(conjoncteur).*

Lame vibrante, vibrating reed.

Lamellage, lamelling, stripping.

Lamellaire, lamellar, laminated.

Lamelle, bar, lug, strip.

Laminage, drawing, flattening, lamination, milling, rolling, stripping.

Laminé, drawn, flaked, laminated, milled, rolled, stripped.

Laminer, to draw, to flake, to flatten, to laminate, to mill, to roll.

Laminoir, drawing frame, flatting mill, mill, milling machine, roller, rolling mill.

Lampadaire, lampstand.

Lampe, bulb, lamp, light ; *(GB)* valve, *(USA)* tube *(radio).*

Lampe à alcool, alcohol torch.

Lampe d'appel, call lamp.

Lampe à arc, arc (*ou* carbon-arc) lamp.

Lampe à arc concentré, concentrated-arc lamp.

Lampe à arc à vapeur de mercure, mercury-arc lamp.

Lampe à arc à vapeur de mercure à surpression, high-pressure mercury-arc lamp.

Lampe à atmosphère gazeuse, gas-filled lamp.

Lampe de bureau, reading lamp.

Lampe de charge, loading lamp.

Lampe pour cinéma en couleurs, C.P. lamp.

Lampe-cratère, crater lamp.

Lampe à décharge, discharge (*ou* gas-discharge *ou* vapor) lamp.

Lampe-éclair, flash (*ou* photoflash) lamp, speedlight.

Lampe à éclairs rythmés, time-check lamp *(tph).*

Lampe-étalon, standard illuminant, illuminator, comparison lamp.

Lampe-étalon à acétylène, acetylene substandard.

Lampe-étalon de Vernon-Harcourt, pentane lamp.

Lampe d'excitation, exciter lamp.

Lampe à filament de carbone, carbon lamp.

Lampe à filament double, two-filament lamp.

Lampe à filament étiré, drawn-filament (*ou* metallic-filament) lamp.

Lampe germicide, germicidal lamp.

Lampe inactinique, dark-room lamp.

Lampe à incandescence, filament (*ou* incandescence *ou* tungsten) lamp.

Lampe à iode, iodine lamp.

Lampe au krypton, krypton lamp.

Lampe à lueurs, glowlamp.

Lampe au néon, neon glowlamp (*ou* lamp).

Lampe d'occupation, busy lamp.

Lampe phonique, exciter lamp.

Lampe de poche, flashlamp, flashlight.

Lampe portative, flashlight.

Lampe à rayons ultraviolets, sunlamp, UV (*ou* uviol) lamp (*ou* radiator).

Lampe de séchage, drying lamp.

Lampe de signalisation, busy-flash, delay lamp *(tph) ;* indicating lamp (*ou* light) ; tally light.

Lampe solaire, daylight lamp.

Lampe à souder, blowlamp, blowtorch.

Lampe stérilisatrice, germicidal lamp.

Lampe de sûreté, safety lamp.

Lampe de tableau, dashlamp, instrument lamp ; busy-flash signal *(tph).*

Lampe teintée, color-sprayed lamp.

Lampe-témoin, pilot light *(dés) ;* control light, pilot lamp.

Lampe-tube, festoon lamp.

Lampe à vapeur de mercure, mercury-vapor lamp.

Lampe à vapeur de sodium, sodium-vapor lamp.

Lampemètre, free-point tester, tube checker (*ou* tester).

Lamprosité spectrale, absolute (*ou* relative) spectral luminosity.

Lamprosité totale, absolute (*ou* relative) luminosity.

Lancement, booting, start.

Lancement d'une procédure, initialization.

Lancement d'un programme, exécution start.

Lancer, to actuate, to launch, to throw.

Langage, language.

Langage des affaires, common business oriented language (COBOL).

Langage d'analyse, design language.

Langage assembleur, assembler language.

Langage de bas niveau, low-level language.

Langage de description des données, data description language (D.D.L.).

Langage éditeur, publication language.

Langage évolué, high-level language.

Langage machine, computer language.

Langage objet, object language.

Langage de procédure, procedural language.

Langage source, source language.

Languette, feather.

Lanterne, arc (*ou* carbon-arc) lamp, lamp, lamphouse, lantern.

Lanthane, lanthanum.

Lanthanide, lanthanide.

Laque, lac, lacquer.

Large, broad, wide.

Largeur, breadth, width.

Largeur de bande, bandwidth.

Largeur magnétique, equivalent airgap width.

Larmier, sealing flange.

Laryngophone, laryngaphone, throat microphone.

Laser, laser.

Latence, clean-up time.

Latent, latent.

Latéral, endways, endwise, lateral, side.

Latitude, latitude.

Lavage, washing.

Laver, to wash.

Lecteur de caractères, character reader.

Lecteur de cartes perforées, card reader.

Lecteur de chiffres, digitizer.

Lecteur de courbes, curve folower.

Lecteur optique, optical reader.

Lecteur de son, film (*ou* sound) reproducer, soundhead *(cin)* ; tape reader *(magnétophones)*.

Lecteur stéréophonique, stereoreproducer.

Lecture, reading, registration.

Lecture automatique de distance, automatic range tracking *(radar)*.

Lecture d'étiquette, tag converting unit.

Lecture par colonnes, serial reading.

Lecture non destructive, non-destructive read (N.D.R.) *(mach. à calc.)*.

Lecture directe, direct reading.

Lecture avec effacement, destructive read.

Lecture sans effacement, non-destructive read.

Lecture au son, aural (*ou* sound) reception.

Lecture suivie d'effacement, destructive reading.

Lectures (à 2), double-range, dual.

Léger, light, slight, soft.

Légèrement, lightly, slightly, softly.

Légèreté, lightness.

Lent, slow, sluggish.

Lenticulaire, lens-shaped.

Lentille, lens ; burning glass *(loupe)*.

Lentille de champ, field lens.

Lentille convergente, focusing lens.

Lentille divergente, diverging lens.

Lentille électronique, electron lens.

Lentille électrostatique, electrostatic lens.

Lentille de Fresnel, Fresnel lens.

Lentille d'inversion, reversing lens.

Lentille magnétique, magnetic lens.

Lentille plan-concave, plano-concave lens.

Lentille plan-convexe, plano-convex lens.

Levé, survey, surveying *(examen)* ; lifted, upheaved *(hausse)*.

Lever, to hoist.

Lever du doute, sense finding (*ou* research).

Levier, arm, crow bar, dolly, handle, jack, lever, prise.

Levier de commande, operating lever.

Levier coudé, bell crank.

Levier d'induit, armature lever.

Lévogyre, lœvorotatory.

Liaison, bond *(sens général)* ; communication, intercommunication, interlink, link, linkage *(communications)* ; ligature *(mus)* ; traffic *(trafic)*.

Liaison atomique, atomic bond.

Liaison automatique, straightforward-junction working *(tph)*.

Liaison de base, basic linkage.

Liaison câblée, hardwired link.

Liaison de coordinence, coordinence (*ou* semipolar) bond.

Liaison de covalence, covalence (*ou* homopolar *ou* non-polar) bond.

Liaison de données, data link.

Liaison électrostatique, heteropolar (*ou* polar) bond.

Liaison hétéropolaire, heteropolar (*ou* polar) bond.

Liaison homopolaire, covalence (*ou* homopolar *ou* non-polar) bond.

Liaison radio d'autoroute, trafficasting.

Liaison radio maritime, ship service, shore-to-ship communication.

Liaison régulière, schedule, sked.

Liaison semipolaire, coordinence (*ou* semipolar) bond.

Liaison sol-avion, air-ground communication.

Liaison téléphonique, telephone connection.

Liaison de valence, valency bond.

Liant, binder, bond, bonding.

Libérer, to disengage, to free.

Libration, libration.

Libre, free, free-running, trip-free ; void *(vide)*.

Libre parcours moyen, mean free path.

Licence, license, permit.

Lié, bound, joined.

Liège, cork.

Lien, bond, bonding, link, tie, truss.

Lieu, location, spot.

Lieu géométrique, locus.

Lieu des racines, root locus.

L.I.F.O., abbreviation from « Last Input First Output ».

Ligature, binding, lashing, tie ; ligature *(mus)*.

Ligature d'arrêt, dead-end tie.

Ligaturer, to bind, to tie.

Ligne, cable, conductor, feeder, lead, line, trunk.

Ligne (en), gang, ganged.

Ligne d'abonné, local loop.

Ligne accordée, stabilized (*ou* tuned) line.

Ligne aclinique, aclinic (*ou* agonic) line.

Ligne d'adresses, address track.

Ligne aérienne, open-wire (*ou* overhanging *ou* overhead) circuit (*ou* line) ; airway *(aviation)*.

Ligne d'affaiblissement, attenuator.

Ligne d'analyse, picture strip, scanning ligne (*ou* strip), scansion.

Ligne artificielle, artificial line.

Ligne à bandes parallèles, *(USA)* microstrip, *(GB)* strip line.

Ligne bifilaire, two-conductor (*ou* two-wire) line.

Ligne blindée, armored (*ou* shielded) line.

Ligne bouclée, loop (*ou* terminated) line.

Ligne de charge, load line.

Ligne coaxiale, coax (*ou* coaxial *ou* concentric) line.

Ligne de consommateur, secondary-distribution mains.

Ligne creuse, pipe line.

Ligne croisée, transposed-transmission line.

Ligne directe, direct (*ou* straight) circuit *(tlg)* ; direct-exchange line *(tph)* ; *(USA)* individual line *(tph)*.

Ligne disponible, available line.

Ligne d'enregistrement d'appels, recording trunk *(tph)*.

Ligne équilibrée, balanced (*ou* balanced transmission) line.

Ligne équipotentielle, equipotential line.

Ligne fictive, artificial line.

Ligne de force, line of force.

Ligne de force électrique, electric flux.

Ligne de fuite, insulation distance.

Ligne géodésique, base line.

Ligne hélicoïdale, meander (*ou* spiral *ou* helicoidal *ou* helix) line.

Ligne interurbaine, trunk line *(tph)*.

Ligne isoclinique, aclinic (*ou* isoclinic) line.

Ligne isodynamique, isodynamic line.

Ligne isogone, isogonal line.

Ligne de Lecher, Lecher wavemeter.

Ligne libre, idle line *(tph)*.

Ligne de marche, reference direction.

Ligne médiane, line of centers.

Ligne neutre, neutral line.

Ligne périodique, periodic line.

Ligne sur poteaux, pole line.

Ligne privée, inter-switchboard (*ou* tie) line *(tph)* ; tie trunk *(entre deux postes)*.

Ligne pupinisée, loaded line.

Ligne régionale, toll line *(tph)*.

Ligne de relais, stick circuit.

Ligne à retard, delay line (*ou* network).

Ligne rurale, land line.

Ligne sans perte, lossless line.

Ligne secondaire d'abonné, subscriber's extension line.

Ligne de séparation, frame line *(cin)*.

Lignes simples (de), clean-cut.

Ligne téléphonique, junction (*ou* telephone) circuit (*ou* line).

Ligne tiretée, dashed line.

Ligne torsadée, transposed-transition line.

Ligne unifilaire, one-wire (*ou* ground-string) line *(tph* et *tlg)*.

Ligne uniforme, uniform line.

Ligne visuelle, fixation axis, line of sight.

Ligne de vol, flight course (*ou* route), reference direction ; approach corridor *(atterrissage)*.

Ligne de zéro, neutral line.

Limaille, filings, iron borings (*ou* filings).

Lime, file.

Lime douce, smooth file.

Limer, to file.

Limitation, exposure, limitation.

Limite, border, boundary, fringe, land mark, limit, limitation, list, term.

Limites absolues (système des), absolute maximum system.

Limite d'absorption, absorption limit (*ou* discontinuity *ou* edge).

Limite d'élasticité, elastic (*ou* elastic stress) limit, yield limit (*ou* point *ou* strength).

Limite de résistance, strength limit.

Limiter, to define, to limit.
Limiteur, limiter, signal limiter.
Limiteur de courant, current limiter.
Limiteur de crête basse fréquence, audio peak limiter.
Limiteur à deux étages, cascade limiter.
Limiteur à diode, diode limiter.
Limiteur de tension, aerial discharger, arrester, discharge switch, limiting device.
Limiteur de tension à gaz rare, rare-gas cutout.
Lin, flax.
Linéaire, linear.
Linéarité, linearity.
Linéique, linear, lineic.
Lingot, ingot.
Liquide, fluid, liquid.
Liquide immobilisé (à), unspillable.
Liquide moteur, working liquid.
Lisse, smooth.
Listage, listing.
Liste de base, menn.
Liste de contrôles, check list.
Liste directe, pushup list.
Liste d'instructions, sequence of statements.
Liste inversée, pushdown list.
Liste de référence, reference record.
Liste séquentielle, sequential list.
Liste des symboles, symbol map.
Lister, to list.
Litharge, lead monoxide.
Litige, litigation.
Litteral, literal.
Livraison, delivery.
Livre, book.
Livrer, to deliver.
Lobe, lobe.
Lobe arrière, back lobe.
Local, local, zonal.
Localisateur, localizer, locator.
Localisation, concentration, localization.
Localisé, concentrated, focused, located, lumped.
Localiser, to locate.
Loctal, loktal.
Logarithme, logarithm.
Logarithme décimal, Brigg's (*ou* common) logarithm.
Logarithme naturel, Napier's (*ou* natural) logarithm.
Logarithme népérien, Napier's (*ou* natural) logarithm.
Logarithme vulgaire, Brigg's (*ou* common) logarithm.
Logarithmique, logarithmic.
Logatome, logatome.
Logement, compartment location, recess.
Logiciel, software.
Logiciel de base, system software.
Logiciel de gestion des données, data base management system.
Logique, logic.
Logique câblée, hard-wired logic.
Logique à diode, diode logic.
Logique électronique, electronic logic.
Logique négative, negative logic.
Logique positive, positive logic.
Logique programmée, programmable logic.
Logique séquentielle, sequential logic.
Logomètre, quotient meter.
Loi, law, rule.
Loi du déplacement, displacement (*ou* Wien displacement *ou* Wien radiation) law.
Loi de l'inverse du carré, inverse square law.
Loi de Lambert, Lambert (*ou* square) law.
Loi de Langmuir, emission (*ou* three-halves power) law.
Loi de Planck, radiation law.
Loi de Wien, displacement (*ou* Wien displacement *ou* Wien radiation) law.

Logique D.T.L., Diode Transistor Logic.

Logique E.C.L., Emitter Coupled Logic.

Logique H.T.L., High Threshold Logic.

Logique I^2.L., Integration Injection Logic.

Logique T.T.L., Transistor Transistor Logic.

Longeron, girder, spar.

Longévité, life.

Longitude, longitude.

Longitudinal, longitudinal, transversal, transverse.

Longueur, length.

Longueur (en), lengthwise.

Longueur de bloc, block length.

Longueur effective, electrical length.

Longueur de l'imprimante, print position.

Longueur de mot, word length.

Longueur d'onde, wavelength.

Longueur d'onde d'amateurs, amateur wavelength.

Longueur d'onde critique, critical (*ou* cutoff) wavelength ; quantum limit *(rayons X)*.

Longueur d'onde inférieure, *v.* longueur d'onde critique.

Losange, diamond, lozenge, rhomb, rhumb.

Lot, batch.

Loupe, magnifying glass (*ou* lens).

Loupe électronique, emission electron microscope.

Loupiote, bottle.

Loxodromie, rhumb-line.

Lubrifiant, lubricant.

Lubrification, lubrication.

Lubrifier, to lubricate.

Lucarne, port, window.

Lueur, glare, glow.

Lueur anodique, anode glow.

Lueur cathodique, cathode glow.

Lumen, lumen.

Lumen-heure, lumen-hour.

Lumenmètre, lamp tester, lumenmeter, lumeter.

Lumière, access fitting, aperture, hole, port, touch hole, vent *(ouverture) ;* light *(luminosité)*.

Lumière cohérente, coherent light.

Lumière diffuse, diffused (*ou* stray) light.

Lumière du jour, daylight.

Lumière modulée, modulated (*ou* undulated) light.

Lumière noire, black light.

Lumière parasite, stray light.

Lumière de référence, basic (*ou* prime) stimulus *(opt)*.

Lumière tamisée, subdued light.

Luminaire, luminaire.

Luminance, brightness, luminance.

Luminancemètre, gloss meter, luminancemeter.

Luminescence, glow, luminescence.

Luminescent, luminescent.

Lumineux, luminous.

Luminosité, brilliance, luminosity.

Lunettes, goggles.

Lunettes de protection, safety goggles.

Lustre, electrolier.

Lux, lux.

Luxmètre, illumination (*ou* light) meter, illuminometer, luxmeter.

Lyophilisation, freeze drying.

Lyse, dissociation, lysis.

M

Mâchefer, clinker.

Machine, engine, machine, machinery.

Machine acyclique, acyclic machine.

Machine à analogie, analog computer.

Machine asynchrone, induction machine.

Machine à bobiner, winding machine.

Machine à calculer, calculating machine, calculator, computer, computor.

Machine à calibrer, gauge grinder.

Machine à cartes perforées, punched-card machine.

Machine à chanfreiner, chamfering machine.

Machine à cintrer, bending machine.

Machine comptable, accounting machine.

Machine à culotter, capping machine.

Machine à dénuder, cable stripper. denuder, stripper.

Machine électrostatique, electrostatic generator.

Machine à enseigner, auto-instructional device, teaching (*ou* learning) machine.

Machine à influence, Wimshurst machine.

Machine à mortaiser, slotter.

Machine nue, open machine.

Machine-outil, machine tool.

Machine-outil à commande numérique (M.O.C.N.), automatic programmed tool (A.P.T.).

Machine d'oxycoupage, cutting machine.

Machine protégée (contre les corps étrangers), dripproof machine.

Machine à rectifier, honing machine grinder.

Machine à rectifier à meule à 90°, face grinder.

Machine à rectifier sans pointe, centerless grinder.

Iachine à rectifier à table cylindrique, cylindrical grinder.

Machine à retournement, turnover machine.

Machine à tailler les engrenages, gear-hobbing machine, gear shaver.

Machine de traitement de l'information, data processor.

Machine à vapeur, steam engine.

Machine virtuelle, virtual machine.

Machine de Wimshurst, Wimshurst machine.

Machiner, to machine.

Machinerie, machinery.

Machiniste, machinist.

Mâchoire, chap, chop, clamp, contact clip (*ou* jaw), gripper, jaw.

Mâchoire (à), clip-on.

Mâchoire striée, meshing jaw.

Macro-assembleur, macro-assembler.

Macro-instruction, macro-instruction.

Macroscopie, macroscopy.

Magasin, hopper, magazine ; shop *(local) ;* spool box *(cin.)*.

Magasin d'alimentation, feeding storage, hopper.

Magasin d'alimentation en cartes, card hopper.

Magasin d'informatique, computer store.

Magasin-récepteur (de cartes perforées), card hopper (*ou* stacker).

Magnétique, magnetic.

Magnétisant, magnetizing.

Magnétisation, magnetization.

Magnétisme, magnetism.

Magnétite, loadstone, lodestone.

Magnéto, magneto.

Magnétocalorique, magneto-caloric.

Magnéto-électrique, magnetoelectric.

Magnétographe, magnetograph.

Magnétomètre, magnetometer.

Magnéton, magneton.

Magnéto-optique, magneto-optical.

Magnétopause, magnetopause.

Magnétophone, magnetic (*ou* tape) recorder, magnetophone, audio-tape machine.

Magnétophone à cassette, cartridge (*ou* cassette) recorder.

Magnétoscope, magnetoscope; electronic video recorder, E.V.R.

Magnétostriction, Joule effect, magnetostriction.

Magnétotorsion, magnetotorsion, Wertheim (*ou* Wiedemann) effect.

Magnétron, magnetron.

Magnétron à anode fendue, slotted-anode (*ou* split-anode *ou* split) magnetron.

Magnétron à cavités shuntées, strapped magnetron.

Magnitude, magnitude.

Maillage, grid mesh.

Maille, lattice, loop, mesh.

Maillé, retiform.

Maille d'écran, grid wire *(tlv)*.

Maille de grille, grid mesh.

Maille en L, mid-shunt termination.

Maille du réseau, lattice parameter (*ou* spacing).

Maille en T, mid-series termination.

Maillechort, argentan, German (*ou* nickel) silver.

Maillet, mallet.

Maillon, chain link, link, shackle.

Main, hand.

Maintenance, maintenance.

Maintenir, to hold, to keep, to keep in, to maintain.

Maître-esclave, master-slave.

Maître-oscillateur, master oscillator.

Majeur, greather whole tone, major *(mus)*.

Malaxeur, churn, grinding mill.

Malentendu, misunderstanding.

Malléabilité, ductileness, ductility, malleability, malleableness.

Malléable, ductile, malleable.

Manche, haft, handle, helve.

Manchette, butt.

Manchon, bag, bushing, cable shield, collar, hub, jacket, pipe connection (*ou* end), quill, sleeve, rod end.

Manchon d'entrée, duct-edge shield.

Manchon isolant, insulated coupling.

Manchon métallique fileté, nipple.

Manchon de raccord, splicing sleeve.

Manchon de réduction, reducing bush.

Manchon de serrage, clamping sleeve.

Manchonnage, sleeving.

Mandataire, proxy.

Mandrin, chuck, turning arbor *(tour)*; core, former, mandrel *(pour bobinage)*.

Mandrin de forme, squashing mandrel.

Maneton, crank pin.

Manette, handle.

Manette de sécurité, deadman's handle.

Maniable, manageable, workable.

Manipulateur, key, Morse (*ou* sending) key *(tlg)*; manipulator, operator *(personne)*.

Manipulateur duplex, break-in.

Manipulateur à grande vitesse, bug, speed key.

Manipulateur semi-automatique, bug.

Manipulation, keying *(tlg)*; manipulation *(sens général)*.

Manipulation des données, data handling.

Manipulation dans la grille, grid keying.

Manipulation dans la haute fréquence, high-frequency keying.

Manipulation dans la haute tension, high-tension keying.

Manipulation dans la plaque, anode (*ou* plate) keying.

Manipulation au point nodal, nodal-point keying.

Manipulation dans le primaire d'alimentation, primary keying.

Manipulation par relais, relay keying.

Manipulation dans le retour commun, cathode (*ou* center-tap) keying.

Manipulation par suppression de porteuse, back-shunt keying.

Manipulation par variation de fréquence, frequency-shift keying.

Manipulation par variation de polarisation, blocked-grid keying.

Manipuler, to handle, to manipulate, to operate *(sens général)* ; to transmit *(tlg)*.

Manivelle, crank, handle.

Manœuvre, handling, operating procedure, operation *(action)* ; fatigue man *(personne)*.

Manœuvrer, to handle, to operate.

Manomètre, manometer, pressure gauge (*ou* meter), steam gauge.

Manomètre enregistreur, recording gauge.

Manomètre de Knudsen, Knudsen gauge.

Manque, lapse, shortage.

Manteau, blanket *(réacteurs)*.

Mantisse, mantissa.

Manuel, handbook ; manual *(adj)*.

Manutention, handling.

Maquette, mock-up, model set, pattern *(sens général)* ; diorama, miniature *(cin, tlv)*.

Maquette grandeur, simulator.

Maquillage, make-up.

Marbre de comparateur, comparator table.

Marche, action, operation, pace, progress, motion, run, running.

Marche-arrêt, stop-start, start-stop.

Marche arrière, back-drive, back-motion, backing, reverse action (*ou* motion).

Marche avant, forward motion.

Marche à vide, free motion, light running, run-free.

Marge, margin.

Marge de bruit, noise margin.

Marge de cadrage, aligning edge.

Marge d'erreur, error margin.

Marge de sécurité, safety margin.

Marine, navy; marine *(adj)*.

Marque, brand, cue, label, make, mark, name *(commerce)* ; mark, marker, stamp *(indication)*.

Marque de bande, tape mark.

Marque de contrôle, control stamp.

Marque de fin de bobine, end-of-reel mark.

Marque de fin de fichier, end-of-file mark.

Marque de mot, word mark.

Marque de synchronisation, timig mark.

Marquer, to mark, to stamp.

Marqueur, felt-pen marker, strobe ; marker switch *(tph)* ; tracer *(isotopes)*.

Marqueur électronique, electronic pen.

Marqueur d'étalonnage, range marker *(radar)*.

Marqueur fin de liste, null pointer.

Marteau, hammer.

Marteau fendu, claw hammer.

Marteau à piquer, chipping hammer.

Martelage, hammering, peening, swaging.

Marteler, to hammer, to malleate.

Maser, maser.

Masquage, masking, screening, shadowing, shielding.

Masque, face guard, mask, masking, piece, screen, shield, shadow, vignette *(cin)*.

Masque à main, hand screen.

Masque perforé, peep hole mask.

Masque de programme, program mask.

Masque de saisie, form.

Masque de soudure, face shield.

Masquer, to mask.

Masse, mass *(sens général)* ; bulk *(volume)* ; ground, neutral point *(électr.)*.

Masse critique, critical mass, crit.

Masse nulle (de), zero-mass.

Masse polaire, pole face.

Masse au repos, rest mass.

Masse spécifique, density.

Masse volumique, density.

Masselotte, runner.

Massif, bulky, heavy, solid, stiff, sturdy, substantial.

Massique, mass.

Mastic, cement, lute, putty.

Mat, dull.

Mât, mast, pole, pylon, tower.

Mât d'antenne, aerial mast.

Mât de charge, mounting pole.

Mât haubanné, stayed mast.

Mater, to calk.

Matérialisation, materialization ; pair production.

Matériel, equipment, gear, machinery ; material *(adj.)*, hardware.

Matériel agricole, farm machinery.

Matériel périphérique, peripheral equipment.

Matériel agricole, farm machinery.

Matériel de calcul, computing machinery.

Matériel de rechange, reserve (*ou* spare) equipment.

Matériel de reportage, field gear.

Matériel télécommandé, remote control equipment.

Matériel de transmission de données, data communication equipment.

Mathématique, mathematics, mathematical *(adj)*.

Matière, material, matter.

Matière active, active material.

Matière moulée, molded material, plastic.

Matière plastique, plastic, plastomer.

Matière première, raw material.

Matière de remplissage, giller, sealing compound.

Matité, dullness.

Matriçage, hobbing, molding, stamping.

Matrice, boss, die, master form, mold, mother, stamper ; matrix *(math)*.

Matrice de dispersion, scattering matrix.

Maturation, ageing, aging ; digestion *(cin)*.

Mauvais, bad.

Maximum, maximum.

Maxwell, line, maxwell.

Maxwell-tour, maxwell-turn.

Mazout, fuel, gasoil.

Mécanicien, engine driver, mechanics.

Mécanique, mechanical engineering, mechanics ; mechanical *(adj)*.

Mécanique ondulatoire, wave mechanics.

Mécanique quantique, quantum mechanics.

Mécanisme, mechanism.

Mécanisme d'alimentation en cartes. card feed.

Mécanisme de commande, actuator.

Mécanisme d'entraînement, drive mechanism.

Mécanisme d'entraînement de papier, paper advance mechanism.

Mèche, auger, bit, borer, drill *(foret)* ; wick *(tresse)*.

Mèche circulaire, circle cutter.

Médian, median, mid, middle.

Médiocre, low-key.

Mégabar, megabar.

Mégacycle, megacycle.

Mégaélectron-volt, megaelectron-volt.

Mégaphone, megaphone.

Mégatron, disk-seal tube.

Mégavolt, megavolt.

Mégawatt, megawatt.

Mégohm, megohm.

Mélange, blend, blending, mingling, mixing, mixture.

Mélangé, blended, mingled, mixed, mixed-up.

Mélange d'images, contamination *(tlv)*.

Mélange métal-céramique, ceramet, metal-ceramic.

Mélanger, to blend, to mingle, to mix, to mix up.

Mélangeur, adder, blender, mingler, mixer.

Mélèze, larchwood.

Membrane, diaphragm, membrane.

Membrane conique, cone diaphragm.

Membrane image, image diaphragm.

Membre, limb, member.

Mémoire, memory, storage.

Mémoire à accès direct, direct memory access (D.M.A.).

Mémoire à accès lent, low-access memory ; slow storage.

Mémoire à accès rapide, rapid storage (*ou* memory).

Mémoire à accès sélectif, direct access storage.

Mémoire acoustique, acoustic memory.

Mémoire d'adressage, addressed storage (*ou* memory).

Mémoire auxiliaire, auxiliary storage (*ou* memory).

Mémoire banale, general storage (*ou* memory).

Mémoire de base, basic storage.

Mémoire brouillon, scratch pad.

Mémoire centrale de traitement, processor storage.

Mémoire à circulation, circulating storage.

Mémoire à condensateur, capacitor storage (*ou* memory).

Mémoire E.A.R.O.M., abbreviation form « Electrically Alterable ROM ».

Mémoire effaçable, erasable storage.

Mémoire électrostatique, electrostatic storage.

Mémoire à disques, disk storage.

Mémoire E.P.R.O.M., abbreviation from « Electrically Programmable ROM ».

Mémoire à fil, wire storage.

Mémoire intégrée, integrated storage.

Mémoire intermédiaire, buffer storage.

Mémoire tampon, buffer storage.

Mémoire non permanente, volatile memory.

Mémoire permanente, non-volatile memory.

Mémoire R.A.M., abbreviation from « Random Access Memory ».

Mémoire R.O.M., abbreviation from « Read Only Memory ».

Mémoire P.R.O.M., abbreviation from « Programmable Read Only Memory ».

Mémoire R.E.P.R.O.M., abbreviation from « Reprogrammable ROM ».

Mémoire sans adresse, zero-access storage.

Mémoire à temps moyen d'accès, medium-access storage (*ou* memory).

Mémoire virtuelle, virtual storage.

Ménisque, meniscus *(opt)*.

Mensuel, monthly.

Menu, menu.

Méplat, flat.

Mer, sea.

Mercure, mercury, quicksilver.

Mercuriel, mercurial.

Mère, mother *(disques)*.

Méridien, meridian.

Mésique, mesic.

Méson, barytron *(dés)* ; meson *(et par-*

fois dynatron, heavy electron, mesoton, penetron).

Méson mu, mu-meson, muon.

Méson neutre, neutretto.

Méson pi, pi-meson, pion.

Mésonique, mesic.

Mésopause, mesopause.

Mésosphère, mesosphere.

Message, intelligence.

Message d'anomalie, error message.

Message d'effacement, clear message.

Mesure, check, measure, measurement, metering, test, testing.

Mesure par bouclage, Varley-loop test.

Mesurer, to check, to measure, to test.

Mesureur de champ, field (*ou* field-intensity) meter, induction-field locator.

Métadyne, metadyne.

Métal, metal.

Métal anti-arc, non-arcing metal.

Métal anti-friction, Babbitt (*ou* bearing metal).

Métal d'apport, filler metal.

Métal blanc, pewter.

Métal en feuille, sheet-metal.

Métal de liaison, joining metal.

Métal support, base metal.

Métal en suspension, metal fog (*ou* mist.

Métal à travailler, base (*ou* parent) metal.

Métallifère, metalliferous.

Métallique, metal, metallic.

Métallisation, metallization.

Métallisé, metalclad, metal-coated, metal-covered.

Métalliser, to metallize.

Métalloïde, metalloid.

Métallurgie, metallurgy.

Métallurgique, metallurgical.

Métasphère, metasphere.

Météorite, meteorite.

Météorologie, meteorology.

Météorologique, meteorological.

Méthode, method, system.

Méthode d'accès, access method.

Méthode d'accès avec file d'attente, queued access method.

Méthode d'analyse, control method.

Méthode de compensation, balanced method.

Méthode à deux équilibrages, vector colorimetry *(opt)*.

Méthode point par point, cut-and-try (*ou* point-to-point) method.

Méthode de traitement, processing.

Méthode de zéro, balanced (*ou* null *ou* zero) method.

Méthodique, methodical.

Mètre, meter.

Métrique, metric.

Métrologie, metrology.

Metteur en scène, facilities director *(tlv)*.

Metteur en ondes, staging coordinator.

Mettre, to lay, to place, to put, to set.

Mettre en circuit, to put in, to switch on, to turn on.

Mettre en forme, to mold, to shape.

Mettre fin, to end.

Mettre hors-circuit, to put out, to switch off, to turn off.

Mettre en mémoire, to store.

Mettre au point, to tune up.

Mettre en réserve, to back up.

Mettre en service, to press.

Mettre hors service, to depress.

Meuble radio-phono, radio-gram, radiogramophone.

Meulage, grinding, milling.

Meule, grinding wheel, grindstone, mill, milling machine.

Meulé, ground, milled, santed.

Meule à affuter, grinding machine.

Meuler, to grind, to mill.

Mi, E *(mus)*.

Micacé, micaceous.

Microampèremètre, microammeter.

Microampèremètre thermique, thermal converter.

Microbalance, microbalance.

Microcontact, microswitch.

Microdureté, microhardness.

Microélectronique, microelectronics.

Microfaisceau, microbeam.

Microfilm, microfilm, stop-motion.

Microfissure, capillary flaw, microcrevice.

Micrographie, micrography.

Micromanomètre, ionization gauge, vacuum analyzer (*ou* gauge *ou* meter).

Micrométéorite, micrometeorite.

Micromètre, micrometer.

Microminiaturisation, microminiaturization.

Micromodule, micromodule.

Micro-onde, microray, microwave.

Microphone, microphone, mike ; transmitter *(tph)*.

Microphone anti-bruits, antinoise microphone.

Microphone anti-directionnel, astatic astatic (*ou* omnidirectional) microphone.

Microphone bidirectionnel, bidirectional microphone.

Microphone à bobine mobile, moving-coil (*ou* -conductor) microphone.

Microphone de bouche, close-talking (*ou* lip) microphone.

Microphone-boutonnière, lapel microphone.

Microphone cardioïde, cardioid microphone.

Microphone au charbon, carbon microphone.

Microphone de contact, contact microphone.

Microphone à décharge, glow-discharge microphone.

Microphone à déphasage, phase-shift microphone.

Microphone directionnel, directional microphone.

Microphone double, push-pull microphone.

Microphone électrodynamique, dynamic (*ou* moving-coil *ou* moving-conductor) microphone ; sound-powered telephone *(tph)*.

Microphone électromagnétique, magnetic microphone.

Microphone électronique, electron microphone.

Microphone électrostatique, capacitor (*ou* condenser) microphone ; condenser transmitter *(tph)*.

Microphone espion, detectophone.

Microphone étalon, standard microphone.

Microphone à fil chaud, hot-wire microphone.

Microphone à flamme, flame microphone.

Microphone à gradient de pression, gradient microphone.

Microphone ionique, ion microphone.

Microphone labial, lip microphone.

Microphone laryngien, v. *Laryngophone.*

Microphone à magnétostriction, magnetostriction microphone.

Microphone à main, hand-held microphone.

Microphone de masque, mask microphone.

Microphone omnidirectionnel, omnidirectional (*ou* non-directional) microphone.

Microphone à pastille double, double-button microphone.

Microphone à pastille unique, single-button microphone.

Microphone piézoélectrique, crystal (*ou* piezoelectric) microphone.

Microphone pomme, eight-ball.

Microphone à poudre de charbon, powder microphone.

Microphone de pression, pressure microphone.

Microphone de proximité, close-talking microphone.

Microphone à ruban, moving-conductor (*ou* ribbon *ou* velocity) microphone.

Microphone statique, diaphragmless microphone.

Microphone thoracique, breast microphone.

Microphone de vitesse, v. *Microphone à ruban.*

Microphonique, microphone, microphonic.

Microphotomètre, microphotometer.

Microprocesseur, microprocessor.

Microprocesseur miniaturisé, microcomputer chip.

Microprogrammation, firmware.

Microradiomètre, microradiometer.

Microscope, microscope.

Microscope électronique, electron microscope.

Microscope protonique, proton microscope.

Microscope à ultraviolets, hypermicroscope.

Microseconde, microsecond.

Microsillon, v. *Disque microsillon.*

Microtéléphone, microtelephone.

Microsonde, microprobe.

Mi-dur, medium-hard.

Migration, migration.

Milieu, medium, mid, middle *(centre).*

Milieu absorbant, absorbing (*ou* blocking) medium.

Milieu diffusant, scattering medium.

Milliampère, milliamp, milliampere.

Milliampèremètre, milammeter, milliammeter.

Milliard, billion *(USA).*

Millicurie, millicurie.

Millijour, milliday.

Millimètre, millimeter.

Millimicron, millimicron, millimu.

Milliseconde, millisecond.

Millivoltmètre, millivoltmeter.

Minerai, ore.

Minéral, mineral.

Minéralogie, mineralogy.

Mineur, lesser whole tone, minor *(mus).*

Miniature, midget, miniature.

Miniaturisé, miniaturized, sub-ouncer.

Minidisquette, mini floppy disk.

Minimum, minimum.

Minimum flou, poor minimum *(gonio).*

Minium, red lead.

Minuterie, counting train, time switch, timing element (*ou* mechanism).

Mire, pattern, test pattern, definition chart ; blow-up.

Mire de barres, bar pattern.

Mire géométrique, space pattern.

Mire de gris, grey scale.

Mire de linéarité, linearity chart.

Mire quadrillée, checkboard (*ou* cross-hatch *ou* time) pattern.

Miroir, mirror.

Miroir à facettes, facet mirror.

Miroir oscillant, vibrating mirror.

Miroir parabolique, parabolic mirror.

Miroir perforé, hole mirror.

Miroir plan, plane mirror.

Miroir sphérique, spherical mirror.

Mis au carré, squared.

Mis au cube, cubed.

Mis au point, tuned-up.

Mise en circuit, switching-in, switching-on.

Mise hors circuit, switching-off.

Mise à la masse, bonding, earthing, grounding.

Mise en page, edit.

Mise en phase, phase control.

Mise en place, inset, tracking.

Mise en place, threading *(film) ;* laying *(sens général).*

Mise au point, adjustment

Mise au point sur film, focus-on-film.

Mise en position, positioning.

Mise en route, start-up.

Mise en service, launching.

Mise à la terre, earth, earthing, ground, grounding.

Mise à la terre accidentelle, earth (*ou* ground) fault.

Mixage, mixing *(sens général) ;* dubbing *(cin).*

Mixte, combination, combinational, combined.

Mnémonique, mnemonic.

Mobile, mobile, movable, moving, portable, transportable, versatile.

Mobilité, drift speed, mobility.

Mode, mode.

Mode continu, burst mode.

Mode d'emploi, instruction book.

Mode dialogue, lime sharing.

Mode discontinu, byte mode.

Modèle, model, type.

Modèle réduit, scale model.

MODEM, contraction of « MOdulator-DEModulator ».

Modem adaptif, automatically data-equalized modem, A.D.E.M.

Modérateur, absorber, moderator.

Modificateur, modifier, reforming *(adj).*

Modification, alteration, modification, reform.

Modifier, to modify, to reform.

Modulateur, coder, modulator, wobbler, wobbulator.

Modulation, chopping, control, modulation, wobbulation.

Modulation par absorption, absorption modulation.

Modulation d'amplitude, amplitude modulation.

Modulation d'amplitude à taux constant, controlled-carrier (*ou* floating-carrier) modulation.

Modulation dans l'anode, anode (*ou* plate) modulation.

Modulation dans la cathode, cathode modulation.

Modulation classe A, class-A modulation.

Modulation classe B, class-B modulation.

Modulation à courant constant, constant-current (*ou* Heising) modulation.

Modulation delta, delta modulation.

Modulation par déphasage, outphasing (*ou* phase-time) modulation.

Modulation double, dual modulation.

Modulation dans l'étage final, direct (*ou* high-level *ou* high-power) modulation.

Modulation dans l'étage intermédiaire, low-level (*ou* low-power) modulation.

Modulation de fréquence, frequency modulation, F.M.

Modulation de fréquence par déphasage, indirect frequency modulation.

Modulation dans la grille, grid modulation.

Modulation dans la grille-écran, screen-grid (*ou* screen) modulation.

Modulation dans la grille suppresseuse, suppressor-grid (*ou* suppressor) modulation.

Modulation Heising, constant-current modulation.

Modulation par impulsions, pulse-duration (*ou* time) modulation.

Modulation par impulsions codées, pulse-code modulation.

Modulation par impulsions de durée variable, pulse-time modulation.

Modulation par impulsions de largeur variable, pulse-width modulation.

Modulation par impulsions à variation de temps, pulse-position modulation.

Modulation d'intensité, brilliance modulation *(trc).*

Modulation négative, negative-light modulation *(tlv).*

Modulation de phase, phase modulation.

Modulation positive, positive-light modulation *(tlv).*

Modulation par self de parole, impedance modulation.

Modulation à tension constante, constant-voltage (*ou* series) modulation.

Modulation par tube de réactance, inductance-tube modulation.

Modulation par variation de la polarisation de grille, grid-bias modulation.

Modulation de vitesse, velocity modulation.

Module, modulus.

Modulé, modulated, wobbulated.

Moduler, to control, to modulate, to wobble.

Modulomètre, modulation (*ou* percentage-modulation) meter (*ou* monitor).

Moindre carré, least square.

Moins, minus.

Moirage, moire, meshbeat *(tlv).*

Mol, mol, mole.

Moléculaire, molecular.

Molécule, molecule.

Molécule-gramme, gram-molecule, mol.

Molécule marquée, labelled (*ou* tagged) molecule.

Molécule polaire, polar molecule.

Mollesse, softness.

Molleté, knurled, milled, threaded.

Mollette, wheel.

Molybdène, molybdenum, moly.

Moment, moment, momentum.

Moment cinétique, angular momentum ; spin.

Moment électrique, electric moment.

Moment de flexion, bending moment.

Moment d'inertie, moment of inertia.

Moment magnétique, magnetic moment.

Moment de torsion, moment of torsion, torque.

Momentané, momentary.

Monaural, monaural.

Monde, world.

Mondial, world, world-wide.

Moniteur, monitor.

Moniteur de sortie, actual (*ou* end *ou* output) monitor.

Monoatomique, monoatomic.

Monobouton, monodial, monoknob, one-knob.

Monochromateur, monochromator.

Monochromatique, monochromatic, monochrome.

Monochrome, monochrome.

Monocourse, single-stroke.

Monocristal, single crystal.

Monoénergétique, monoenergetic.

Monomoléculaire, monomolecular.

Monopack, monopack, single-layer film.

Monophasé, monophase, one-phase, single-phase, single-wave, uniphase.

Monophonique, monaural.

Monopolaire, unipolar.

Monoréglage, monotuning, single control (*ou* single-knob *ou* single-span) tuning.

Monotéléphone, monotelephone.

Monovalent, monovalent.

Montage, arrangement, assembly, circuit, connection, construction, fitting, jig, mount, mounting *(installations) ;* circuit, circuitry, setup, setting *(appareils) ;* editing *(cin).*

Montage à anticoïncidence, anticoincidence circuit.

Montage compensateur, flywheel circuit *(tlv).*

Montage à deux voies, dividing network.

Montage en étoile, star-connected circuit, star (*ou* Y- *ou* zig-zag) connection, wye.

Montage modulaire, modular (*ou* building-blocks) system.

Montage en parallèle, banking, parallel connection (*ou* system).

Montage polygonal, mesh (*ou* mesh-connected) circuit.

Montage en pont, bridge circuit.

Montage à réaction, regenerative set (*ou* circuit).

Montage en sandwich, press-back.

Montage en série, nest, series (*ou* tandem) connection (*ou* system).

Montage série-parallèle, series-multiple (*ou* series-parallel) connection.

Montage Scott, Scott (*ou* Taylor) connection.

Montage sur table, breadboard construction.

Montage transitron, negative-transconductance circuit.

Montage en triangle, delta-connected circuit, delta (*ou* ring) connection (*ou* grouping), mesh (*ou* mesh-connected) circuit.

Montage vertical (à), stand-off.

Montant, amount ; upright *(adj)*.

Monté, assembled, built-up, mounted.

Monte-charge, elevator, hoist, lift.

Montée, rise.

Monter, to assemble, to build *(un appareil)* ; to dress, to elevate, to erect, to mount, to raise, to set up *(élever)* ; to climb *(sur un poteau)*.

Monteur, engine fitter, fitter ; lineman *(lignes)*.

Montre, clock.

Monture, fixture, gallery, holder, jacket, mount, mounting, stationary structure, structure.

Monture de sélecteurs, selector shelf, shelf.

Mordant, matte dip, mordant.

Mortel, deadly, lethal.

Mortier, mortar.

M.O.S., contraction of « Metal Oxyde Semi-conductor ».

Mosaïque, mosaic, mosaic electrode.

Mot, word.

Mot d'appel, call word.

Mot clé, key word.

Mot d'instruction, instruction word.

Mot de passe, password.

Moteur, engine, machine, motor ; motive *(adj)*.

Moteur à air chaud, hot-air engine.

Moteur à air comprimé, pneumatic motor.

Moteur à bagues, ring (*ou* slip-ring) motor.

Moteur à cage d'écureuil, squirrel-cage motor.

Moteur à collecteur, commutator motor.

Moteur compensé, balanced-armature unit, compensated-winding motor.

Moteur compound, compound-wound motor.

Moteur à condensateur, capacitor (*ou* condenser) start motor.

Moteur cuirassé, shell-type motor.

Moteur à démarrage par résistance, resistance-start motor.

Moteur à démarrage par self, reactor-start motor.

Moteur deux temps, two-stroke engine.

Moteur électrique, electric motor, electromotor.

Moteur à enroulement en court-circuit, shaded-pole motor.

Moteur éolien, windmill, windmill generator.

Moteur équilibré, balanced armature unit.

Moteur de faible puissance, fractional h.p. motor.

Moteur fractionnaire, stepper motor.

Moteur inversible, reversing motor.

Moteur marin, sea engine.

Moteur quatre temps, four-stroke engine.

Moteur à réaction d'induit, armature reaction-excited machine.

Moteur à répulsion, repulsion motor.

Moteur à répulsion à condensateur, capacitor split-phase motor.

Moteur à répulsion à enroulement auxiliaire, split-phase motor.

Moteur série, series-wound motor.

Moteur shunt, shunt (*ou* shunt-wound) motor.

Moteur universel, all-mains (*ou* universal) motor.

Moteur en V, vee engine.

Moteur à vitesse réglable, variable-speed (*ou* varispeeed *ou* varying-speed) motor.

Motionnel, motional.

Motrice, driving trailer.

Mou, loose, slack *(lâche) ;* soft *(doux).*

Moudre, to mill.

Mouillabilité, wettability.

Moulage, casting, molding.

Moule, die, mold.

Moulé en coquille, diecast, gravity diecast.

Moulé au sable, sandcast.

Moulinet, winch.

Mousse, lather.

Mouvement, motion, running, translation, trip ; movement *(méc).*

Mouvement alternatif, reciprocating motion.

Mouvement brownien, Brownian movement.

Mouvement d'horlogerie, clockwork, timepiece.

Mouvement ondulatoire, wave motion.

Mouvement propre, proper motion *(méc) ;* background *(compteurs).*

Mouvement sinusoïdal, harmonic motion.

Moyen, means ; average, mean, mid, medium, middle *(adj).*

Moyenne, mean.

Moyenne arithmétique, arithmetic mean.

Moyenne des différences, standard deviation.

Moyenne fréquence, intermediate (*ou* mean) frequency.

Moyenne proportionnelle, medium.

Moyeu, boss, hob.

M.P.U., contraction of « Microprocessing Unit ».

M.S.I., contraction of « Medium Scale Integration ».

M.S.T., contraction of « Monolithic System Technology ».

Multimètre, all-purpose meter, multimeter, testing box, voltammeter, volt-ohm-milliammeter.

Multiple, multiple, multivariate, subdivided.

Multiplet, multiplet, byte.

Multiplex, multi-channel, multiplex.

Multiplex (à division de fréquences), frequency-division multiplex, F.D.M.

Multiplex (fréquences différentes), frequency-allocation multiplex, F.A.M.

Multiplexage, multiplexing.

Multiplexeur, multiplexer.

Multiplicateur, factor, multiplier.

Multiplicateur électronique, electron (*ou* secondary-electron) multiplier.

Multiplicateur de fréquence, frequency multiplier, harmonic conversion transducer.

Multiplicateur de sensibilité, range multiplier.

Multiplication, multiplication *(sens général) ;* lever advantage *(méc).*

Multiplier, to multiplicate.

Multipolaire, multipolar, multipole.

Multivibrateur, multivibrator.

Multivibrateur astable, astable (*ou* free-running) multivibrator.

Mur, wall.

Mur du son, sound barrier.

Mural, wall.
Murmure, chatter.
Musical, musical, tonal.
Musique, music.
Musique électronique, electronic music.
Musique de fond, noodle, noodling.
Musique de remplissage, musical cushion.
Mutuel, mutual, common, reciprocal. reciprocating.
Myope, dull-sighted, near-sighted, purblind.

N

N.A.K., contraction of « Negative Acknowledge Character ».
Nappe, flat-top.
Narcose, electric sleep, narcosis.
Naturel, natural.
Navette, shuttle.
Navigation, navigation.
Navigation spatiale, v. *Astronautique.*
Navigation sans visibilité, blind navigation.
Navire, ship, vessel.
Navire radioguidé, drone.
Nécessaire de maintenance, maintenance package.
Négatif, minus, n-type, negative.
Négativation, electrolytic reduction.
Négaton, negaton.
Négatoscope, fluoroscope, negatoscope, rœntgenoscope.
Négatron, negatron.
Néon, neon.
Nervure, rib.
Netteté, clearness, intelligibility ; articulation *(tph)* ; sharpness *(opt)*.
Netteté phonétique, sound (*ou* percent sound) articulation.
Nettoyage, cleaning, cleansing, washing.
Nettoyer, to clean, to wash.
Nettoyeur, cleaner.
Neuf, brand new, green, new.
Neuroélectricité, neuroelectricity.
Neutralisation, neutralization ; transposition *(par croisement)*.
Neutralisation symétrique, cross neutralization.
Neutre, neutral, neutral grid, star point ; inert, neutral, uncharged *(adj)*.
Neutrino, neutrino.
Neutrodynation, neutralization.
Neutrodyne, neutrodyne.
Neutron, neutron.
Neutron épithermique, epithermal neutron.
Neutron lent, slow neutron.
Neutron prompt, prompt neutron.
Neutron rapide, fast neutron.
Neutron de résonance, resonance neutron.
Neutron thermique, thermal neutron.
Neutronthérapie, neutron therapy.
Nez, nose.
Niche, recess.
Nickel, nickel.
Nickelé, nickel-plated.
Nicol, nicol, polarization separator.
Nicol analyseur, analysing nicol.
Nicols croisés, crossed nicols.
Nicol polariseur, polarizing nicol.
Nid d'abeille, honeycomb.
Nitrique, nitric.
Nitrure, nitride.
Niveau, dead level, level.
Niveau absolu, absolute level.
Niveau acceptable de qualité, acceptable quality level, A.Q.L.

Niveau d'audition, sensation level, level above threshold.

Niveau basique d'isolement, base isolation level.

Niveau de blanc, bright level *(tlv)*.

Niveau de bruit, noise level.

Niveau différentiel *(entre les niveaux de sortie d'une cellule excitée suivant qu'elle a un flux magnétique positif ou négatif)* one-to-zero ratio *(mach. à calc.)*.

Niveau d'empreinte magnétique, magnetic transfer level.

Niveau d'énergie, energy level, quantum state.

Niveau fondamental, ground level.

Niveau d'intensité acoustique, intensity (*ou* sound-energy flux density) level.

Niveau limite, overload level.

Niveau limite moyen de qualité, average outgoing quality limit, A.O.Q.L.

Niveau de la mer, mean sea level.

Niveau de noir, black level *(tlv)*.

Niveau de parole, talking level.

Niveau de pression acoustique, sound pressure level.

Niveau réel, actual level.

Niveau de référence, reference level (*ou* volume).

Niveau de ronflement, hum level.

Niveau saisie, entry level.

Niveau de signal, signal level.

Niveau sonore, sound level.

Niveau de sortie, output level ; one output *(cas d'une cellule excitée de mach. à calc. lorsqu'elle a un flux positif ;* zero output *(cas d'une cellule à flux négatif)*.

Niveau de sortie partiel, partial-select output *(mach. à calc.)*.

Niveau de suppression, blanking level *(tlv)*.

Niveau téléphonique de référence, reference telephonic power, reference volume.

Niveau de transmission, transmission level.

Niveau d'ultranoir, blacker-than-black level *(tlv)*.

Niveau de vitesse acoustique, velocity level.

Niveau zéro, zero level.

Niveler, to level.

Nivellement, leveling, levelness.

Nocif, noxious, obnoxious.

Nœud, knot *(sens général) ;* nodal point, node *(électr.) ;* stitch *(tph)*.

Nœud imparfait, partial node.

Nœud d'intensité, current node.

Nœud de tension, voltage node.

Noir de fumée, lampblack.

Noircir, to blacken.

Noircissement, blackening, darkening.

Noircissement (d'une lampe fluorescente), end loss (*ou* blackening).

Noire, crotchet *(mus)*.

Nombre, figure, number.

Nombre additionnel, addend.

Nombre aléatoire, random number.

Nombre atomique, atomic number.

Nombre entier, as, integer, integral number.

Nombre fractionnaire, mixed number.

Nombre imaginaire, imaginary number.

Nombre impair, odd number.

Nombre irrationnel, surd.

Nombre magique, magic number.

Nombre de masse, isotopic mass *(dés) ;* atomic mass, mass (*ou* nucleon) number.

Nombre de mots, cable count *(tlg)*.

Nombre moyen d'appels, calling rate *(tph)*.

Nombre d'ondes, wave number.

Nombre pair, even number.

Nombre premier, prime number.

Nombre quantique, quantum number.

Nombre rationnel, rational number.

Nombre réel, real number.

Nominal, indicated, nominal, rated.

Nomogramme, alignment chart, graph, nomograph, nomogram.

Non-connecté, off-line.

Non imputable, no charge.

Non-lieu, open verdict.

Non perforé, blanck.

Non resident, transient.

Normal, normal, plain-key, rated, regular, right, standard, square, straight.

Normalisation, normalization, standardization.

Normalisé, basic, normalized, standard, standardized.

Norme, norm, standard.

Notation, notation.

Notation binaire, binary notation.

Note, note, tone.

Note d'accord, tuning note.

Note de battement, beat note.

Nouveau travail, new job.

Nouvelle génération, new level.

Note de battement, beat note.

Noyau, bob, center *(sens général)* ; core *(électr.)* ; nucleus *(atomes)*.

Noyau (sans), coreless.

Noyau aimanté, magnet core.

Noyau à air, air core.

Noyau croisé, cruciform core.

Noyau de fer, iron core.

Noyau de fer divisé, powdered-iron core.

Noyau de fer fermé, closed-iron core.

Noyau de fer pulvérulent, iron-dust core.

Noyau fermé, closed (*ou* gapless) core.

Noyau feuilleté, laminated core.

Noyau en fil de fer, wire core.

Noyau d'induit, armature core, core-iron.

Noyau magnétique, pole core.

Noyau mobile, plunger.

Noyau à nombre impair de protons et de neutrons, odd-odd nucleus.

Noyau à nombre impair de protons et pair de neutrons, odd-even nucleus.

Noyau à nombre pair de protons et de neutrons, even-even nucleus.

Noyau à nombre pair de protons et impair de neutrons, even-odd nucleus.

Noyau ouvert, open core.

Noyau pulvérulent, dust core.

Noyau de recul, recoil nucleus.

Noyé, concealed, embedded, locked-in, molded-in, sunk, sunken.

Noyer, nutwood, walnut wood.

Nu, bare, unbacked, unclad, uncoated.

Nuage, cloud.

Nuance, hue, tint ; quality *(métal)*.

Nucléaire, nuclear.

Nucléon, nucleon.

Nuclide, nuclide.

Numéral, digital, numeral.

Numérateur, numerator.

Numération, numeration, quantizing.

Numération binaire, binary notation.

Numération décimale, decimal notation.

Numérique, numerical.

Numéro, digit, grade, number.

Numéro d'appel, call number.

Numéro matricule, serial number.

Numéro d'ordre, reference number.

O

Objectif, lens, lens assembly, object glass *(opt)*; objective *(adj)*.

Objectif achromatique, achromatic lens.

Objectif à distance focale variable, zoom lens.

Objectif grand angulaire, wide-angle lens.

Objectif à grande ouverture, fast lens

Objectif à immersion, immersion lens.

Objectif petit angulaire, narrow-angle lens.

Objectif à revêtement antiréfléchissant, coated (*ou* bloomed) lens.

Objet, drift, object, scope.

Oblique, oblique, skew, skewed, traverse.

Oblong, oblong.

Obscur, dark, deep, dusky, lighttight, obscure.

Obscurcir, to darken, to deepen.

Obscurité, darkness, murkiness, obscurity.

Observation, observation.

Observer, to observe.

Obstruer, to bar, to block up, to obstruct, to stop up, to throttle.

Obturateur, shutter.

Obturateur (sans), shutterless.

Obturation, blocking, clogging, closing.

Obtus, obtuse.

Occupé, busy *(tph)*.

O.C.R., contraction of « Optical Character Recognition ».

Octaèdre, octahedron.

Octal, octal.

Octave, octave, eighth *(mus)*.

Octet, octet.

Octode, octode.

Octogonal, eight-angled, eight-headed, octagonal, octangular.

Octogone, octagone.

Octuple, eightfold.

Oculaire, eye-glass, eye-piece.

Odographe, odograph.

Œil, eye ; ear, loop *(câbles)*.

Œil magique, cathode-ray tuning indicator, cathodic (*ou* electric *ou* magic *ou* tuning) eye, electron-ray tube, tunoscope.

Œil moyen, C.I.E. standard eye *(opt)*.

Œil normal, average eye *(opt)*.

Œil normalisé, average eye *(opt)*.

Œil de référence colorimétrique, standard observer *(opt)*.

Œillet, ear, eyelet.

Œillet de cordon, cord eye.

Œuf, airplane (*ou* egg) insulator.

Ohm acoustique, acoustic ohm.

Ohmique, ohmic.

Ohmmètre, continuity tester, ohmmeter.

O.I.N. *(Organisation Internationale de Normalisation)*, International Standards Organization, I.S.O.

Ombre, shade, shadow, umbra.

Onde, wave.

Onde acoustique, audio (*ou* speech) wave.

Onde d'amateur, amateur wavelength.

Onde amortie, B-wave, damped wave.

Onde d'appel, calling wave.

Onde atmosphérique, down-coming wave.

Onde carrée, square wave.

Onde centimétrique, centimeter wave.

Onde de choc, shock wave.

Onde commune, common frequency, shared channel.

Onde complémentaire, complementary wave.

Onde de compression, compressional wave.

Onde de contre-manipulation, back (*ou* spacing) wave.

Onde cosmique, cosmic (*ou* galactic) noise.

Onde courte, short wave.

Onde cylindrique, cylindrical wave.

Onde de de Broglie, De Broglie (*ou* electron *ou* phase) wave.

Onde décamétrique, decametric wave.

Onde décimétrique, decimeter wave.

Onde découpée, chopped wave.

Onde directe, direct wave (*v.* Onde de sol).

Onde dirigée, beam transmission.

Onde électromagnétique, electromagnetic (*ou* Hertzian) wave.

Onde entretenue, continuous (*ou* sustained *ou* undamped) wave, C.W.

Onde évanescente, evanescent wave.

Onde exclusive, clear channel.

Onde extraordinaire, extraordinary wave, X-wave.

Onde fondamentale, O-wave, natural (*ou* ordinary) wave.

Onde à front raide, steep-front wave, surge.

Onde hectométrique, hectometric wave.

Onde hertzienne, electric (*ou* Hertzian) wave.

Onde ionosphérique, sky (*ou* space) wave.

Onde de jour, day wave.

Onde libre, free (*ou* free-progressive) wave.

Onde locale, local channel.

Onde longitudinale, longitudinal (*ou* transverse) wave.

Onde longue, low-frequency wave, long wave.

Onde de manipulation, marking wave.

Onde manipulée, telegraph-modulated wave.

Onde métrique, metric wave.

Onde millimétrique, millimeter wave.

Onde de modulation, modulation wave.

Onde modulée, interrupted continuous (*ou* modulated) wave.

Onde modulée à basse fréquence, tone-modulated wave.

Onde modulée en fréquence, F-wave, frequency-modulated wave, F.M.

Onde modulée par impulsions, Pl wave *(tlv)*.

Onde modulée par impulsions en amplitude, P2d wave *(tlg)*, P3d wave *(tph)*.

Onde modulée par impulsions en durée, P2e wave *(tlg)*, P3e wave *(tph)*.

Onde modulée par impulsions en largeur, P2e wave *(tlg)*, P3e wave *(tph)*.

Onde modulée par impulsions en phase, P2f wave *(tlg)*, P3f wave *(tph)*.

Onde modulée par impulsions en position, P2f wave *(tlg)*, P3f wave *(tph)*.

Onde modulée en phase, F-wave, phase-modulated wave.

Onde moyenne, medium wave.

Onde de nuit, night wave.

Onde ordinaire, O-wave, ordinary wave.

Onde-pilote, De Broglie (*ou* electron *ou* phase) wave.

Onde plane, plane wave.

Onde à polarisation circulaire, circularly polarized wave.

Onde à polarisation elliptique, elliptically polarized wave.

Onde à polarisation horizontale, horizontally polarized wave.

Onde à polarisation plane, linearly polarized wave.

Onde à polarisation verticale, vertically polarized wave.

Onde porteuse, carrier wave, frequency carrier.

Onde porteuse intermédiaire, subcarrier.

Onde progressive, progressive (*ou* traveling) wave.

Onde quasi-stationnaire, quasi-stationary wave.

Onde radioélectrique, radio wave.

Onde rectangulaire, square wave.

Onde réfléchie, indirect (*ou* ionospheric) ray *(dés)* ; atmospheric (*ou* indirect *ou* ionospheric *ou* sky *ou* space) wave.

Onde régionale, regional channel.

Onde de réponse, answering wave.

Onde de repos, compensating wave.

Onde de rotation, shear wave.

Onde de service, cue channel.

Onde sinusoïdale, pure (*ou* sine *ou* undistorted) wave.

Onde de sol, ground (*ou* surface *ou* tangential) wave.

Onde solaire, solar noise (*ou* wave).

Onde sonore, sound wave, swell.

Onde sphérique, spherical wave.

Onde stationnaire, standing (*ou* stationary) wave.

Onde de trafic, signal (*ou* working) wave.

Onde transversale, longitudinal (*ou* transverse) wave.

Onde de travail, operating (*ou* traffic) wave.

Onde ultra-courte, ultra-short wave.

Ondemètre, ondometer, wavemeter.

Ondemètre à absorption, absorption wavemeter.

Ondemètre à cavité résonnante, cavity (*ou* resonator) wavemeter.

Ondemètre coaxial, coaxial wavemeter.

Ondemètre à tube au néon, flasher (*ou* glow-tube) indicator wavemeter.

Ondographe, ondograph.

Ondoscope, ondoscope.

Ondulation, commutator ripple *(machine)* ; ripple, undulation, wave.

Ondulation de courant, current ripple.

Ondulatoire, undulatory, wave, wavy.

Ondulé, corrugated *(métal)* ; pulsating, undulating *(courant)*.

Onduleur, inverter, invertor, undulator.

Onglet, miter, mitre.

Opacimètre, opacimeter, turbidimeter.

Opacité, opacity, opaqueness.

Opaque, lightproof, non-transparent, opaque.

Opérande, operand.

Opérateur, operator ; signaller *(radio)*.

Opérateur binaire, binary operator.

Opérateur logique, logical operator.

Opération, operation.

Opération arithmétique, arithmetic operation.

Opération de contrôle, control operation.

Opération d'entrée-sortie, input-output operation.

Opération instantanée, on-line operation.

Opération logique, logical operation.

Opération manuelle de stockage, manual storage.

Opposé, antilogous, opposed.

Opposition, opposition.

Opposition (en), anti-parallel, opposed, in opposition.

Optimiser, to optimize.

Optimiseur, optimizer.

Option, option, menu.

Optique, optics ; optic, optical *(adj)*.

Optique électronique, electron optics.

Optique géométrique, geometric optics.

Optoélectronique, optoelectronics.

Optophone, optophone.

Or, gold.

Orage, lightning, storm, thunderstorm.

Orage magnétique, magnetic storm.

Orageux, stormy.

Orbiculaire, orbicular.

Orbital, orbital.

Orbite, orb, orbit.

Orbite d'attente, parking orbit.

Orbite intermédiaire, transfer orbit.

Orchestre, band, orchester.

Ordinateur, computer, computor, processor, data processing (*ou* calculating) machine.

Ordinateur analogique, analog computer.

Ordinateur de bureau, accounting computer.

Ordinateur central, central computer.

Ordinateur domestique, home computer.

Ordinateur de gestion, business computer.

Ordinateur à temps partagé, multiple access (*ou* on-line) **computer.**

Ordinateur universel, general purpose computer.

Ordonnancer, to schedule.

Ordonnée, axis of Y, ordinate, y-axis.

Ordre, degree, order.

Oreille, ear ; lobe *(diagramme).*

Organe d'entrée, input device.

Organe moteur, driving member.

Organe récepteur, driven member.

Organe de sortie, output device.

Organigramme, flowchart.

Organigramme des données, data flowchart.

Organigramme de programmation, programming flowchart.

Organisation, organization.

Organisation de fichier, file organization.

Organisation des programmes, functional arrangement of programs.

Organisation du travail, work assembly.

Organisme, authority.

Orienter, to steer *(un appareil).*

Orifice, orifice.

Original, subject copy *(fac-similé) ;* origin, original *(adj).*

Origine, origin.

Orin, pulling eye.

Orme, elm.

Orthiconoscope, orthicon, orthiconoscope.

Orthochromatique, orthochromatic.

Orthohélium, orthohelium.

Orthohydrogène, orthohydrogen.

Orthoradioscopie, orthoradioscopy.

Oscillant, oscillating, oscillatory, undulating ; rocking, swinging, vibrating, vibrative, vibratory *(méc).*

Oscillateur, exciter, excitor, oscillator, undulator.

Oscillateur à arc, arc converter.

Oscillateur autodyne, autodyne oscillator.

Oscillateur à battements, beat (*ou* beat-frequency *ou* beat-tone) oscillator.

Oscillateur de blocage, blocking oscillator.

Oscillateur à cavité résonnante, post oscillator.

Oscillateur à champ de freinage, retarding-field oscillator.

Oscillateur à commande par relaxation, squegger, squegging oscillator.

Oscillateur à couplage cathodique, electron-coupled oscillator, E.C.O.

Oscillateur à crevasse de grille, grid-dip oscillator.

Oscillateur à cristal, crystal (*ou* piezoelectric) oscillator.

Oscillateur à déphasage, phase-shift oscillator.

Oscillateur à fréquence variable, variable-frequency oscillator, V.F.O., signal shifter.

Oscillateur de Hertz, Hertzian oscillator.

Oscillateur à lignes coaxiales, coaxial-line oscillator.

Oscillateur à ondes amorties, máss radiator *(infrarouge)*.

Oscillateur pilote, master oscillator.

Oscillateur à réaction, autodyne (*ou* feedback) oscillator.

Oscillateur à réaction capacitive, capacity-feedback oscillator.

Oscillateur à réaction inductive, inductive-feedback oscillator.

Oscillateur de relaxation, relaxation oscillator, relaxor.

Oscillateur de service, alignment generator, service oscillator.

Oscillateur surcouplé, blocking oscillator.

Oscillateur télécommandé, labile (*ou* remote-controlled) oscillator.

Oscillateur transitron, negative-transconductance oscillator.

Oscillation, oscillation, swing, undulation, vibration *(sens général)* ; pendulum motion *(méc.)*.

Oscillation amortie, damped oscillation (*ou* vibration) ; dead-beat *(méc)*.

Oscillation entretenue, continuous (*ou* sustained) oscillation.

Oscillation forcée, forced oscillation (*ou* vibration).

Oscillation libre, free oscillation.

Oscillation parasite, singing *(tph)*.

Oscillation propre, natural oscillation, self-oscillation.

Oscillation de relaxation, relaxation (*ou* tilting) oscillation.

Oscillatoire, oscillating, oscillatory, vibrating, vibrative, vibratory.

Osciller, to oscillate.

Oscillogramme, cathode-ray trace, cyclogram, display, oscillogram, oscillograph, curve, pattern.

Oscillographe, oscillograph, curve tracer ; oscilloscope, scope.

Oscilloscope, cycloscope, electrokymoscope, oscillograph, oscilloscope, cope, scope.

Oscilloscope de dépannage, signal tracer.

Osmose, osmosis.

Osmotique, osmotic.

Ouate, cotton-wool, wad.

O.U. exclusif, exclusive OR.

O.U. inclusif, inclusive OR.

Outil, implement, tool.

Outil isolant, neutralizing tool.

Outil à molleter, knurling tool.

Outil tranchant, edged tool.

Ouvert, open, opened, unclosed, unconcealed, unlocked, unshut.

Ouverture, access fitting, aperture, hole, inlet, manhole, orifice, opening, vent ; flare factor *(cornet)* ; speed *(opt)*.

Ouverture d'aération, vent hole, ventilator.

Ouverture de fichier, file open.

Ouverture relative, angular aperture, aperture ratio, lens speed, stop.

Ouvrage à clin, lapwork.

Ouvrier, craftsman, worker.

Ouvrier spécialisé, qualified worker, specialist.

Ouvrir, to open, to unlock, to unstop.

Ouvrir un fichier, to open.

Ovale, oval.

Ovoïde, ovoid.

Oxydant, oxidizing, rusting.

Oxydation, oxidation, rusting.

Oxyde de carbone, carbon dioxide.

Oxygène, oxigen.

Ozone, ozone.

Ozoniseur, ozonizer.

Ozonomètre, ozonometer.

Ozonoscope, ozonoscope.

P

Package, package.

Padding, padding.

Page, page.

Pagination, paging.

Paginer, to page.

Paiement comptant pour matériel à emporter, cash and carry.

Paiement à terme, deferred payment.

Paille, flaw.

Pair, even, par.

Pairage, pairing.

Paire, pair.

Paire blindée, screened (*ou* shielded pair.

Paire coaxiale, coaxial pair, concentric line.

Paire trou-électron, hole-electron pair.

Pale, blade, wing.

Pale échancrée, notched blade.

Palette, paddle, tongue, vane ; armature *(relais)*.

Palier, axle bearing, bearing, socket ; porch *(tlv)* ; plateau *(d'une courbe)*.

Palier arrière, back porch *(tlv)*.

Palier avant, front proch *(tlv)*.

Palier à collets, journal bearing.

Pallesthésiomètre, pallesthesiometer.

Palmer, caliper, gauge tester, palmer.

Palpeur, follower, point electrode, pointer, testing spike, tracer.

Pan coupé, cant.

Panchromatique, pan, panchro, panchromatic.

Panne, breakdown, disturbance, failure, fault, trouble ; bit *(fer à souder)*.

Panne (en), laid-up, out of order.

Panne d'alimentation, pown failure.

Panneau, board, panel.

Panneau anti-réfléchissant, vertex plate.

Panneau arrière, back-end plate.

Panneau d'assemblage, mounting panel, rack.

Panneau avant, front panel (*ou* plate).

Panneau de câblage, wire board.

Panneau de charge, charging board.

Panneau de commande, switchboard control panel.

Panneau de commutation, jack panel.

Panneau compartimenté, duplex switchboard.

Panneau de contrôle, metering panel, test board.

Panneau à fiches, pinboard.

Panneau isolé, dead-front switchboard.

Panneau de mixage vidéo, video mixer.

Panneau de montage, panel framework.

Panneau réfléchissant, sound panel *(son)*.

Panneau sous tension, live-front switchboard.

Panoramique, pan, panning, tilting, panoramic, tilt *(adj)*.

Panoramique rapide, swish pan.

Panoramiquer, to pan, to tilt.

Pantographe, pantograph.

Papier, paper.

Papier buvard, blotting paper.

Papier calque, tracing paper.

Papier à dessin, drawing paper.

Papier émeri, crocus (*ou* emery) paper.

Papier goudronné, tar paper.

Papier millimétré, plotting scale, cross-section paper.

Papier de tournesol, litmus paper.

Papier de verre, sand paper.

Papillotement, flicker.

Papillotement auditif, aural flutter.

Papillottement chromatique, chromaticity flicker.

Paquet, batch, bunch.

Parabole, parabola.

Parabolique, parabolic, square-law.

Paraboloïde, paraboloid.

Paradiaphonie, near-end crosstalk *(tph)*.

Paraffine, paraffin.

Parafoudre, arrester, arrestor, discharge switch, discharger, earth (*ou* lightning) arrester, protective gap, surge diverter.

Parafoudre d'antenne, aerial discharger.

Parafoudre à cornes, horn arrester.

Parafoudre à gaz, gas-type arrester.

Parafoudre à peigne, gap arrester.

Parafoudre à pointes, notched-lightning arrester.

Parahélium, parahelium.

Parahydrogène, parahydrogen.

Paraison, gob.

Parallaxe, parallax.

Parallaxe (sans), parallax-free.

Parallèle, parallel.

Parallèle (en), across, shunt, shunt-fed.

Parallélépipède, parallelipiped.

Parallélépipédique, parallelipipedic, rectangular.

Parallélogramme, parallelogram.

Paramagnétisme, paramagnetism.

Paramètre, network constant, parameter.

Parasite, disturbance, interference, noise, nuisance, perturbance, scratch, stray ; clutter, snow, spottiness *(trc) ;* parasitic, parasitical, spurious, stray, undesired *(adj)*.

Parasite atmosphérique, atmospheric interference (*ou* noise), atmospherics, statics.

Parasite atmosphérique (sans), static-free.

Parasite industriel, local (*ou* man-made) interference (*ou* statics).

Parasite intermittent, random noise.

Parasites de transmission, keying chirps.

Parasoleil, camera hood, gobo, sunshade.

Paratonnerre, lightning conductor (*ou* protector).

Parcours, course, path, ray path, travel ; wavepath *(radio)*.

Parcours direct, direct ray *(radiations) ; v.* Onde de sol.

Parcours d'écho, echo (*ou* singing) path.

Parcours-énergie, range-momentum.

Pare-étincelles, arcing contact, burning tip, spark arrester.

Pare-feu, fire trap.

Parfait, perfect.

Parler, to talk.

Parleur, sounder.

Paroi, baffle, wall.

Paroi cryogénique, cryowall.

Paroi (à double), double-walled.

Paroi réfléchissante, live end, sound panel *(son)*.

Parole, speech, talk, word.

Part, part, share.

Partage des données, data sharing.

Partage de temps, time-sharing.

Partager, to divide, to share.

Particule, corpuscule, particle.

Particule α**,** alpha particle (*ou* ray), helion.

Particule β**,** beta particle (*ou* ray), electron.

Particule de désintégration, decay particle.

Particule nucléaire, nuclear particle, nucleon.

Particule de recul, delta ray *(dés)* ; recoil particle.

Partie, part, segment ; reel *(cin)*.

Partie antérieure, end face, front.

Partie postérieure, back face.

Partiel, fractional, partial.

Partition, partition.

Parution, publishing.

Pas, diametral pitch, gauge, lay, pitch *(dimension)* ; step *(point)*.

Pas à pas, step by step.

Pas des caractères, character pitch.

Pas d'entraînement, feed pitch.

Pas de sillonnage, diametral groove pitch *(disques)*.

Pas de vis, convolution, screw pitch.

Passage, change-over *(cin)*.

Passage direct (à), once-through.

Passage en machine, machine pass.

Passe, bead, cutting, layer.

Passe-bande, band-pass.

Passe étroite, bead.

Passer en revue, to check.

Passif, non-reactive, passive.

Passivité, passivity.

Pastille, chip.

Pastille de charbon, carbon contact.

Pâte à souder, solder (*ou* soldering) fat (*ou* flux).

Patin, collector shoe, pad, pan, shoe, slider.

Patiner, to slide, to slip, to spin.

Patronné, sponsored.

Patte d'éjection, ejector lug.

Patte de fixation, holding bar, lug.

Patte d'isolateur, fishplate.

Patte à souder, wiping gland (*ou* sleeve).

Pause, rest *(mus)*.

Pavillon, horn, mouth, mouthpiece.

Pavillon conique, conical horn.

Pavillon d'écouteur, earpiece.

Pavillon exponentiel, exponential horn.

Pavillon logarithmique, exponential horn.

Pavillon multicellulaire, cellular (*ou* sectoral) horn, split projector.

Pays, land.

P.C.M., abbreviation from « Pulse Code Modulation ».

Peau, skin.

Pechblende, pitchblende.

Pédale, foot-lever, footboard, pedal, pressel, switch, push-to-talk button *(tph)*.

Peigne, spray points.

Peinture, paint.

Pellicule, coat, coating, film, skin.

Pellicule d'oxyde, casting skin.

Pelure, peeling.

Pendule, clock *(horloge)* ; pendulum *(méc)*.

Pendule-mère, master clock.

Pendule de torsion, torsion pendulum.

Pénétramètre, radiosclerometer *(dés)* ; penetrometer, qualimeter.

Pénétration, penetration.

Pénétrer, to penetrate, to permeate.

Pentagonal, five-angled, pentagonal.

Pentagone, pentagon.

Pentagrille, heptode, pentagrid.

Pente, bias, declension, fall, inclination, incline, slant *(méc)* ; anode (*ou* mutual) conductance, grid-plate transconductance, slope *(radio)*.

Pente (en), pitched.

Pente de conversion, conversion conductance (*ou* transconductance *ou* slope).

Penthode, pentode, five-electrode (*ou* three-grid tube.

Penthode haute fréquence, H.F. (*ou* screen) pentode.

Perçage, boring, drilling, holing through.

Percement, breakdown, electric breakdown, puncture, rupture.

Percer, to bore, to drill, to pierce *(un*

trou) ; to break down, to disrupt *(électr.)*.

Perceuse, boring (*ou* broaching *ou* drilling) machine.

Perceuse d'établi, bench-drilling machine.

Perceuse à main, hand drill.

Perche d'essai d'isolement, buzz stick.

Perditance, leak conductance.

Perdre, to lose.

Père, master *(disques)*.

Perfectionnement, advance, improvement.

Perforateur, notcher, perforator, puncher, punching machine.

Perforation, notch, perforation, punch, punch hole.

Perforation série, gang punching.

Perforatrice, card punch.

Perforatrice imprimante, punting card punch.

Perforer, to drill, to notch, to perforate, to punch *(un trou) ;* to break down, to disrupt *(électr.)*.

Perforeuse (de cartes), card puncher.

Performance, performance.

Périlune, pericynthion.

Périmètre, perimeter.

Période, cycle, orb, oscillation (*ou* periodic) time, period.

Période d'arrêt, down time.

Période critique, critical path.

Période de décélération, stop time.

Période d'extinction, decay time.

Période d'impulsions, impulse (*ou* pulse) period.

Période d'installation, set up time.

Période propre, natural period.

Période de radioactivité, half-time, disintegration time (*ou* rate).

Période de réverbération, reverberation time.

Périodicité, periodicity, recurrence frequency.

Périodique, cyclic, cyclical, ever-recurring, periodic, periodical, recurrent.

Périphérie, periphery.

Périphérique, circumferential, peripheral.

Périphérique multiprogramme, spool-spooling.

Périscope, periscope.

Perle, bead, pearl, stud.

Perle céramique, ceramic bead.

Perle oblongue, fish-spine bead.

Permanence, permanence, steadiness.

Permanent, constant, continuous, lasting, livelong, permanent, standing, steady, still.

Perméabilité, permeability, barrier factor.

Perméabilité équivalente, recoil permeability.

Perméabilité relative, space permeability.

Perméable, permeable, pervious.

Perméamètre, permeameter, vectometer.

Perméance, permeance.

Permis, authorization, grant, licence, permit.

Permissif, permissive.

Permittivité, permittivity.

Permutation circulaire, circular shift.

Permutatrice, commutator rectifier.

Permuter, to permutate.

Peroxyde, peroxide.

Perpendiculaire, endways, endwise, normal, perpendicular.

Perpétuel, everlasting, perpetual.

Persistance, afterglow, after-effect, persistence, decay time, hangover, remanence, retentivity ; stretching, tail, long tail, tailing.

Personnel, crew, personnel, staff.

Perspective, appearance, perspective, vista.

Perspective sonore, auditory (*ou* sound) perspective.

Perte, loss, waste.
Perte (sans), lowless, non-lossy.
Pertes (à faibles), lowloss.
Pertes en charge, impedance losses.
Pertes dans le cuivre, copper losses.
Pertes diélectriques, dielectric losses.
Pertes par effet Joule, ohmic (*ou* resistance) losses.
Pertc d'énergie, energy loss, degradation.
Pertes dans le fer, core (*ou* iron) losses.
Pertes par frottement, frictional losses.
Pertes par hystérésis, hysteresis losses.
Perte d'insertion, insertion loss.
Pertes en ligne, line drop, power losses.
Pertes par rayonnement, radiation losses.
Pertes par réflexion, return losses.
Pertes à la terre, ground leak.
Perte transductique, transducer loss.
Pertes par transfert, transfer (*ou* transition) losses.
Pertes à vide, no-load losses.
Perturbation, disturbance, nuisance, perturbance, trouble.
Perturber, to disturb, to trouble.
Pesant, cloggy, heavy.
Pesanteur, gravity, weight.
Pèse-acide, acidometer, areometer, densimeter, hydrometer.
Pétale, lobe.
Pétoscope, petoscope.
Pétrole, crude oil, petrol, petroleum.
Pétrole lampant, *(USA)* paraffin oil, *(GB)* paraffin.
Peuplier, poplar.
P. ex. *(par exemple)* by example, e.g.
pH, hydrogen-ion concentration, pH.
pH-mètre, pH-meter.
Phanotron, phanotron.
Phare, beacon *(tous sens)* ; searchlight *(projecteur)*.
Phare d'automobile, headlamp, headlight.
Phase, phase.
Phase (en), active, in-phase, in-step, time-phased, cophasal.
Phase d'exécution, execute phase.
Phasemètre, phasemeter.
Phasemètre, phasemeter.
Phénomène, phenomenon (*pl.* Phenomena).
Phone, phon, phone.
Phonème, phoneme.
Phonemètre, phonemeter.
Phonétique, phonetic.
Phonique, sound.
Phonocardiogramme, phonocardiogram.
Phonoélectrocardioscope, phonoelectrocardioscope.
Phonogramme, audiogram, phonogram, sound trace.
Phonographe, gramophone, phonograph, record player.
Phonomètre, phonometer.
Phosphore, phosphorus.
Phosphoré, phosphurated.
Phosphorescence, phosphorescence, afterglow, afterluminescence.
Phosphorescent, phosphorescent.
Phot, phot.
Photocathode, photocathode.
Photochimique, photochemical.
Photoconducteur, light-positive, photoconductive, photopositive.
Photoconductibilité, photoconductivity.
Photodésintégration, photodisintegration.
Photoélectricité, photoelectricity.
Photoélectrique, photoelectric, photoelectrical.
Photoélectroformage, photodeposition.
Photoélectron, photoelectron.
Photofission, photofission.
Photogénique, photogenic ; telegenic *(tlv)*.

Photographe, photographer.

Photographie, photography, shooting ; still *(épreuve)*.

Photographie noir et blanc, black-and-white (*ou* B.W.) photography.

Photogravure, photogravure. Photolithography.

Photoluminescence, photoluminescence.

Photolyse, photodissociation, photolysis.

Photomagnétique, photomagnetic.

Photoméson, photomeson.

Photomètre, lamp tester, light meter, photometer.

Photomètre de Bunsen, Bunsen photometer.

Photomètre à intégration, integrating photometer.

Photomètre à ombre, Rumford (*ou* shadow) photometer.

Photomètre à papillotement, flicker photometer.

Photomètre à tache d'huile, Bunsen (*ou* grease *ou* grease-spot) photometer.

Photométrie, photometry.

Photométrique, photometer, photometric.

Photoneutron, photoneutron.

Photophone, photophone.

Photophorèse, photophoresis.

Photopique, photopic.

Photoproton, photoproton.

Photorésistant, light-negative, photonegative, photoresistive.

Photosensibilité, light (*ou* luminous) sensitivity, photosensitivity.

Photosensible, light-sensitive, photosensitive.

Photostyle, light pen, selector pen, light sensor.

Phototéléphonie, phototelephony.

Photovoltaïque, photoelectrolytic, photolytic, photovoltaic.

Physicien, physicist.

Physisorption, physisorption.

Physique, physics ; physical *(adj)*.

Physique nucléaire, nuclear physics, nucleonics.

Pick-up, pickup, phonoreproducer, reproducer.

Pick-up acoustique, sound box.

Pick-up à cristal, crystal (*ou* piezoelectric) pickup.

Pick-up électrodynamique, dynamic pickup.

Pick-up électromagnétique, magnetic pickup.

Pick-up électrostatique, capacitor (*ou* condenser) pickup.

Pick-up piézoélectrique, crystal (*ou* piezoelectric) pickup.

Pièce, piece *(objet)* ; room *(chambre)*.

Pièce d'arrêt, stopper.

Pièce brute, blank.

Pièce détachée, component, part, renewal (*ou* single *ou* spare) part.

Pièce fondue, metal casting.

Pièce en fonte, casting.

Pièce forgée, forging.

Pièce de passage, pass piece.

Pièce polaire, pole piece (*ou* tip).

Pièce rapportée, patch.

Pièce de traversée, passage fitting.

Pied, foot (*pl.* feet) ; leg *(support)* ; toe *(d'une courbe)*.

Pied télescopique, stretching leg.

Piège, trap ; beam catcher *(cible)* ; choke *(inductance)*.

Piège à air liquide, liquid-air trap.

Piège à flux, flux trap.

Piège à ions, ion trap *(trc)*.

Pierre ponce, pumice stone.

Pieu, stake.

Piézoélectricité, piezoelectricity.

Piézoélectrique, piezoelectric, piezoelectrical.

Pige, measuring wire.

Pignon, cogwheel, pinion.

Pignon d'angle, mitre gear.

Pignon conique, bevel wheel.

Pile, battery, cell, element, galvanic cell, stack.

Pile argent-zinc, smee cell.

Pile auto-régénératrice, *v.* Pile surgénératrice.

Pile au bichromate, bichromate cell.

Pile à bouilleur, boiler reactor *(én. atom.)*.

Pile Bunsen, Bunsen cell.

Pile au chlorure d'ammonium, sal ammoniac cell.

Pile à combustible, fuel cell.

Pile couveuse, v. *Pile surrégénératrice.*

Pile à dépolarisation par l'air, air cell.

Pile à deux électrolytes, two-fluid cell.

Pile double fonction, dual-purpose reactor *(én. atom.)*.

Pile humide, wet cell.

Pile non amorcée, inert cell.

Pile de polarisation, bias cell.

Pile régénérable, regenerative cell.

Pile à sac, sack cell.

Pile sèche, dry battery (*ou* cell).

Pile surrégénératrice, breeder pile (*ou* reactor).

Pile thermoélectrique, thermopile.

Pile usée, weak cell.

Pilier, pillar.

Pilotage, control, guidance, monitoring.

Pilotage piézoélectrique, crystal control (*ou* drive).

Piloté, controlled, driven, monitored, piloted.

Piloté par quartz, crystal-controlled, crystal-driven.

Piloter, to control, to drive, to monitor, to pilot.

Pin, pinewood.

Pince, claw, clip *(sens général)* ; pincers, pliers, tongs *(outil)*.

Pince à accumulateur, battery clip.

Pince à bec de canard, duck-bill pliers.

Pince à connexions, Fahnestock clip, wire pliers.

Pince coupante, cutting-off pliers, nippers, wire cutter.

Pince coupante oblique, side-cutting pliers.

Pince crocodile, alligator clip.

Pince à fusibles, fuse tongs.

Pince à long bec, long-nose pliers.

Pince plate, flat-nose pliers.

Pince porte-électrode, electrode holder.

Pince à ressort, clamping spring.

Pince ronde, round tongs.

Pince à sertir, crimping pliers.

Pince à souder, gun welder.

Pince universelle, bull-nose (*ou* combination) pliers.

Pincement, pinch, stem.

Pincer, to pinch.

Pipe d'antenne, lead-in pipe.

Piquer, to chip.

Piquet, rod stake.

Piquetage, surveying.

Piste, runway, strip *(aérodrome)* ; track *(cin)*.

Piste d'atterrissage, landing strip.

Piste à densité fixe, variable-area track.

Piste à densité variable, variable-density track.

Piste double, bilateral-area (*ou* dual) track *(cin)*.

Piste d'essai de bruits, buzz track *(cin)*.

Piste de fréquences hululées, warble-tone track.

Piste à largeur variable, squeeze track.

Piste de lecture, reading track.

Piste magnétique, magnetic track.

Piste pilote, control (*ou* pilot *ou* cue) track.

Piste simple, single (*ou* standard *ou* unilateral-area) track.

Piste sonore, sound track *(cin)*.
Piste vidéo, video track.
Pistolet, spray-gun.
Pistolet à air chaud, heat gun.
Piston, piston, sucker.
Piston à lames de contact, bucket piston (*ou* plunger).
Pistonphone, pistonphone.
Pivot, gudgeon, pivot, spingle, swivel.
PL/I, abbreviation from « Programming Language One ».
Placage, veneering.
Place, place, rank.
Placer, to lay, to lay out, to lie, to place, to set.
Plafond, ceiling.
Plafond cloisonné, louverall ceiling.
Plafonnier, ceiling fitting, skylight, toplight *(cin)*.
Plage lumineuse, highlight.
Plage de gris, achromatic color.
Plage de pleine échelle, full scale range.
Plage de sensibilité, *(USA)* lock-in range, *(GB)* collecting zone *(trc)*.
Plan, erection drawing, general assembly, layout, plan *(dessin)* ; even, non-curling, plain, plane *(adj)*.
Plan d'absorption, absorption plane ; *(USA)* capture area.
Plan de câblage, wiring diagram.
Plan focal, focal plane.
Plan logique, logic card.
Plan de montage, assembly drawing, layout.
Plan moyen, medium shot *(cin)*.
Plan de réseau, trunking diagram.
Planche, board, plank, sheet, shelf.
Planche à dessin, drawing board.
Planer, to flatten, to plane.
Planification, planning.
Planifier, to schedule.
Planimètre, planimeter.
Planimétrie, planimetry.
Plaque, plate *(sens général)* ; anode *(tube)* ; sheet *(feuille)*.
Plaque de base, bed plate.
Plaque collectrice, collector (*ou* signal) plate *(tlv)*.
Plaque de condensateur, capacitor (*ou* condenser) plate.
Plaque de déviation, baffle plate, compressor, deflecting (*ou* deflection *ou* deflector) plate, deflector.
Plaque de déviation horizontale, X-plate *(trc)*.
Plaque de déviation verticale, Y-plate *(trc)*.
Plaque empâtée, pasted plate.
Plaque d'étanchéité, tightening plate.
Plaque de fermeture, coverplate.
Plaque de montage, mounting plate, base board (*ou* plate).
Plaque tubulaire, flue sheet.
Plaquer, to coat, to plate.
Plaquette de connexion, fanning strip, terminal block (*ou* board *ou* strip).
Plaquette indicatrice, label.
Plaquette d'interversion, transposition block *(fils d'antenne)*.
Plasma, plasma.
Plasma gun, canon à plasma.
Plasma torch, chalumeau à plasma.
Plat, flat, ribbon-shaped.
Plateau, plate, plateau ; turntable *(phono)* ; set, stage *(cin, tlv)*.
Plateau mobile, bolster.
Plateau de tour, lathe-face plate.
Plateforme, landing, platform.
Platine, mounting (*ou* pillar) plate, plate, platin ; platinum *(métal)*.
Pleine charge (à), full-load.
Pleurage, wow.
Plexiglas *(dés)*, lucite *(USA)* ; perspex *(GB)*.
Pliage, bend, lapping.
Pliage à bloc, full bending.

Plomb, lead *(métal)* ; plumb *(poids)* ; fuse *(fusible)*.

Plomb de garantie, seal.

Plombé, lead-coated, lead-covered *(de plomb)* ; sealed *(sécurité)*.

Plomber, to seal *(sceller)*.

Plongée, bird's eye view *(cin)*.

Plonger, to dip, to plunge, to steep.

Plongeur, plunger ; stub, transverse plate, tuning wand, wand *(guides d'onde)*.

Plongeur à vis, tuning screw *(guides d'onde)*.

Plot, contact stud, stud, step, stop.

Plot central, bottom contact.

Pluralité, plurality.

Pneumatique, pneumatic.

Poche, pocket.

Pochette, bag, pocket.

Poids, load, poise, weight.

Poids atomique, atomic weight.

Poids brut, gross weight.

Poids moléculaire, molecular weight.

Poids mort, dead weight.

Poids net, net weight.

Poids spécifique, specific gravity.

Poids à vide, empty weight.

Poids volumique, specific gravity.

Poignée, grip, haft, handle, helve.

Poignée de manivelle, crank handle.

Poinçon, dye, gad, piercer, punch, stamp.

Poinçonnage, punching, stamping.

Poinçonneuse, puncher, stamper, stamping machine.

Point, address, dot, marker, point, spot, step.

Point d'accumulation, *(USA)* hold range, *(GB)* retaining zone.

Point d'amarrage, anchor *(ou* tie) point.

Point d'appui, bearing point, center of motion, fulcrum.

Point de congélation, freezing point.

Point de contrôle, check point.

Point de coupure, break point.

Point de Curie, Curie point, magnetic transition temperature.

Point de dérive, runaway point.

Point d'ébullition, boiling (*ou* initial boiling) point.

Point d'équilibre, null point.

Point de fonctionnement, operating (*ou* quiescent *ou* working) point.

Point de fuite, vanishing point.

Point de fusion, freezing (*ou* fusing *ou* fusion) point.

Point de mesure, measuring (*ou* test) point.

Point mort, backlash, dead (*ou* neutral) center (*ou* point *ou* spot).

Point mort bas, bottom (*ou* lower) dead center (*ou* point *ou* spot).

Point mort haut, upper dead center (*ou* point *ou* spot).

Point nodal, nodal point, node.

Point par point, stage-by-stage, step-by-step.

Point de référence, achromatic (*ou* white) point *(triangle des couleurs)* ; reference point *(sens général)*.

Point de réglage, check point.

Point de rosée, dew point.

Point sombre, black, dark spot.

Point de vente, point of sale.

Pointage, pointing.

Pointe, apex, center, gad, peak, point ; air terminal *(parafoudre)* ; surge *(crête de courant)* ; tack, pin *(méc.)*.

Pointe à centrer, centring pin.

Pointe de contact, prod, sonde.

Pointe d'électrode, electrode tip.

Pointe de lecture, pick-up stylus.

Pointe métallique, needle point.

Pointe sans tête, brad.

Pointeau, center punch.

Pointeur, designator, printer.

Pointillés, dotted line.

Pointu, nibbled, sharp.

Poix, pitch.

Polaire, polar.

Polarimètre, polarimeter.

Polarisant, polarizing.

Polarisation, polarization *(sens général)* ; bias *(tubes)*.

Polarisation anodique, anodic polarization.

Polarisation automatique, self-bias ; detector-balanced bias *(radar)*.

Polarisation automatique de grille, automatic-grid bias.

Polarisation de cathode, cathode bias.

Polarisation cathodique, cathodic polarization.

Polarisation de coupure, cutoff bias, *(GB)* grid base.

Polarisation électrolytique, electrolytic polarization.

Polarisation élevée, remote cut-off.

Polariscope, orioscope, polariscope.

Polarisé, polarized.

Polariseur, polarizer.

Polarité, polarity.

Polarité normale, straight polarity.

Polarographe, polarograph.

Pôle de commutation, commutating pole, interpole.

Pôle conséquent, consequent pole.

Pôle inducteur, field pole.

Pôle saillant, salient pole.

Poli, burnished, ground, polished, smoothed, unscratched.

Polir, to burnish, to grind, to lap, to polish, to smooth.

Polissage, buffing, buffing coloring, cutting-down, grinding, finishing, polishing, smoothing.

Polisseuse, surface grinder.

Polychromatique, polychromatic, polychrome.

Polyèdre, polyhedron.

Polyédrique, polyhedral.

Polygonal, many-angled, many-cornered, many-sided, multilateral, polygonal.

Polygone, polygon.

Polymère, polymer.

Polymètre, all-purpose meter, multimeter, polymeter, testing box, voltammeter, volt-ohm-milliammeter.

Polynôme, polynome, polynomial.

Polyphasé, multiphase, polyphase.

Polyradiamètre, multiprobe radiation meter.

Polystyrène, polystyren.

Pomme d'arrosage, sprinkler.

Pompage, cleaning-up, evacuation, exhaustion, pumping, pumping-out.

Pompage optique, optical pumping.

Pompe, pump.

Pompe d'alimentation, donkey engine.

Pompe aspirante, sucking (*ou* suction) pump.

Pompe à diffusion, diffusion pump.

Pompe foulante, force (*ou* forcing) pump.

Pompe moléculaire, molecular pump.

Pompe à palettes, rotary pump.

Pompe préliminaire, roughing pump.

Pompe primaire, fore (*ou* backing *ou* primary) pump.

Pompe primaire d'entretien, holding pump.

Pomper, to clean up, to evacuate, to exhaust, to pump, to suck.

Ponctuel, point.

Pont, bridge.

Pont d'accord, matching stub *(guide d'onde)*.

Pont de capacités, capacitance bridge.

Pont à curseur, slide bridge.

Pont de dépannage, fault-localizing bridge.

Pont équilibré, electric balance.

Pont à fil, slide-wire bridge.

Pont d'impédances, impedance (*ou* inductance) bridge.

Pont de mesures, comparison (*ou* measuring) bridge.

Pont de mesures rapides, limit bridge.

Pont de Miller, Miller bridge.

Pont roulant, overhead traveller, traveling crane.

Pont de Wheatstone, Wheatstone bridge.

Pont de Wien, Wien bridge.

Porcelaine, porcelain.

Pore, pore.

Poreux, porous, spongy.

Porosité, porosity.

Portant, bank, flat, ground row, pillar.

Portant mobile, float.

Portatif, mobile, portable, transportable, wearable.

Porte, door, gate, lid.

Porte abattante, drop-down door.

Porte-aiguille, chuck, needle holder.

Porte-balai, brush gear (*ou* holder).

Porte bipolaire, bipolar gate.

Porte-cavité, cavity holder (*ou* retainer).

Porte-charbon, carbon holder.

Porte « ET », « AND »-gate.

Porte-film, rack.

Porte-foret, chuck.

Porte-fusible, fuse block (*ou* holder).

Porte « NI », « NOR » gate.

Porte « NON », « NOT », gate.

Porte « NON-ET », « NAND » gate.

Porte unipolaire, unipolar gate.

Portée, bearing *(support)* ; radius, range, reach, span, throw *(distance)*.

Portée (à courte), short-range.

Portée (à longue), long-range.

Portée diurne, day range.

Portée nocturne, night range.

Portée optique, line of sight, optical (*ou* visual) range.

Portée utile, skip distance.

Porteur, carrier.

Porteur électrisé, charge carrier.

Porteurs majoritaires, majority carriers.

Porteurs minoritaires, minority carriers.

Porteuse, carrier, carrier wave.

Porteuse son, sound carrier.

Porteuse vidéo, image (*ou* picture *ou* pix *ou* video) carrier.

Portion utile de ligne, available line, *(fac-similé)*.

Pose, exposure *(photo)* ; laying, setting *(un objet)*.

Pose de câble, cable laying.

Posemètre, exposure (*ou* illumination *ou* light) meter.

Poser, to lay, to place, to set *(un objet)* ; to expose *(photo)*.

Positif, p-type, plus, positive.

Position « A » à clefs, A-position keysending *(tph)*.

Position d'attente, standby.

Position de réception, A (*ou* B) -position *(tph)*.

Position de repos, home (*ou* homing) position, reverse contact.

Position de trafic, A-position demand working *(tph)*.

Positon, positron, anti-electron.

Possibilité, ability, possibility.

Post-combustion, reheat.

Poste, station ; receiver, set.

Poste de blocage, block-post.

Poste de commande, control station.

Poste d'écoute, intercept (*ou* listening) station (*ou* post).

Poste de lecture, read station.

Poste principal d'abonné, main station.

Poste récepteur, radio, receiving set.

Poste de soudure, electric welder, welding outfit.

Poste supplémentaire d'abonné, extension station *(tph)*.

Poste de travail, workstation.

Poste vacant, vacancy.

Post-accélération, after-acceleration.

Post-synchronisation, post-scoring, post-synchronization.

Pot, pot, pot core.

Pot d'injection, transfer chamber (*ou* pot *ou* well).

Potasse, potash.

Poteau, mast, pole, pylon.

Poteau double de ligne, A-pole.

Potée d'émeri, emery dust.

Potée d'étain, pewter.

Potelet, rigid support, console.

Potence, hanger.

Potentiel, potential, voltage.

Potentiel de contact, contact e.m.f. (*ou* potential), volta effect ; liquid-junction potential *(électrolytes)*.

Potentiel d'équilibre, equilibrium potential.

Potentiel explosif, disruptive voltage.

Potentiel d'ionisation, firing (*ou* ionization *ou* ionizing *ou* appearance) potential.

Potentiel magnétique, magnetic potential.

Potentiel de la terre, earth (*ou* ground *ou* zero) potential.

Potentiomètre, adjustable-potential (*ou* adjustable-voltage) divider, potentiometer.

Potentiomètre anti-ronfle, hum potentiometer.

Potentiomètre de réglage, fader.

Poudre, dust, powder.

Poudre de charbon, flour.

Pouf d'air, air puff.

Poulie, pulley, sheave.

Poulie coulissante, lathe tailstock.

Poulie d'entraînement, driving pulley.

Poulie folle, idler (*ou* loose) pulley.

Poulie à gradins, vee pulley.

Poulie motrice, driver.

Poulie-tendeur, rope pulley.

Poupée motrice, lathe headstock.

Pourcentage, percent, percentage, ratio.

Pourcentage d'articulation, word articulation.

Pourcentage de distorsion, distortion ratio, harmonic content.

Pourcentage d'erreur, error percentage.

Pourcentage de surdité, deafness, hearing loss.

Pourcentage d'utilisation, operation (*ou* output) factor.

Poursuite, tracking, following.

Poursuite automatique, automatic tracking, A.T.

Poursuite continue, angle tracking.

Poussée, thrust.

Poussée longitudinale, end-thrust.

Pousser, to push, to shift, to shove, to thrust.

Poussière, dust.

Poussoir, push-button, tappet.

Poutre, balk, beam, rafter.

Pouvoir, ability, ableness, capacity, power.

Pouvoir d'absorption, absorption capacity.

Pouvoir de coupure, breaking capacity.

Pouvoir émissif, emissive (*ou* emitting *ou* radiating) power, emissivity.

Pouvoir inducteur spécifique, dielectric coefficient, inductivity, permittivity, specific inductive capacity.

Pouvoir rotatoire, optical rotation.

Pouvoir séparateur, resolution, resolving power.

Pouvoir thermoélectrique, thermoelectric power.

P.P.I. à alignement automatique, azimuth-stabilized P.P.I. *(radar)*.

Préaccentuation, predistortion, pre-emphasis.

Préamplificateur, booster (*ou* driver *ou* driving *ou* head *ou* input *ou* speech) amplifier, preamp, preamplifier.

Préamplification, preamplification, pre-emphasis.

Préavis, notice.

Préchauffage, preheating.

Précipitation électrique, electric precipitation.

Précis, accurate, fine, precise, sharp, sharply.

Précision, accuracy, accurateness, fineness, positiveness, precision.

Précorrection, predistortion.

Prédéformer, to predistort.

Préenregistrer, to prerecord *(sens général)* ; to prestore *(mach. à calc)*.

Préfabriqué, preassembled.

Préfixe, code letter, prefix ; routine code.

Prémagnétisation, premagnetization.

Premier plan, foreground.

Préparation des travaux, job assembly.

Préréglé, custom-tuned, preset, pretuned.

Presbyte, far-sighted, long-sighted.

Présélecteur, preselector.

Présélection, preselection.

Présentation, appearance.

Pressage, molding.

Presse à emboutir, flanging press.

Presse à filer, extrusion press.

Presse à forger, forging press.

Presse mécanique, power press.

Presse à percussion, stam ping press.

Presse à rectifier, forming (*ou* straightening) press.

Presse à tréfiler, drawing press.

Presser, to depress, to press, to stamp, to thrust.

Pression, pressure.

Pression d'amorçage, priming pressure.

Pression constante, continuous pressure.

Pression minimale, minimum (*ou* blank-off) pressure.

Pression normale, stylus drag *(graveur)* ; rated (*ou* regular) pressure *(gaz)*.

Pression primaire, forepressure.

Pression de radiation, radiation pressure.

Pression sonore, sound pressure, sound-pressure level.

Pression sonore efficace, effective sound pressure.

Pression sonore instantanée, excess sound pressure.

Pression de vapeur, vapour pressure.

Presspahn, fishpaper, pressboard.

Présynchronisation, prescoring.

Prétraduction, pretranslation *(tph)*.

Preuve, proof, touch.

Prévidage, pre-exhaustion.

Prévision, forecast.

Prévoir, to foresee.

Primaire, primary.

Primaire à bande étroite, coarse primary *(tlv coul.)*.

Primaire à bande large, fine primary *(tlv coul.)*.

Primaire irréelle, non-physical primary.

Primaire prépondérante, luminance primary.

Primaire principale, fine chrominance primary *(opt)*.

Prime (′), prime.

Principal, main, major, master, primary, principal.

Principe d'incertitude, indeterminancy (*ou* indetermination *ou* uncertainty) principle.

Prioritaire, foreground.

Prise, tap.

Prises (à), tapped.

Prise de bobine, coil tap.

Prise de casque, headphone adapter.

Prise de courant, convenience receptacle, outlet, plug, plug socket, point, receptacle, socket, tapping.

Prise de courant encastrée, cannon plug.

Prise de courant murale, wall receptacle.

Prise d'eau, hydrant.

Prise intermédiaire, tapping point.

Prise lumière, lighting outlet.

Prise médiane, center tap, electrical center.

Prise pick-up, phono (*ou* pickup) adapter, phonograph connection.

Prise de terre, earth (*ou* ground) system, equipment ground, ground connection.

Prise de terre d'abonné, service ground.

Prise de terre multiple, ground mat.

Prise de vue en bascule, canted (*ou* tilted) shot.

Prise de vues, pickup, scoop, shot, shooting, take.

Prise de vues décadrée, off-over shot.

Prise de vues en direct, live pickup (*ou* talent) *(tlv).*

Prise de vues à distance, long shot.

Prise de vues image par image, stop-motion shooting (*ou* shot).

Prismatique, corrugated, prism, prismatic.

Prisme, prism, wedge.

Prisme basculant, dove prism.

Prisme de Nicol, Nicol prism.

Prisme redresseur, erecting prism.

Prisonnier, grub screw, insert.

Prix, cost, price.

Prix d'achat, buying price.

Prix de revient, cost price, prime cost.

Prix de vente, selling price.

Probabilité, probability, chance.

Problème, problem.

Procédé, procedure, process.

Procédure, procedure.

Processeur, processor.

Processeur de langage, language processor.

Processeur universel, general purpose processor.

Production, production.

Production assistée par l'ordinateur, computer aided manufacturing (C.A.M.).

Production d'états, listing.

Production en série, mass production.

Production télécommandée, robotics.

Produire, to deliver, to generate, to produce, to yield.

Produit, product.

Produit d'admission, admixture.

Produits chimiques, chemicals.

Produit de désintégration, daughter, decay product.

Produit final, end product.

Produit fini, finished blank.

Produit de fission, active (*ou* fission) product.

Produit à polir, brightener.

Produit scalaire, inner product *(dés) ;* dot (*ou* scalar) product.

Produit stabilisateur, buffer salt.

Produit vectoriel, outer product *(dés) ;* cross (*ou* vector) product.

Profil, contour, form, profile, section, shape.

Profilé, formed, profiled, shaped, streamlined.

Profiler, to form, to profile, to shape.

Profond, deep.

Profondeur, depth.

Profondeur de champ, field depth.

Profondeur de foyer, focus depth.

Profondeur de modulation, modulation depth.

Progiciel, software package.

Programmation, programming, coding.

Programmation absolue, absolute, coding.

Programmation numérique, numeric coding.

Programme, program, schedule ; word *(mach. à calc.)*.

Programme analyseur, analyser program.

Programme d'assemblage, assembly program.

Programme de commande, control program.

Programme de compilation, compiling program.

Programme directeur, executive routine.

Programme machine, machine program.

Programmeur de machine-outils, parts programmer.

Programme non patronné, sustaining program.

Programme objet, object program.

Programme optimal, minimum access routine *(mach. à calc.)*.

Programme patronné, sponsored program.

Programme de réserve, standby, standby program.

Programme source, source program.

Propagation troposphérique, tropospheric (*ou* duct) propagation.

Programme de télévision, telecast.

Programmeur, programmer.

Progressif, progressive, sequential, step-by-step.

Progression arithmétique, arithmetic series.

Projecteur, projector *(sens général)* ; beacon, floodlight, searchlight *(lumière)*.

Projecteur d'ambiance, modeling light.

Projecteur anti-brouillard, fog lamp (*ou* light).

Projecteur d'appoint, booster (*ou* fill) light.

Projecteur arrière d'auto, back-up lamp (*ou* light).

Projecteur d'atterrissage, landing area floodlight.

Projecteur convergent, focused (*ou* intensive) projector.

Projecteur de diapositives, stereopticon.

Projecteur dispersif, apron floodlight (*ou* projector).

Projecteur divergent, extensive projector.

Projecteur double, double *(cin)*.

Projecteur extensif, extension projector.

Projecteur de fond, backlight *(cin)*.

Projecteur grand angle, broadside *(cin)*.

Projecteur intensif, cone light, focused (*ou* intensive) projector, spotlight.

Projecteur à main, pistol light.

Projecteur en nappe, apron floodlight.

Projecteur ponctuel, Houdini eye-light.

Projecteur de profil, shadowgraph.

Projection, projection.

Projection de Mercator, equal-area web.

Projection par transparence, background (*ou* rear) projection.

Projet, design, draft, draught, plan, planning, scheme.

Projet (en), hypothetical.

Projeter, to design, to model, to plan ; to flood *(lumière)*.

Projeteur, designer, draftsman.

Prolongation, protraction.

Promoteur, designer.

Propagation, propagation.

Propagation directe, direct (*ou* tangential) propagation.

Propagation ionosphérique, sky (*ou* space) propagation.

Propagation troposphérique, tropospheric propagation.

Propagation troposphérique, tropospheric (*ou* duct) propagation.

Proportion, proportion.

Proportion isotopique, abundance ratio.

Proportion de mélange, atomic ratio *(en nombre d'atomes).*

Proportionnalité, proportionality, proportionateness.

Proportionnel, proportional.

Proposition, order.

Proposition de prix, quotation.

Propre, clean *(propreté) ;* natural *(propriété).*

Propreté, cleanliness, cleanness.

Propriété, feature, nature.

Propulsion, propulsion.

Prospectus, bill.

Protecteur, protecting, protection, protective.

Protection, armor, guard, protection, shielding.

Protection des données, data protection.

Protection des fichiers, file protection.

Protection par télérelais, distance protection.

Protégé, enclosed, protected, sealed-in, shielded.

Protégé (contre les bruits ambiants), anti-sidetone *(tph).*

Protégé (contre les chocs), impact-proof, shockproof, shock-resistant.

Protégé (contre les corps étrangers), dripproof, driptight, splashproof.

Protégé (contre l'eau), watertight, waterproof.

Protégé (contre le givre), sleetproof.

Protégé (contre l'humidité), moisture-proof (*ou* repellent *ou* resistant *ou* tight).

Protégé (contre l'incendie), fireproof, fire-resistant.

Protégé (contre les moisissures), fungiproof, fungus-proof.

Protégé (contre la pluie), rainproof, raintight.

Protégé (contre les poussières), dirt-proof, dirttight, dustproof, dust-tight.

Protégé (contre les radiations), anti-rad, radiation-proof, radiation-resistant.

Protégé (contre les surtensions), surgelimited, surgeproof, surge-protected.

Protégé (contre les vapeurs), vapor-tight.

Protégé (contre le vent), windproof, windtight.

Protocole, protocol.

Protocole de dialogue, handshake.

Proton, H-particle, proton.

Proton négatif, antiproton.

Protosphère, protosphere.

Prototype, engineering sample.

Protoxyde, monoxide, protoxide.

Pseudoaléatoire, pseudorandom.

Pseudo-périodique, pseudoperiodic.

Psophomètre, psophometer.

Psychique, psychical.

Psychogalvanomètre, pathometer, psychogalvanometer.

Psychosomatographe, psychosomatograph.

Puce, chip.

Puisard, sump.

Puissance, energy, power ; volume *(acoust.) ;* wattage *(électr.).*

Puissance acoustique, loudness.

Puissance active, actual (*ou* active *ou* combined *ou* real *ou* true *ou* wattfull) power.

Puissance apparente, apparent power.

Puissance constante, constant power.

Puissance de crête, peak power.

Puissance de crête d'impulsions, pulse power.

Puissance déwattée, reverse power.

Puissance dispersive, dispersive power.

Puissance disponible, firm power.

Puissance dissipée, I^2R loss.

Puissance effective, effective signal radiated *(radio)*.

Puissance effective moyenne, mean effective pressure *(acoust.)*.

Puissance électromécanique, electrical horse-power.

Puissance émise, radiated power.

Puissance fictive, fictitious power.

Puissance fournie, delivered power.

Puissance au frein, brake (*ou* friction) horse-power, B.H.P.

Puissance (à grande), superpower.

Puissance hydraulique de réserve, dump power.

Puissance instantanée, short-time rating.

Puissance massique, specific power.

Puissance maximum instantanée, peak-signal level.

Puissance perturbatrice, crosstalk volume *(tph)*.

Puissance phonétique de parole, speech power.

Puissance de pointe, peak power.

Puissance rayonnée, emitted radio power, E.R.P.

Puissance réactive, idle (*ou* imaginary *ou* quadrature *ou* reactive *ou* wattless) power.

Puissance de sortie, delivered (*ou* output) power, output.

Puissance thermique, thermal power.

Puissance utile, capacity, operating power, wattage rating.

Puissance vectorielle, vector power (*ou* volt-amperes).

Puissance volumique, power density.

Puissant, cogent, powerful.

Puits de coulée, cold-slug well.

Puits de coupure, splicing chamber.

Pulsar, pulsar.

Pulsation, angular (*ou* radian) frequency (*ou* speed *ou* velocity).

Pulsatoire, pulsating, pulsatory.

Pulsé, pulsating.

Pulseur, pulser.

Pulsoscope, envelope viewer *(radar)*.

Pulvérisateur, pulverizer, spray-gun.

Pulvérisation, pulverization, spraying, sputtering.

Pulvérisation anodique, anodic sputtering.

Pulvérisation cathodique, cathode sputtering.

Pulvériser, to pulverize, to spray, to sputter.

Pulvérulent, pulverulent.

Punctiforme, point.

Pupinisation, coil loading, pupinization.

Pupitre, desk, console.

Pupitre à clavier, keyboard console.

Pupitre de commande, benchboard, console, control (*ou* chief operator's) desk ; director's console *(du chef de régie)*.

Pupitreur, console operator.

Pur, distorsinless *(acoust.)* ; pure *(sens général)* ; stainless, unspotted, unstained *(sans tache)* ; unblended, unmingled, unmixed *(sans mélange)*.

Pureté, purity.

Pureté d'excitation, excitation purity.

Purificateur d'huile, filter press.

Purification, cleansing, filtering, purification.

Push-pull, push-pull.

Push-pull classe B, quiescent push-pull, Q.P.P.

Pylône, mast, pole, pylon, tower *(sens général)* ; lamp-post *(lampadaire)*.

Pylône d'angle, angle (*ou* flexible) tower.

Pylône démontable, compound mast.

Pylône d'émission, radiating tower.

Pylône étayé, dead-end tower.

Pylône métallique, iron tower.

Pyramidal, pyramidal.

Pyramide, pyramid.
Pyrochimie, pyrochemistry.
Pyroconductibilité, pyroconductivity.
Pyroélectricité, pyroelectricity.
Pyrométallurgie, pyrometallurgy.
Pyromètre, pyrometer.

Q

Q-mètre, Q-meter.
Quadrangulaire, four-angled, quadrangular.
Quadrant, quadrant.
Quadratique, quadratic, square.
Quadrature, quadrature.
Quadrature (en), time-quadrature.
Quadrilatéral, quadrilateral.
Quadripôle, four-pole, four-terminal transmission network, quadripole, quadrupole.
Quadripôle actif, active quadripole.
Quadripôle passif, passive quadripole.
Quadruple croche, hemidemi-semiquaver *(mus)*.
Qualitatif, qualitative.
Qualité, degree, quality.
Qualité acoustique, bounce.
Qualité musicale, tone.
Qualitomètre, radiosclerometer *(dés)* ; penetrometer, qualimeter.
Quantification, quantization.
Quantifié, quantized.
Quantitatif, quantitative.
Quantité, deal, quantity.
Quantité d'information, information content.
Quantité de lumière, luminous energy.
Quantum, quantum (*pl.* quanta).
Quart-d'onde, quarter-wave, quarter-wavelength.
Quarte, four-wire circuit, quad *(tph)*.
Quarte à deux paires torsadées ensemble, multiple-twin quad.
Quarte en étoile, star quad.
Quarte torsadée, spiral four (*ou* quad).
Quartz, quartz.
Quartz naturel, mother crystal.
Quartz taillé, piezoid.
Queue, tail, tang.
Queue de cochon, pigtail.
Queue de coulée, transfer cull (*ou* slug).
Queusot, stem.
Quincaillerie, hardware.
Quintal, hundredweight ; *(USA)* cental.
Quinte, fifth *(mus)*.
Quote, quota.
Quotidien, daily.
Quotient, quotient.

R

Rabais, discount.
Rabattable, hinged *(panneau)*.
Rabattre, to flange *(une collerette)*.
Raboteuse, planer, planing machine.
Rabouter, to add.
Raccord, adapter, adaptor, cut-in, fitting, insert, intercut, joining piece, joint, patch, pipe connection (*ou* end), rod end, socket.
Raccord articulé, articulated nipple.
Raccord à bride lisse, butt joint *(guides d'ondes)*.
Raccord de câble H.F., union guide.
Raccordement, junction.

Raccorder, to connect up, to put through, to patch.

Raccorder à la masse, to ground.

Raccourcir, to shorten.

Raccourcissement, shortening.

Racine, binary point *(machines)* ; radix, root.

Racine carrée, square root.

Racine cubique, cubic root.

Rack, rack, stack.

Radar, radar ; *(GB)* radiolocation, radiolocator.

Radar acoustique, sodar, sofar, sound radar (*ou* ranging).

Radar air-mer, air-to-surface vessel, A.S.V. ; A.S.V.C. *(Canada)*.

Radar d'approche, early (*ou* airborne early *ou* forward early) warning ; approach control radar, A.C.R.

Radar d'atterrissage, approach control radar, A.C.R.

Radar automatique, search-tracking radar.

Radar d'avion, airborne radar attachment.

Radar côtier, coast defence.

Radar à deux faisceaux, V-beam system.

Radar directeur de tir, fire-control radar.

Radar à impulsions synchronisées, coherent-pulse radar.

Radar d'interception, interception radar, interceptor.

Radar portatif, hand radar.

Radar de position, air-position indicator, beacon, elevation-position radar.

Radar de position pour avion, ground-position indicator.

Radar de queue, aircraft tail warning.

Radarsonde, radarsonde.

Radar ultrasonique, sonar, supersonic (*ou* ultrasonic) radar.

Radar de veille, surveillance radar, zone-position indicator, Z.P.I.

Radar de veille d'aéroport, airport surveillance radar, A.R.S.

Radar de veille aéroporté, airborne search radar, A.S.R.

Radial, radial.

Radiamètre, radiation meter.

Radian, radian.

Radiance, irradiancy, luminous emittance, radiance, radiancy, radiant flux density, steradiancy.

Radiateur, radiator.

Radiateur acoustique, acoustic generator (*ou* radiator).

Radiateur de chauffage, radiant (*ou* space) heater.

Radiateur intégral, black body, complete (*ou* total) radiator.

Radiateur soufflant, blowing heater, heating blower.

Radiateur thermique, temperature radiator, thermoradiator, heat spreader.

Radiation, radiation, ray.

Radiation monochromatique, homogeneous stimulus *(opt)*.

Radiation parasite, stray radiation.

Radical, root.

Radier, to emit, to radiate.

Radio, radio ; *(GB)* wireless.

Radioactif, radioactive.

Radioactivé, actived.

Radioactivimètre, radioactivity meter.

Radioactivité, Becquerel rays, radioactivity, activity.

Radioactivité artificielle, artificial radioactivity.

Radioactivité induite, induced activity.

Radioactivité naturelle, natural radioactivity.

Radioactivité résiduelle, cooled-down (*ou* rest) activity.

Radio-astronomie, radioastronomy.

Radiobiologie, radiobiology.

Radiocardiographie, radiocardiography.

Radiochromatographie, radiochromatography.

Radiocompas, compass, homing device, radio compass.

Radiocristallographie, radiocristallography, X-ray cristallography.

Radiodiagnostic, radiodiagnosis.

Radiodiffractomètre, crystal spectrometer, X-ray diffraction instrument, radiodiffractometer.

Radiodiffusion, broadcast, broadcasting.

Radiodistribution, guided-wave transmission, radiodistribution, rediffusion, wire broadcasting, wired radio (*ou* wireless).

Radioélément, radioelement, radioisotope.

Radioélément ostéophile, bone seeker, bone-seeking radioelement.

Radiogoniomètre, direction-finder, D.F., radiogoniometer.

Radiogoniomètre acoustique, aural-null direction-finder.

Radiogoniomètre Adcock, Adcock direction-finder.

Radiogoniomètre Adcock à dipôles verticaux, H-type direction-finder.

Radiogoniomètre à antennes fixes, fixed direction-finder.

Radiogoniomètre à antennes séparées, spaced-antenna direction-finder.

Radiogoniomètre automatique, automatic direction-finder.

Radiogoniomètre azimutal, azimuth-indicating meter.

Radiogoniomètre de bord, ship direction-finder.

Radiogoniomètre à cadre compensé, compensated-loop direction-finder.

Radiogoniomètre à cadres croisés, crossed-coil antenna.

Radiogoniomètre à cadres séparés, spaced-loop direction-finder.

Radiogoniomètre à oscilloscope, cathode-ray (*ou* C.R.T.) direction-finder.

Radiogoniométrie, direction-finding, radiogoniometry.

Radiographie, radiogram *(dés)* ; radiograph, roentgenogram, X-ray photograph *(cliché)* ; radiography, roentgenography *(sciences)*.

Radioguidage, automatic guidance (*ou* steering), radio aiming.

Radioguidage d'aérodrome, blind-approach beacon system.

Radio-isotope, radioisotope.

Radiologie, radiology.

Radiologue, radiologist.

Radioluminescence, radioluminescence.

Radiolyse, radiolysis.

Radiométallographie, material research, radiometallography, X-ray metallography.

Radiomètre, radiometer.

Radiomicromètre, radiomicrometer.

Radionavigation, navigational aid, radionavigation.

Radiophare, aerophare, beacon, radio, beacon, radiophare.

Radiophare d'atterrissage, approach (*ou* landing) beacon.

Radiophare directionnel, course-indicating (*ou* directive-signalling) beacon.

Radiophare à signaux équilibrés, equisignal radio-range beacon.

Radiophare tournant, rotating radiobeacon.

Radiophonie, radiophony.

Radioralliement, homing.

Radio-reportage, field broadcast (*ou* pickup), outdoor.

Radioscopie, radioscopy, roentgenoscopy, screening.

Radiosensibilité, radiosensitivity.

Radiosonde, radiometeorograph, radiosonde.

Radiosonde barométrique, baroswitch.

Radiosonde parachutée, drop sonde.

Radiosonde radar, radarsonde.

Radiospectrographe, radiospectrograph, X-ray spectrograph.

Radiospectromètre, radiospectrometer, X-ray spectrometer.

Radiotélégramme, radiogram, radiotelegram.

Radiotélégraphie, radiotelegraphy.

Radiotélégraphiste, radio operator.

Radiotéléphone, radiophone.

Radiotéléphonie, radiotelephony.

Radiotéléphonie à inversion de fréquence, inverted (*ou* scrambled) speech.

Radiotélescope, radiotelescope.

Radiotélétype, teletype over radio, T.O.R.

Radiothérapie, radiotherapy, roentgentherapy, X-ray therapy.

Radiothérapie par contact, contact-radiation therapy.

Radiothérapie profonde, deep therapy.

Radiothermoluminescence, radiothermoluminescence.

Radiotoxicité, radiotoxicity.

Radiumthérapie, radiumtherapy.

Radome, radome ; *(pop)* blister.

Raffinage, refining.

Raffiner, to refine.

Rafraîchir, to refresh.

Raide, clean, rigid, steep, stiff, tense, tough.

Raideur, steepness, stiffness, toughness.

Raidisseur, stringer.

Raie caractéristique, characteristic radiation.

Raie fantôme, ghost line.

Raie de résonance, resonance line (*ou* radiation).

Rail conducteur, center contact rail, contact (*ou* third) rail.

Rainurage, section cropping, slotting.

Rainure, furrow, groove, notch, rabbet, slot.

Rainuré, grooved, slotted.

Rainure d'aération, vent groove.

Rainure d'induit, armature slot.

Rainure à té, tee slot.

Rainurer, to groove, to notch.

Ralenti, slow-motion *(cin)* ; slackening, slowing, go-slow *(mouvements)*.

Ralentir, to decelerate, to go-slow, to slow down, to slow up.

Ralentissement, deceleration, go-slow, negative acceleration, slow down.

Ralentisseur, inhibitor *(chimie)* ; moderator *(éner. atom.)*.

Rallonge, extension.

Ramification, branch substituent.

Ramolli, softened.

Ramollir, to soften.

Ramollissement, softening.

Rampe, footlamps, footlights, limelights *(scène)* ; slide *(pente)*.

Rampe d'essai, ageing rack.

Rampe hélicoïdale, focusing mounting *(opt)*.

Rang, degree, rank.

Rangée, row.

Rangement, order, mapping.

Rangement en mémoire, storage.

Râpe, rasp.

Rapide, fast, quick, rapid, swift.

Rapidité, fastness, quickness, rapidity, velocity ; speed *(photo)*.

Rapiécer, to patch.

Rapport, ratio *(math)* ; record, relation, report, statement, survey *(écrit)* ; relation, relationship *(relation)*.

Rapport des axes, axial ratio.

Rapport de commande, control ratio.

Rapport de démultiplication, reduction (*ou* scaling *ou* velocity) ratio, speed reduction percentage.

Rapport de denture, gear ratio.

Rapport de dérivation, shunt ratio.

Rapport d'image, aspect ratio *(tlv)*.

Rapport des lobes, front-to-back ratio.

Rapport des luminances, brightness (*ou* luminance) ratio.

Rapport nominal, marked ratio.

Rapport signal/bruit, signal/noise (*ou* S/N) ratio.

Rapport signal/image, signal/image (*ou* S/I) ratio.

Rapport de transformation, transformation (*ou* transformer *ou* turns *ou* voltage) ratio.

Rapporter, to record, to relate, to report.

Rare, rare, scarce, sparse.

Rarement, rarely, seldom, scarcely, sparsely.

Rareté, rarity, scarcity, sparseness.

Rasoir électrique, dry (*ou* electric) razor (*ou* shaver).

Rassembler, to collect.

Rationalisé, rationalized.

Rationnel, rational.

Rauque, hoarse, rusty.

Rayer, to delete, to erase, to stripe, to suppress *(supprimer)* ; to scratch *(p. ex. un disque)*.

Rayon, beam, radiation, ray *(sens général)* ; radius *(géom)* ; shelf, shelve *(étagère)* ; spoke *(roue)*.

Rayon alpha, alpha ray.

Rayon bêta, beta ray, electron flow.

Rayons canaux, canal (*ou* positive) rays.

Rayon cathodique, cathode (*ou* Lenard) ray.

Rayon cosmique, cosmic ray.

Rayon de courbure, radius of curvature.

Rayon direct, direct (*ou* surface *ou* tangential) ray.

Rayon effectif, effective radius.

Rayon extraordinaire, extraordinary ray.

Rayon gamma, gamma (*ou* ultra-X) ray.

Rayon indirect, space ray.

Rayon infrarouge, infrared ray.

Rayon lumineux, light ray.

Rayon marginal, marginal ray.

Rayon ordinaire, ordinary component (*ou* ray).

Rayon positif, anode-ray (*ou* positive) current.

Rayon ultraviolet, ultraviolet ray.

Rayon ultraviolet biologique, vita-ray.

Rayon vecteur, radius vector.

Rayon X, X-ray, roentgen ray.

Rayon X dur, hard ray.

Rayon X mou, soft ray.

Rayons X très mous, grenz rays.

Rayonnant, radiant, radiating.

Rayonne, rayon.

Rayonnement, radiation *(sens général)* ; coverage *(zone couverte)*.

Rayonnement bidirectionnel, elongated coverage.

Rayonnement par choc, impulse (*ou* impact) radiation.

Rayonnement du corps noir, black-body radiation.

Rayonnement de désintégration, annihilation radiation.

Rayonnement de freinage, braking radiation, bremsstrahlung.

Rayonnement localisé, close-in coverage.

Rayonnement omnidirectionnel, circular coverage.

Rayonnement unidirectionnel, single-direction coverage.

Rayonner, to emit, to radiate.

Rayure, scratch *(sens général)* ; rain effect *(cin)*.

Ré, D *(mus)*.

Réactance, reactance.

Réactance de capacité, capacitive reactance, condensance.

Réacteur bouilleur, boiler reactor.

Réacteur à circulation de combustible, circulating reactor.

Réacteur à combustible fluide, fluidized reactor.

Réacteur à combustible semi-fluide, slurry reactor.

Réacteur double fonction, dual-purpose reactor.

Réacteur à eau lourde, heavy-water-moderated reactor.

Réacteur à eau sous pression, pressurized-water reactor, P.W.R.

Réacteur expérimental à faible puissance, zero-power reactor.

Réacteur à flux élevé, high-flux reactor.

Réacteur au graphite, graphite-moderated reactor.

Réacteur nucléaire, nuclear reactor.

Réacteur piscine, swimming-pool (*ou* aquarium) reactor.

Réacteur surrégénérateur, breeder reactor.

Réactif, reagent *(chimie)* ; feedback, reactant, reactive, retroactive *(reaction)* ; wattless *(déwatté)*.

Réactif d'attaque, etching solution.

Reactimètre, reactivity meter.

Réaction, back (*ou* return) coupling, couple back, feedback, interaction, positive (*ou* regenerative) feddback, reaction, regeneration, retroaction.

Réaction acoustique, acoustic feedback (*ou* regeneration).

Réaction d'anode, anode (*ou* plate) reaction.

Réaction capacitive, capacitance feedback.

Réactions en chaîne, chain (*ou* branched) reactions.

Réaction dermique, electrodermal reaction.

Réaction électrostatique, electrostatic feedback.

Réaction équilibrée, bridge feedback.

Réaction inductive, inductance feedback.

Réaction d'intensité, current feedback.

Réaction de tension, voltage feedback.

Réaction négative, negative feedback.

Réaction thermonucléaire, thermo-nuclear reaction.

Réaction positive, positive feedback.

Réactivation, reactivation, replenishment.

Réactivité, reactivity.

Réagir, to react.

Réalignement, justification.

Réalisateur, designer, maker.

Réalisation, design, development.

Réaliser, to build, to make.

Reblocage, reblocking.

Rebobiner, to rewind.

Rebond, rebound.

Rebondissement, rebound, resilience.

Rebord, raised (*ou* upright) edge.

Rebut, offal, offscouring, rejection.

Rebut (au), discarded.

Récepteur, receiver *(sens général)* ; handset *(tph)* ; radio, set *(radio)*.

Récepteur à amplification directe, straight receiver (*ou* set).

Récepteur autodyne, autodyne receiver.

Récepteur à batteries, battery receiver.

Récepteur à batterie unique, unidyne receiver.

Récepteur à champ tournant, torque-synchro receiver.

Récepteur changeur de fréquence, beat (*ou* frequency-changing *ou* supersonic *ou* heterodyne) receiver, super, superhet, superheterodyne.

Récepteur à courbe linéaire de phase, phase-linear receiver *(tlv)*.

Récepteur à cristal, crystal set.

Récepteur directionnel, direction receiver.

Récepteur de données, data receiver.

Récepteur à galène, crystal set.

Récepteur homodyne, zero-beat receiver.

Récepteur en oscillation, blooper.

Récepteur panoramique, ether scanner, radiospectroscope, spectrum analyzer.

Récepteur de poche, miniradio, minireceiver.

Récepteur portatif, personal (*ou* portable) radio.

Récepteur à prépaiement, coin radio ; pay-as-you-view-receiver *(tlv)*.

Récepteur à réaction, autodyne (*ou* regenerative) receiver.

Récepteur reflex, double-amplification (*ou* dual *ou* reflex) receiver.

Récepteur secteur, all-electric (*ou* mains) set.

Récepteur à super-réaction, periodic trigger-type (*ou* superregenerative) receiver, superregenerator.

Récepteur de table, table-model receiver.

Récepteur-témoin de caméra, *(USA)* preview monitor, *(GB)* camera monitor.

Récepteur-témoin final, output monitor.

Récepteur tous-courants, all-mains (*ou* AC/DC *ou* universal) receiver.

Récepteur de trafic, communication receiver.

Récepteur ultra-sélectif, high-selectivity (*ou* single-signal) receiver.

Récepteur à vision directe, direct-viewing receiver.

Réception, reception *(sens général)* ; acceptance *(contrôle)*.

Réception collective, community reception.

Réception en direct, direct reception.

Réception directe, direct (*ou* stray) pickup.

Réception hétérodyne, beat reception.

Réception simultanée, diversity reception.

Réception superhétérodyne, double-detector reception *(dés)* ; super-heterodyne reception.

Recevoir, to receive ; to collect *(amasser)*.

Rechange (de), alternate, spare.

Recharge, building-up, overlaying, recharge, replenishing, replenishment.

Rechargé, built-up, overlaid, recharged.

Rechargement, padding, recharging, surfacing.

Rechargement dur, hard surfacing.

Réchauffage, balling.

Réchauffeur, heater.

Réchauffeur à condensation, condenser heater.

Recherche, finding, hunting ; investigation, search *(sens général)* ; research *(labo)*.

Recherche de ligne, action finding (*ou* hunting).

Recherche opérationnelle, operational research.

Recherche des personnes, paging.

Recherche scientifique, research and development.

Recherche séquentielle, linear search.

Récipient, bin, container, vessel.

Réciprocité, reciprocity.

Réciproque, converse, reciprocal.

Réclamation, claim.

Reclassement, resorting.

Recombinaison, recombination.

Reconstruction, reconstruction.

Recopier, to duplicate.

Recourbé, hooked.

Recouvert, clad, coated, covered, incrusted, lapped, overlapped.

Recouvrement, coating, covering, lap, lapping, overlapping.

Recouvrement au point nul, zero crossing.

Recouvrir, to coat, to cover, to incrust, to lap, to overlap ; to crimp over *(sels grimpants)*.

Recrutement auditif, loudness gain.

Rectangle, rectangle.

Rectangulaire, rectangular.

Rectification, grinding, straightening, truing.

Rectifié, ground, straightened, trued.

Rectifier, to grind, to straighten, to true.

Rectifieuse, grinder.

Rectiligne, rectilinear.

Recueillir, to collect.

Recuire, to anneal.

Recuit, annealing.

Recul, recoil, withdrawal.

Récupération, recovery.

Récurrent, recursive.

Redondance, redundancy.

Redressé, rectified.

Redressement, rectification, trans-rectification *(sens général)* ; demodulation *(radio)*.

Redresser, to rectify, to redress *(sens général)* ; to demodulate *(radio)*.

Redresseur, rectifier, transrectifier *(sens général)* ; demodulator *(radio)* ; rectifying *(adj)*.

Redresseur anodique, anode (*ou* plate) rectifier.

Redresseur d'arc, arc (*ou* arc-lamp) rectifier.

Redresseur biphasé, full-wave rectifier.

Redresseur de charge, charging rectifier.

Redresseur à commande magnétique, magnetron rectifier.

Redresseur à couche d'arrêt, barrier-film (*ou* blocking-layer) rectifier.

Redresseur à couche de barrage, *v.* Redresseur à couche d'arrêt.

Redresseur cuivre-oxyde de cuivre, copper-oxide (*ou* cuprox) rectifier.

Redresseur électrochimique, electrochemical valve.

Redresseur électrolytique, electrolytic-cell rectifier.

Redresseur à grilles commandées, grid-controlled rectifier.

Redresseur mécanique tournant, snook rectifier.

Redresseur mécanique à vibreur, tuned-reed (*ou* vibrating) rectifier.

Redresseur monoanodique, half-wave (*ou* single-wave) rectifier.

Redresseur en pont, bridge rectifier.

Redresseur sec, dry (*ou* metal) rectifier.

Redresseur à tubes à gaz, gaseous (*ou* gas-tube) rectifier.

Redresseur à vapeur de mercure, arc rectifier.

Redresseur à vapeur de mercure à grilles commandées, controlled mercury-arc rectifier, grid-pool tube.

Réducteur, reducer ; reducing *(adj)*.

Réduction, curtailment, cutting, dimming, reduction, slimming, turning down.

Réduire, to abstract, to curtail, to dim, to reduce, to turn down.

Réduire en cendres, to burn off.

Réduit, abated, reduced.

Réel, actual, real, true.

Réémetteur, relay (*ou* gap-filler) transmitter, booster.

Réenclenchement, reclosing, reset, reset release.

Réenclenchement automatique (à), auto-reclose, self-reset.

Réenclenchement manuel (à), hand-reset.

Réenregistrement, playback, re-recording.

Réenroulement, rewinding.

Réenrouler, to rewind.

Réenrouleuse, rewinder.

Réétalonner, to recalibrate.

Référence, reference.

Référence hors programme, external reference.

Réfléchi, reflected.

Réfléchir, to reflect, to re-radiate.

Réflectance, reflectance, reflectivity.

Réflectance acoustique, sound-reflection coefficient.

Réflectance spectrale, radiant reflectance.

Réflecteur, reflector, projector ; tamper *(réacteurs)*.

Réflecteur d'antenne, aerial projector (*ou* reflector), flasher.

Réflecteur dièdre, corner reflector.

Réflecteur parabolique, dish, concentrator.

Réflecteur plan étalé, plane flatsheet (*ou* plane-sheet) reflector.

Réflecteur scialytique, shadowless lamp.

Réflectomètre, reflection meter.

Réflex, reflex.

Réflexion, reflection, splitting ; reradiation.

Réflexion diffuse, diffuse reflection.

Réflexions multiples, zig-zag reflections.

Réflexion spéculaire, regular (*ou* specular) reflection.

Réflexion sporadique, abnormal reflection.

Réflexion totale, total internal reflection.

Refondre, to recast, to refound, to remelt.

Refondu, recast.

Refonte, recasting, refounding, remelting.

Réforme, reform.

Reformer, to reform.

Réformer, to eliminate, to put aside, to reform.

Réfractaire, fire-proof, refractory.

Réfracté, refracted.

Réfracter, to refract.

Réfracteur, refractor ; refractive *(adj)*.

Réfraction, refraction.

Réfraction idéale, standard refraction.

Réfractomètre, refractometer.

Réfrangible, refractive, refrangible.

Réfrigérant, coolant, cooling agent, refrigerant *(subst.)* ; cooling *(adj.)*.

Réfrigérateur, freezer, refrigerator.

Réfrigérateur à absorption, absorption refrigerator.

Réfrigérateur à compression, compression refrigerator.

Réfrigérer, to refrigerate.

Refroidi, cooled.

Refroidir, to cool, to cool off, to refrigerate.

Refroidissement, cooling, refrigeration.

Refroidissement par air, air (*ou* radiation) cooling.

Refroidissement par eau, water cooling.

Refroidissement forcé par air, forced-air cooling.

Refroidissement forcé par eau, forced-water cooling.

Refroidissement forcé par huile, forced-oil cooling.

Refroidissement par huile, oil-cooling.

Refroidissement naturel (à), self-cooled.

Refroidissement par rayonnement, radiation-cooling.

Refroidisseur, cooler ; coolant *(adj.)*.

Refroidisseur soufflant, cooling blower, blowing cooler.

Refus, disallowance.

Refuser, to dismiss, to refuse, to stall off, to disable.

Refusion, remelting.

Regard, access fitting, draft hole, draw-in box, manhole.

Régénérable, regenerative.

Régénérateur de composante continue, D.C. restorer.

Régénération, regeneration.

Régénéré, regenerated.

Régénérer, to regenerate.

Régie finale, continuity control.

Régime, rate, rating, speed, working.

Régime de charge, charging rate.

Régime de fin de charge, finishing rate.

Régime lent, low rate (*ou* speed).

Régime normal, rated burden.

Régime permanent, continuous rating, steady state.

Régime transitoire, transient state.

Région, area, region, zone, district.

Régional, group center *(tph) ;* local, regional, zonal *(adj.).*

Régisseur, coordinator.

Registre, draw stop *(mus) ;* register.

Registre adresse, address register.

Registre d'attente, statizing.

Registre à décalage, shift register.

Registre d'instructions, instruction register.

Registre tampon, buffer register.

Réglable, adjustable, adjusting, variable, varying.

Réglage, adjustment, control, regulation, setting ; syntonization, tuning *(radio).*

Réglage approximatif, coarse adjustment (*ou* tuning).

Réglage automatique, automatic control.

Réglage automatique d'amplitude, automatic amplitude control, A.A.C.

Réglage automatique de chrominance, automatic chrominance control, A.C.C.

Réglage automatique fin, automatic fine-tuning, A.F.T.

Réglage automatique de fréquence, automatic frequency control, A.F.C.

Réglage automatique de sélectivité, automatic selectivity control, A.S.C.

Réglage automatique de volume, automatic volume control, A.V.C.

Réglage central, central device.

Réglage d'un compteur, quadrature adjustment.

Réglage à distance, distance (*ou* remote) control (*ou* tuning).

Réglage de luminosité, brightness control *(tlv).*

Réglage du niveau de bruit, shading, shading control.

Réglage du nombre de lignes, linearity control.

Réglage précis, fine adjustment (*ou* tuning).

Réglage silencieux, intercarrier (*ou* interstation) noise suppressor, munting control, noise silencer, quiet-gain tuning, muting switch, silencer, squelch.

Réglage de stabilité horizontale, horizontal hold.

Réglage de stabilité verticale, vertical hold.

Réglage de vitesse, speed control.

Réglage de zéro, zero adjusting *(action) ;* zero adjuster *(système).*

Réglé, controlled, regulated, scheduled, set ; syntonized, tuned, tuned-in *(radio).*

Règle, law, rule.

Règle à calcul, slide rule.

Règlement, law, regulation, rule.

Règlement d'installation, wiring regulation.

Réglementation, regulation.

Régler, to regulate, to set ; to syntonize, to tune, to tune in *(radio).*

Réglette d'annonciateurs, drop mounting *(tph).*

Réglette de montage, mounting strip.

Regrouper, to gather.

Régularité, regularity.

Régulateur, controller, governor, regulator ; governing, regulating *(adj.).*

Régulateur automatique, automatic regulator.

Régulateur automatique de niveau,

instantaneous automatic gain control, A.G.C., I.A.G.C.

Régulateur à bobine plongeante, moving-coil regulator.

Régulateur centrifuge, centrifugal governor.

Régulateur de dynamo, dynamo governor.

Régulateur à fer plongeant, moving-iron regulator.

Régulateur instantané de glissement, instantaneous deviation control.

Régulateur d'intensité, current regulator.

Régulateur de phase, phase advancer.

Régulateur de tension, lamp regulator *(tube)* ; voltage regulator (*ou* stabilizer), varying-voltage control.

Régulation, control, regulation.

Régulation de courant de charge, battery-current regulation.

Régulation à courant constant, constant-current regulation.

Régulation d'intensité, adjustable-current control.

Régulation de puissance, power control *(sens général)* ; absorption control *(réacteurs)*.

Régulation de tension, adjustable-voltage control.

Régulation à tension constante, constant-voltage regulation.

Régule, Babbit (*ou* bearing) metal.

Régulier, normal, regular, square.

Réinjecter, to reinsert, to feed back.

Réinscrire, to rewrite.

Réinsérer, to recolate.

Réiterer, to iterate.

Réjecteur, rejector.

Réjection de la porteuse son, sound rejection.

Réjection des porteuses voisines, adjacent-channel rejection.

Rejeter, to dismiss, to reject, to throw away (*ou* off *ou* out).

Relâcher, to lax, to loosen, to relax, to unbend.

Relais, protection, relay, switch *(instrument)* ; radio relay, relay, relay station repeater *(station)* ; rebroadcast *(programme)*.

Relais d'accouplement, interlocking regulator.

Relais à action différée, definitive-time (*ou* time-delay *ou* time-lag *ou* time-locking) relay, time (*ou* timing) relay.

Relais à action lente, slow-acting relay.

Relais d'annonciateur, line relay.

Relais avertisseur, alarm relay.

Relais capacitif, capacitance relay.

Relais à cascade, stepping switch.

Relais chronométrique, chronometrical relay.

Relais de commande, control relay.

Relais de commutation, change-over relay.

Relais de coupure, cutoff relay (*ou* switch).

Relais à deux circuits, two-element relay.

Relais différentiel, balanced (*ou* differential) protection (*ou* relay).

Relais directionnel, current-directional (*ou* directional *ou* reverse-current *ou* reverse-power) relay.

Relais à double effet, two-step relay.

Relais électronique, trigger relay.

Relais émetteur, satellite transmitter.

Relais d'enregistrement, record relay.

Relais d'intensité, current relay.

Relais interchangeable, relay-set *(tph)*.

Relais intermédiaire, transfer relay.

Relais à inversion de phase, reverse-phase relay.

Relais limiteur d'intensité, step-back relay.

Relais à maximum, overcurrent (*ou* overload *ou* surge) relay.

Relais à maximum (à constante de temps appréciable), backup protection.

Relais à minimum, undercurrent (*ou* underload) relay.

Relais à palette, vane-type relay.

Relais de phase, network-phasing (*ou* open-phase) relay.

Relais photoélectrique, light (*ou* photoelectric) relay ; *(GB)* radiovisor.

Relais à point nul, residual relay.

Relais non polarisé, neutral relay.

Relais polarisé, biased relay.

Relais polyphasé, phase-balance relay.

Relais principal, supervisory relay.

Relais protecteur, directional control.

Relais à réenclenchement, self-resetting relay.

Relais de régulation, regulating relay.

Relais à repos central, centre-stable relay.

Relais à retardement, slow-release relay.

Relais secondaire télécommandé, sequence switch.

Relais sélecteur, discriminating relay.

Relais synchronisé, synchronizing relay.

Relais télécommandé, distance relay.

Relais temporisé, definite-time (*ou* time-delay *ou* time-lag *ou* time-locking) relay, time (*ou* timing) relay.

Relais thermique, temperature (*ou* thermal) relay, thermorelay.

Relais à trois positions, three-position (*ou* three-step) relay.

Relatif, relative.

Relation, relation, relationship.

Relation masse-énergie, mass-energy relation.

Relativité, relativity.

Relaxation, relaxation.

Relayer, to rebroadcast, to relay.

Relevé de communications, customer-toll dialling *(enregistrement)* ; toll ticket *(note)*.

Relèvement, bearing, fix, position.

Relèvement corrigé, corrected bearing.

Relèvement direct, direct bearing.

Relèvement exact (à 2 % près), first-class bearing.

Relèvement exact (à 5 % près), second-class bearing.

Relèvement exact (à 10 % près), third-class bearing.

Relèvement à 180°, reciprocal bearing,

Relèvement du gisement, position finding.

Relever, to bear, to fix, to position.

Relief, plastic, stereo, 3-D *(cin, tlv)*.

Relier, to bind, to branch, to connect, to interlink ; to join, to put through, to strap ; to interlock *(machines)*.

Réluctance, magnetic resistance, reluctance.

Réluctance variable (à), variable-reluctance.

Réluctivité, reluctivity.

Rémanence, remanence, residual induction (*ou* magnetism *ou* magnetization *(sens général)* ; afterglow, image retention *(trc)*.

Rémanent, remanent, residual.

Remarquable, remarkable.

Remarque, remark.

Rembourrage, bolster.

Remettre, to postpone.

Remettre en forme, to reshape.

Remettre à zéro, to clear to zero, to reset.

Remise en circuit, calling-party (*ou* calling-subscriber *ou* first-party *ou* first-subscriber *ou* last-party *ou* last-subscriber) release *(tph)*.

Remise en ligne, *v.* Remise en circuit.

Remise à zéro, resetting *(action)* ; zero-setting device *(système)*.

Remonter, to reassemble, to rebuild *(un montage)* ; to wind *(un ressort)*.

Remontoir, winder.

Remorque, trailer.

Remorqué, trailer-mounted.

Remplaçable, replaceable.

Remplacement, replacement, substitution.

Remplacer, to replace, to supersede, to substitute.

Remplir, to brim, to fill.

Remplissage, filling, density packing.

Remplisseur, filler.

Rendement, effectiveness, efficacy, efficiency, gain factor, grade of service, modulus, performance, response, yield.

Rendement (d'un accumulateur), volt (*ou* watthour) efficiency.

Rendement électrochimique, voltage efficiency.

Rendement énergétique, energy efficiency.

Rendement d'un filtre, filter discrimination.

Rendement de fission, fission yield.

Rendement de fluorescence, fluorescence yield.

Rendement nucléaire, breeding ratio.

Rendement d'un présélecteur, image (*ou* image-interference) ratio.

Rendement quantique, quantum efficiency (*ou* yield).

Renfermé, built-in.

Renforçateur, accentuator, intensifier.

Renforcé, boosted, reinforced, stiffened, strengthened.

Renforcement, accentuation, reinforcement, stiffening, strengthening.

Renforcer, to boost, to accentuate, to intensify, to reinforce, to stiffen, to strengthen.

Renoncer, to give up, to throw up.

Renouvelable, renewable.

Renouveler, to renew.

Renouvellement, renewal.

Rénovation, renewal, renovation.

Renseignement, datum (*pl.* data).

Rentrant, reentrant.

Rentrée d'air, gassiness.

Renverser, to reverse *(inverser)* ; to throw down, to up set *(abattre)*.

Renvoyer, to throw back.

Réorganisation, reorganization.

Réorganiser, to reorganize.

Réparation, repair, repairing, reparation.

Réparation provisoire, emergency repair.

Réparer, to mend, to repair.

Réparti, distributed, sectoral.

Répartir, to distribute.

Répartiteur, balancer, dispatcher, distributing (*ou* distribution) frame, divisor, parchboard, portioner ; dispatching, distributing *(adj.)*.

Répartiteur de charge, load dispatcher.

Répartiteur mixte, combined-distribution frame.

Répartiteur de répéteur, repeater-distribution frame.

Répartition, distribution, division, grading, sharing ; allotment *(autorisation d'emploi)*.

Répartition de la charge, load division (*ou* sharing).

Répartition des mémoires, storage (*ou* memory) allocation.

Repassage, ironing.

Repérage, fixing, lining-up, marking, ranging, tracing, tracking.

Repérage automatique, aided tracking, automatic aiming (*ou* following) *(radar)* ; automatic tuning control, A.T.C. *(radio)*.

Repérage par le son (appareil de), sound locator.

Repérage ultrasonore, echo ranging, supersonic sounding.

Repère, adjustment mark, landmark, mark, marker, setmark, tracer.

Repère de distance, distance mark.

Repérer, to fix, to line up, to mark, to set, to trace.

Répertoire, card-index system, directory, repertory.

Répertoire des données, data dictionary.

Répertoire d'instructions, instruction set.

Répéteur, relay receiver, repeater.

Répéteur pour courants porteurs, carrier repeater.

Répéteur télégraphique automatique, regenerative repeater.

Répétition, rehearsal *(cin, tlv)* ; repetition *(sens général)*.

Repliement (d'image), foldover, overlap *(tlv)*.

Repolissage, relapping.

Répondeur, responder.

Répondre, to answer, to reply.

Réponse, answer, reply ; backward signal *(écho)* ; response *(courbe)*.

Réponse basse fréquence, audio (*ou* bass) response.

Réponse moyenne, unit-function response.

Report, carry *(mach. à calc.)*.

Reportage, coverage.

Reportage d'actualités, news coverage.

Reportage en direct, live coverage.

Reporter, to transfer.

Repos, rest.

Repousser, to repel.

Représentation, display.

Représentation analogique, analog representation.

Représentation incrémentielle, incremental representation.

Représentation numérique, digital representation.

Représentation visuelle, soft copy.

Reprise, retake *(sens général)* ; reinforcement *(soudure)* ; restart *(programme)*.

Reprise à l'envers, reinforcement of the root, sealing run.

Reproducteur, reproducer.

Reproductrice, reproducer.

Reproductrice de cartes perforées, reproducing punch.

Reproduire, to reproduce.

Répulsif, repulsive.

Répulsion, repulsion.

Réseau, array *(antenne)* ; family *(courbes)* ; grating, lattice *(cristaux)* ; grating *(opt)* ; grid, net, network, system, trunk *(circuits)* ; mains *(secteur)*.

Réseau d'abonné, individual trunk *(tph)*.

Réseau actif, active electric network.

Réseau aléatoire, stochastic network.

Réseau d'antenne, aerial network, antenna array.

Réseau d'antenne à grande ouverture, broadside array.

Réseau d'antennes à rayonnement longitudinal, end-fire array.

Réseau anticapacitif, anti-capacitance network.

Réseau anti-inductif, anti-induction network.

Réseau banalisé, shared network.

Réseau en C, C-netwoork.

Réseau commun, common trunk *(tph)*.

Réseau compensateur, impedance compensator.

Réseau complexe, combination array, diversity system.

Réseau correcteur, attenuation equalizer, building-out (*ou* corrective *ou* shaping) network.

Réseau correcteur de forme, signal-shaping network.

Réseau cristallin, crystal lattice.

Réseau cubique centré, body-centered cubic lattice.

Réseau cubique à faces centrées, face-centered cubic lattice.

Réseau commuté, switched network.

Réseau déphaseur, phase-shift network.

Réseau différentiel, hybrid set.

Réseau de diffraction, diffraction grating.

Réseau de distribution, distribution network.

Réseau de données, data network.

Réseau en échelle, ladder network.

Réseau électrique, electric network mains.

Réseau équivalent, duplex balance, equivalent network *(tlg)*.

Réseau d'équilibrage, balancing network.

Réseau étoilé, star chain.

Réseau de fentes rayonnantes, slot array.

Réseau fondamental, basic network.

Réseau en H, H-network.

Réseau d'interconnexion, toll-switching trunk *(tph)*.

Réseau interurbain, demand-trunk (*ou* trunk) circuit.

Réseau en L, L-network.

Réseau maillé, lattice network, mesh-connected circuit.

Réseau non maillé, tree.

Réseau multiple, divided circuit *(tlg)*.

Réseau en 0, 0-network.

Réseau en π, π (*ou* pi)-network.

Réseau en pont, bridge network.

Réseau quadrangulaire, 0-network.

Réseau régional, interoffice trunk, toll circuit *(tph)*.

Réseau rural, land (*ou* rural) district.

Réseau en T, bridged-T network, T-network.

Réseau télégraphique, telegraph system.

Réseau télégraphique interconnecté, omnibus telegraph system.

Réseau de téléphonie automatique, machine-switching telephone system.

Réseau téléphonique, *(GB)* multi-exchange system ; *(USA)* multi-office system.

Réseau téléphonique manuel, manual telephone system.

Réseau téléphonique privé, house-exchange system.

Réseau transmetteur, transmission network.

Réserve, reserve, stock.

Réserve disponible d'énergie, cold (*ou* spinning *ou* system) reserve.

Réserve de puissance, hot reserve, reserve power.

Réservoir, basin, bason, cistern, container, reservoir, tank, well.

Réservoir auxiliaire, conservator, expansion tank.

Résident, resident.

Résidu, after-product, residue, slag, tailing.

Résiduel, remanent, residual, vestigial.

Résilience, resiliency.

Résilier, to cancel.

Résine, resin, rosin.

Résine acrylique, acrylic plastic.

Résine photosensible, photoresist.

Résine vinylique, vinyl resin.

Résistance, resistance, solidity *(sens général)* ; ohmage, resistance *(grandeur)* ; resistor *(pièce)*.

Résistance d'amortissement, damping resistance.

Résistance d'antenne, aerial resistance.

Résistance anti-parasite, suppressor.

Résistance auto-régulatrice, constant-torque (*ou* fan-duty) resistor.

Résistance bobinée, wire resistor.

Résistance de champ, diverter.

Résistance de charge, ballast (*ou* load) resistor.

Résistance de charge d'anode, anode-feed resistor.

Résistance à chaud, thermal resistance.

Résistance chutrice, ballast (*ou* current-limiting *ou* dimming *ou* load-limiting *ou* dropping *ou* voltage-dropping) resistor.

Résistance à la compression, compressive strength.

Résistance de couplage, coupling (*ou* load-shifting) resistor.

Résistance en courant alternatif, effective resistance (*ou* resistivity).

Résistance en courant continu, D.C. resistance.

Résistance aux court-circuits, short-circuit strength.

Résistance d'écoulement, yield resistance.

Résistance à l'écrasement, crushing strength.

Résistance effective, active resistance.

Résistance d'étouffement, quench (*ou* quenching) resistor.

Résistance au flambage, column strength.

Résistance à la flexion, bending (*ou* flexural) strength.

Résistance fractionnée, split resistor.

Résistance à froid, cold-state resistance.

Résistance de fuite, bleeder, leak.

Résistance de fuite de grille, grid leak, grid-leak resistor.

Résistance hydrodynamique, water resistance.

Résistance interne, anode (*ou* plate) resistance.

Résistance d'isolement, insulance.

Résistance limite à la rupture, breaking-down point.

Résistance à liquide, water rheostat.

Résistance de la peau, dermal resistance.

Résistance permanente à la traction, endurance tensile strength.

Résistance plate, resistance strip, strip resistor.

Résistance à plots, step-by-step resistor (*ou* rheostat).

Résistance de polarisation, bias resistor.

Résistance propre, self-resistance.

Résistance protégée, candohm resistor.

Résistance à pulvérisation cathodique, metallic-film-on-glass resistor.

Résistance de rayonnement, radiation resistance.

Résistance à la rupture, breaking (*ou* bursting *ou* failing) strength (*ou* stress, ultimate tensile strength.

Résistance spécifique, resistivity, specific resistance.

Résistance de terre, earth (*ou* ground) resistance.

Résistance à la torsion, torsional strength.

Résistance à la traction, tensile strength.

Résistance à variation linéaire, linear control (*ou* taper).

Résistance à variation logarithmique, logarithmic taper.

Résistant, enduring, resistant, resistive, tough.

Résister, to endure, to resist, to stay up.

Résistif, resistive.

Résistivité, resistivity, specific resistance.

Résistivité moléculaire, molar (*ou* molecular) resistivity.

Résolution, resolution.

Résonance, resonance, velocity resonance.

Résonance (en), equifrequent, resonant.

Résonance d'amplitude, displacement.

Résonance parallèle, antiresonance.

Résonance propre, periodic resonance.

Résonance série, series resonance.

Résonance de vitesse, phase (*ou* velocity) resonance.

Résonnant, clangorous.

Résonnateur, resonator.

Résonner, to clang, to clank.

Résoudre, to resolve, to riddle, to solve.

Resserrement d'image, crispening (*tlv*).

Ressort, bender, hoop, spring.

Ressort antagoniste, tearing-off spring.

Ressort à boudin, screw spring.

Ressort de débrayage, clutch disengaging.

Ressort d'embrayage, clutch spring.

Ressort hélicoïdal, coil (*ou* helical) spring.

Ressort à lames, laminated (*ou* leaf) spring.

Ressort de rappel, release (*ou* retracting *ou* return) spring.

Ressort de traction, tension spring.

Ressource, resource.

Reste, remnant, residue, rest, tail vestigial.

Rester, to remain.

Résultant, resultant.

Résultat, result, upshot.

Résumé, abstract.

Rétablissement, recovery.

Rétablissement de forme d'impulsion, pulse regeneration.

Rétablisseur, restorer.

Retard, definite time delay, delay time, delayed application, drag, lag, retard, retardation, time lag.

Retard à l'allumage, retard ignition.

Retard de coupure, interrupting time.

Retard de fermeture, constant-time lag, time-lag constant.

Retard de groupe, envelope (*ou* group) delay.

Retardateur, inhibitor ; lagging, retarding *(adj.)*.

Retardateur d'impulsions, pulse delay.

Retardé, deferred, delayed, longdelay, retarded.

Retardement, retardation.

Retarder, to delay, to retard, to throw back.

Retassure, shrinkage.

Retenir, to retain.

Réticulation, wrinkling.

Réticule, cross-hair, cross-line, hair-cross, hairline *(opt)*.

Réticule croisé, cross spiderline.

Retouche, patch.

Retour, homing, retrace, return.

Retour auto-commandé (à), self-scanning *(trc)*.

Retour du spot, flyback, retrace, return trace.

Retrait, constriction, contraction, shrinkage, shrinking, withdrawal, wrinkling.

Retransmettre, to rebroadcast, to re-radiate, to retransmit.

Retransmission, rebroadcast ; re-radiation, retransmission.

Rétrécissement, constriction, contraction, shrinkage, shrinking.

Rétroactif, retroactive *(sens général)* ; regenerative *(électr.)*.

Rétroaction, *v.* Réaction.

Rétrodiffusion, back diffusion (*ou* scattering).

Rétrograde, retrograde.

Rétroprojecteur, overhead projector.

Rétroviseur, rear-view mirror.

Réunir, to collect, to connect.

Révélateur, developer *(cin)*.

Revendeur, dealer, retailer.

Revendiquer, to claim.

Revenir en arrière, to come back.

Revenu, artificial ageing, tempering.

Réverbération, reverberation.

Réverbération (sans), echoless.

Réverbère, lamppost.

Réverbérer, to reverberate.

Réverbéromètre, reverberation (*ou* reverberation-time) meter.

Réversibilité, reversibility.

Réversible, reversible.

Revêtement, coat, coating, deposition, facing, forming, incrust, plating, skin.

Revêtement électrolytique, electrodedeposition, electroforming, electroplating, plating.

Revêtement protecteur, cell lining, resist.

Réviser, to revise, to tune up.

Révision, revision.

Révolution, orb, revolution.

Rhéocardiogramme, rheocardiogram.

Rhéocardiographie, rheocardiography.

Rhéostat, rheostat.

Rhéostat (à), rheostatic.

Rhéostat de champ, field regulator (*ou* rheostat).

Rhéostat au charbon, carbon rheostat.

Rhéostat à curseur, slide (*ou* slide-wire) rheostat.

Rhéostat de démarrage, motor (*ou* starting) rheostat.

Rhéostat en pont, potentiometer rheostat.

Rhombe, rhomb, rhumb.

Rhomboïdal, diamond-shaped.

Rhumbatron collecteur, catcher, catcher resonator.

Ride, hackle mark, wrinkle.

Rideau, array, curtain *(antennes)* ; shutter *(photo)*.

Rideau d'antenne, array curtain.

Rideau directionnel, directional array.

Riflard, riffler.

Rigide, inelastic, rigid, steady, stiff, tough.

Rigidité, rigidity, stiffness, strength, toughness.

Rigidité diélectrique, dielectric (*ou* disruptive *ou* electric *ou* insulating) strength.

Rigole, gutter.

Rinçage, flushing, washing.

Rivet, rivet.

Rivetage, riveting.

Riveter, to rivet.

Riveteuse, riveter, riveting machine.

Robinet, cock, faucet, tap.

Robinet de vidange, draincock.

Rochet, ratchet.

Rodé, ground, seasoned.

Rompre, to breach, to break.

Rond, round.

Ronde, semi-breve *(mus)*.

Rondelle, disc, disk, distance ring, washer ; dry disk *(redresseur)*.

Rondelle à collerette, cupwasher.

Rondelle Grower, lockwasher, spring-washer.

Rondelle Grower à rebord, bend-up lockwasher.

Rondelle de redresseur, rectifier disk (*ou* element).

Ronflement, hum, humming, humming noise.

Ronflement induit, hum pickup.

Ronflement d'onde porteuse, hum modulation.

Ronfleur, buzzer, growler, howler, sounder.

Ronger, to erode.

Rose des vents, rose compass.

Rosette, cake, rosette.

Rotacteur, channel selector.

Rotatif, rotable, rotary, rotatable, rotating.

Rotation, curl ; revolution, rotation.

Rotationnel, curl, rotational, spin.

Rotatoire, rotational, rotatory.

Rotor, armature, rotor.

Rotule, ball, ball-and-socket, knee, knee-grip.

Roue, wheel.

Roue d'angle, bevel wheel.

Roue conique, bevel wheel.

Roue dentée, cogwheel, gearwheel, toothed wheel.

Roue droite, spur gear (*ou* wheel).

Roue hélicoïdale, helical gear.

Roue libre, free wheel.

Roue motrice, driving wheel.

Roue phonique, phonic (*ou* tone) wheel.

Roue à rochet, click-and-ratchet wheel.

Roue tangente, worm-wheel.

Rouet d'antenne, aerial winch.

Rouille, rust.

Rouillé, rusty.

Rouleau, drum, roll, roller.

Roulement, axle bearing, bearing, tread.

Roulement à aiguilles, needle bearing.

Roulement à billes, ball bearing.

Roulement à rouleaux, roller bearing.

Rouler, to roll.

Roulette, castor.

Route aérienne, airway.

Routine, routine.

Routine d'assemblage, assembly routine.

Routine de détection d'erreur, error detection routine.

Routine de diagnostic, diagnostic routine.

Ruban, band, ribbon, tape.

Ruban huilé, cambric tape.

Ruban isolant, adhesive (*ou* friction *ou* insulating *ou* splicing) tape.

Ruban magnétique, magnetic tape.

Ruban perforé, punched tape.

Rubis, jewel ; ruby *(laser)*.

Rugosimètre, roughometer, rugosimeter.

Rugosité, rugosity.

Rupteur, breaker, contact breaker cutout, make-and-break mechanism, switch.

Rupteur thermique, thermal cutout (*ou* flasher *ou* switch).

Rupture, breakdown, rupture.

Rupture brusque (à), snap.

Rupture diélectrique, dielectric breakdown.

Rythme, cadence, rate, rhythm, rhythmus, tempo.

Rythme de variation, rate of change.

S

S-mètre, signal-strength indicator (*ou* meter), S-meter.

Sable, sand.

Sabot, collector shoe, pan, shoe, slider.

Sabot de frein, brake shoe.

Sac, bag.

Saccadé, fitful.

Sachet porte-film, film badge *(détection de radioactivité)*.

Saillie, protrusion.

Saisie, acquisition.

Saisie de données, data acquisition.

Saisir, to seize.

Saisonnier, seasonal.

Sale, dirty, unclean.

Saleté, dirt, soot, uncleanness.

Salifère, saliferous.

Salin, saline.

Salle des accumulateurs, accumulator plant.

Salle de commande, control room.

Salle d'exposition, showroom.

Salle de garde, watchroom.

Salle des opérateurs, operating room.

Salle des relais, apparatus room *(tph)*.

Salle réverbérante, live room.

Salle sourde, anechoic (*ou* dead) room, quietorium.

Salle de travail, instrument room *(tlg)*.

Salle de vision, showroom, viewing room.

Sandwich (en), sandwich-wound.

Saphir, reproducing stylus, sapphire.

Sapin, deal, fir, fir-tree.

Saponification, saponification.

Sas, air lock, lock chamber.

Satellite artificiel, artificial (*ou* man-made) satellite (*ou* moon).

Satellite de communications, communication satellite.

Satellite géodésique, geodesical satellite.

Satellite géophysique, earth resources technology satellite, E.R.T.S.

Satellite météo, weather (*ou* meteorological) satellite.

Satellite stationnaire, stationary satellite.

Satiné, glazed, satined.

Saturant, saturating.

Saturation, saturation.

Saturé, saturated.

Saturer, to saturate.

Saut, hop, jump, skip.

Saut conditionnel, conditional jump (*ou* transfer) *(mach. à calc.)*.

Saut inconditionnel, inconditional jump (*ou* transfer).

Saut obligatoire, unconditional jump (*ou* transfer) *(mach. à calc.)*.

Sautillement, flutter.

Sauvegarde des données, data safety.

Savant, scientist.

Savon, soap.

Scalaire, scalar.

S.C.A.R.T. *(Syndicat des Constructeurs d'appareils récepteurs et téléviseurs)* Radio and Television Receivers Manufacturers' Syndicate.

Scellable, sealable.

Scellement, seal, sealing.

Scellement de canalisation, duct sealing.

Sceller, to imbed, to seal, to seal off.

Scénario, script.

Scène, scene *(sens général)* ; stage *(plateau)*.

Schéma, circuit, diagram, drawing, erection drawing, flow sheet, general assembly, scheme, sketch.

Schéma de câblage, wiring diagram ; communication chart *(tlg)*.

Schéma fonctionnel, functional diagram.

Schéma imagé, dynamic demonstrator.

Schéma de montage, connecting (*ou* connection *ou* construction *ou* trunking *ou* wiring) diagram (*ou* layout), hook-up, layout.

Schéma de montage imagé, controller construction (*ou* controller wiring) diagram).

Schéma de principe, skeleton diagram.

Schéma simplifié, block diagram.

Schéma synoptique, block diagram.

Schématique, schematic.

Scie, saw.

Scie à découper, fret saw.

Scie à main, hand saw.

Scie mécanique, machine saw.

Scie à métaux, hacksaw.

Scie à plaquer, veneering web.

Science, science.

Scientifique, scientific.

Scintigramme, scintigram, scintiscan.

Scintigraphie, scintiscanning.

Scintillement, flicker, scintillation.

Scintiller, to flicker, to scintillate.

Scintillomètre, scintillation counter (*ou* meter), flicker meter.

Sciure de bois, sawdust.

Scorie, cinder, dross, floss, scoria, slag.

Scotopique, scotopic.

S.E. ou O. *(sauf erreur ou omission)* E/E, errors excepted.

Seau, bucket, pail.

Sec, droughty, dry.

Sécante, secant.

Séchage, drying, drying-out.

Sécheuse, dessicator, dryer.

Secondaire, secondary.

Seconde, second ; double prime (″).

Seconde majeure, whole step (*ou* tone) *(mus).*

Seconde mineure, half-step, semitone *(mus).*

Secours (de), emergency, standby.

Secousse, jerk, shake, shaking, shock.

Secteur, bay, section, sector, wing ; mains, power line, system *(réseau).*

Secteur alternatif, A.C. mains.

Secteur continu, D.C. mains.

Secteur continu trois fils, Edison distribution system.

Section, bay, section.

Sections coniques, conics.

Section efficace, cross section.

Section fendue, squeeze *(guides d'onde).*

Section d'induit, element of winding.

Section transversale, cross (*ou* lateral) section.

Sectionné, sectoral.

Sectionnement, sectioning.

Sectionneur, disconnecting link, section (*ou* sectionalizing) switch ; sectionalizer.

Séculaire, centennial, secular.

Sécurité, safety, security.

Sécurité des données, data security.

Sécurité de fonctionnement, reliability, reliableness.

Sédiment, deposition, sediment.

Sédimentation, settling.

Segment, segment, piston ring *(moteurs).*

Segment de caractère, character stroke.

Sel, salt.

Sel ammoniac, salmiac.

Sélecteur, selector, selector switch, allotter, director.

Sélecteur asservi, code selector.

Sélecteur de canaux, channel selector.

Sélecteur dc chiffres, digit selector.

Sélecteur de départ, out-trunk switch *(tph).*

Sélecteur discriminateur, discriminating selector.

Sélecteur final, final selector.

Sélecteur primaire, A-digit (*ou* access) selector, register.

Sélecteur principal, allotter.

Sélecteur à rappel de chercheur, digit-absorbing selector.

Sélecteur secondaire et tertiaire, B-C-digit selector.

Sélecteur de sensibilité, scale switch.

Sélecteur unidirectionnel, uniselector.

Sélectif, selective.

Sélection, choice, selection.

Sélection de cellules *(par application de deux ou de plusieurs courants),* coincident-current selection *(mach. à calc.).*

Sélection (des réponses radar utiles), degarbling.

Sélectionné, selected.

Sélectionner, to select.

Sélectivité, image response, selectivity, selectivity factor.

Sélectivité adjacente, adjacent-channel selectivity.

Sélectivité variable, expanding-channel selectivity.

Self, reactance *(dés) ;* reactor.

Self de filtrage, filter choke.

Self de parole, modulating choke.

Self de protection, bus (*ou* current-limiting) reactor.

Sels grimpants, creeping, top crust.

Semelle, base, pedestal, sole.

Semi-absolu, semi-absolute.

Semi-argenté, semi-silvered.

Semi-automatique, semi-automatic.

Semi-calme, semi-killed.

Semi-circulaire, semi-circular.

Semi-conducteur, semi-conductor

Semi-duplex, half-duplex.

Semi-nœud, partial node.

Semi-sélectif, semi-selective.

Sens, direction, sense.

Sensation, feeling, sensation.

Sensation limite, threshold of feeling.

Senseur, sensor.

Sensibilisé, sensitized.

Sensibiliser, to sensitize.

Sensibilité, detectivity, sensitivity, responsiveness, sensibility, sensitiveness ; deflection sensitivity *(trc)* ; speed *(photo)*.

Sensibilité chromatique, color response.

Sensibilités (à deux), double-range, dual, dual-range.

Sensibilité différentielle, contrast sensitivity.

Sensibilité dynamique, dynamic sensitivity.

Sensibilité de référence, zero-level sensitivity.

Sensibilité spectrale, color sensitivity.

Sensible, sensible, sensitive.

Sensitomètre, sensitometer.

Séparateur, clipper, isolator, outrigger, separator ; amplitude (*ou* synchronizing) separator *(tlv)* ; separating chamber *(cuve)*.

Séparateur centrifuge d'isotopes, concurrent centrifugator.

Séparateur de colonnes, column split.

Séparateur des couleurs, color splitter.

Séparateur de mots, word separator.

Séparation, parting, separation.

Séparation électrolytique, electrolytic parting.

Séparé, parted, resolved, separate, separated.

Séparer, to part, to resolve, to separate, to unjoin.

Séquence, sequence, succession.

Séquence d'appel, calling sequence.

Séquence de classement, collating sequence.

Séquence de contrôle, check sequence.

Séquence de données, data sequence.

Séquence d'exécution, step.

Séquence d'images (à), field-sequential *(tlv coul.)*.

Séquence de points (à), dot-sequential *(tlv coul.)*.

Séquence de test automatique, self check routine.

Séquentiel, sequential.

Série, cascade, series, suite, tandem.

Série exponentielle, power series.

Série des tensions, electrochemical (*ou* electromotive) series.

Serrage, binding, clamping, fastening, jamming, locking, tightening.

Serré, tight.

Serre-câbles, cable grip.

Serre-fils, binding post (*ou* screw), clamp, connecting terminal, connector.

Serre-tête, earphone.

Serrer, to bind, to clamp, to close, to fasten, to jam, to lock, to tighten, to truss.

Sertir, to crimp on, to flange.

Service, duty, service, working.

Service d'appels téléphoniques, demand service.

Service après vente, after sale.

Service d'entretien, field service.

Service continu, full (*ou* heavy) duty.

Service de gestion informatique, teleprocessing management.

Service interurbain à tarif réduit, extended-area service.

Service permanent, continuous duty.

Servir, to attend.

Servomécanisme, servo, servomechanism.

Servo-moteur, servomotor.

Seuil, cutoff, dead-stop end (*ou* starting) point, limit, threshold.

Seuil d'audibilité, minimum audibility, threshold of audibility (*ou* detectability *ou* hearing).

Seuil différentiel de chromaticité, minimum perceptible chromaticity, m.p.c.d.

Seuil de discrimination, discriminator threshold value.

Seuil de douleur, threshold of pain (*ou* tickle).

Seuil d'éblouissement, threshold of dazzling.

Seuil d'instabilité, stability limit.

Seuil de perception, threshold of feeling.

Seuil de sensibilité, critical (*ou* cutoff *ou* minimum) wavelength *(opt)*; quieting-signal sensitivity *(radio)*; threshold of feeling (*ou* sensation) *(sens)*.

S.F.E. *(Société Française des Électriciens)* French Electrical Engineers Society.

S.F.P. *(Société Française de Physique)* French Society of Physics.

Shunt, bridge, shunt.

Shunt magnétique, keeper, magnet keeper.

Shunt universel, Ayrton (*ou* universal) shunt.

Shuntage, bridging, shunting.

Shunter, to bridge across, to shunt.

Si, B *(mus)*.

Siège, seat.

Sifflement, birdie, frying, hiss, whistle, whistling.

Siffler, to hiss, to whistle.

Signal, signal *(sens général)*; landmark *(repère)*.

Signal d'accusé de réception, answer (*ou* acknowledging) signal.

Signal d'alarme, alarm (*ou* warning) signal.

Signal aléatoire, random signal.

Signal annonciateur, supervisory signal.

Signal d'appel, forward-transfer (*ou* ring-forward) signal, ringing.

Signal d'appel audible, audible-ringing signal.

Signal d'appel par impulsions, impulsing signal.

Signal d'appel en tiers, backward-transfer signal.

Signal d'attaque, driving signal.

Signal brouilleur, jamming, jamming signal, road drill.

Signal de cadrage, phasing line *(facsimilé)*.

Signal de chromaticité, color signal.

Signal de clôture, clearing signal.

Signal de commande, control signal.

Signal compensateur, shading signal *(tlv)*.

Signal complexe, sequence signal.

Signal de contrôle, test-busy signal *(tph)*.

Signal correcteur, patch *(mach. à calc.)*.

Signal de couleurs complet, composite color signal.

Signal de début de communication, clear-down signal.

Signal de déclenchement, prefix, prefix signal *(tlg)*; keying (*ou* driving) signal *(autres applications)*.

Signal de détresse, distress signal.

Signal à éclats, flashing-light (*ou* flashing) signal.

Signal de fin de communication, clear-back (*ou* clear-forward *ou* release) signal; *(USA)* auxiliary signal.

Signal d'horloge, timing signal.

Signal d'identification, pilot signal.

Signal d'image, picture (*ou* video *ou* vision) signal.

Signal d'image complet, composite video signal.

Signal inhibiteur, inhibiting input (*ou* signal).

Signal initial d'appel, seizing signal *(tph)*.

Signal d'interruption, breakdown signal.

Signal de ligne, audible-busy signal, dial tone, end-of-selection signal.

Signal de ligne libre, free-line (*ou* proceed-to-dial) signal.

Signal de luminance, monochrome signal.

Signal d'occupation de ligne, busy signal (*ou* tone), N.U. (*ou* number-unobtainable) tone.

Signal oscillant, wig-wag signal *(ch. de fer)*.

Signal de rappel, ring-back signal *(tph)* ; call-back signal *(radio)*.

Signal de répétition, repeated signal.

Signal de repos, interval signal.

Signal sémaphorique, semaphore signal.

Signal de séparation des luminances, by-pass monochrome signal.

Signal de suppression, blanking signal.

Signal vidéo, *v.* Signal d'image.

Signal vidéo couleurs, color picture (*ou* pix) signal.

Signalisateur, indicator.

Signalisation, indication, signalling, signal operation.

Signalisation automatique, automatic signalling.

Signaux horaires, time signals.

Signe, sign, symbol.

Silencieux, muffler, silencer *(méc)* ; hum-free, noise-free, noise-proof, noiseless, quiescent, quiet, silent *(adj.)*.

Silhouette, contour, silhouette.

Silicium, silicon, silicum.

Silicone, silicone.

Sillon, groove, spiral, track.

Sillon central, eccentric circle.

Sillon fermé, concentric (*ou* locked) groove.

Sillon final, eccentric spiral, lead-out (*ou* throw-out) groove.

Sillon initial, lead-in groove.

Sillon intérieur, syn. de *Sillon fermé.*

Sillon intermédiaire, crossover (*ou* lead-over) groove.

Sillon sans modulation, blank groove.

Sillon trapézoïdal, V-groove.

Simple, simple *(facile)* ; single *(unique)*.

Simple effet (à), single-acting.

Simplex, simplex.

Simplifié, elementary, simplified, short-cut.

Simulateur, simulator.

Simulateur de réseau, network calculator.

Simulateur de vol, flight simulator.

Simuler, to simulate.

Simultané, simultaneous.

Singulet, singlet.

Singulier, odd.

Sinistre, claim, damage, havoc.

Sintérisé, sintered.

Sintériser, to sinter.

Sinueux, circuitous.

Sinus, sine.

Sinus hyperbolique, hyperbolic sine.

Sinusoïdal, sine, sinoidal, sinusoidal.

Sinusoïde, poid, sinusoid, sine curve.

S.I.P.A.R.E. *(Syndicat des Industries de Pièces détachées et accessoires radioélectriques et électroniques)*, Radio and electronic components and spare parts Industries Syndicate.

Site, site.

S.I.T.E.L. *(Syndicat des Industries de Tubes électroniques)*, Electronic tubes Industries Syndicate.

Skiatron, dark-trace tube, skiatron.

S.L.T., contraction of « Solid Logic Technology ».

S.N.I.R. *(Syndicat National des Industries Radioélectriques)*, Radio Industries National Syndicate *(ce sigle est périmé ; v.* F.N.I.R.E.).

Société de service, software house.

Socle, pedestal, sole.

Sodium, natrium, sodium.

Software, software.

Soie, silk.

Sol, G *(mus)* ; ground, land, soil *(terre)*.

Solaire, solar, sun.

Solarimètre, solarimeter.

Solarisation, solarization.

Solde, remainder.

Solder un compte, to balance an account.

Sole, hearth, sole.

Soleil, sun ; sunlight *(cin)*.

Solénoïde, helix, solenoid.

Solide, body, solid *(masse) ;* heavy, sturdy, sound, standing, strong, substantial *(adj.)*.

Solide colorimétrique, color solid.

Solidification, solidification.

Solidifier, to solidify.

Solidité, fastness, solidity, ruggedness, soundness.

Sollicitation, effort.

Solubilité, solubility, throwing power.

Soluble, soluble.

Solution, solution.

Solution chimique, dip.

Solution détachante, strip.

Solution mercurielle, blue dip.

Solution-mère, mother.

Solution de polissage, bright dip.

Solvant, extraction (*ou* leach) liquor, leach, solvent.

Sombre, dark, dull, dullness, dusky, murky.

Sommabilité, summability.

Sommable, summable.

Sommateur, adder.

Sommation, sum, summation.

Somme, sum, summation.

Somme des racines carrées, root-sum-square, rss.

Sommeil électrique, electric sleep, narcosis.

Sommet, apex, cap, summit, top, vertex.

Sommet d'un pont, bridge apex.

Son, audio, note, sound, tone ; aural signal *(tlv)*.

Son de bande, white sound.

Son de combinaison, combination sound.

Son complexe, complex sound.

Son différentiel, difference tone.

Son grave, deep tone.

Son neutre, inharmonic (*ou* neutral) sound.

Son plein, round tone.

Son pur, clean (*ou* simple) tone.

Son résultant, summation tone.

Son synthétique, synthetic sound.

Sondage, sounding *(mesure) ;* survey *(enquête)*.

Sondage par écho, reflection sounding.

Sondage ultrasonore, echo (*ou* supersonic *ou* ultrasonic) sounding.

Sonde, point electrode, probe, sonde, rod, stub, test prod (*ou* probe), testing spike, tracking rod, wand.

Sonde électrique, electrolyzer.

Sonde microphonique, sonde microphone.

Sonde sonore, fathometer.

Sonde spatiale, space sonde.

Sonder, to bear, to probe, to test *(sens général) ;* to survey *(enquêter)*.

Sondeur, depth-finder, fathometer, sounder.

Sondeur acoustique, sonic depth-finder.

Sondeur ultrasonore, echo (*ou* supersonic *ou* ultrasonic) sounder.

Sone, sone.

Sonner, to ring ; to test *(vérifier)*.

Sonnerie, bell ring, ringing.

Sonnerie d'appel, bell call.

Sonnerie continue, machine ringing *(tph)*.

Sonnerie à retardement, delayed ringing *(tph)*.

Sonnerie rythmée, interrupted ringing *(tph)*.

Sonnette, bell, ringer.

Sonnette d'alarme, alarm (*ou* fire) bell.

Sonnette d'appel, call bell, ringer station.

Sonnette électrique, electric bell.

Sonnette à trembleur, trembler bell.

Sonomètre, audiometer, phonometer, sonometer, sound analyzer, sound-level meter.

Sonomètre acoustique, acoustic radiometer.

Sonore, aural, sound, speech, tonal, tone.

Sonorisation, sound installation *(action)* ; sound equipment *(appareillage)* ; scoring *(cin)*.

Sortance, fan-out.

Sortie, outlet, output.

Sortie différée, delayed output.

Sortie dans l'ordre d'arrivée, first in first out (F.I.F.O.).

Sortie d'un programme, program exit.

Sortir sur imprimante, to print out.

Soudabilité, weldability.

Soudable, weldable.

Soudage, welding.

Soudage à l'arc, arc (*ou* electrode *ou* spark) welding.

Soudage automatique, automatic welding.

Soudage sur bords libres, free-edge welding.

Soudage à bords relevés, flange (*ou* ridge) welding.

Soudage en bouchon, plug welding.

Soudage en bout, flash-butt welding.

Soudage bout à bout, butt (*ou* upset-butt) welding.

Soudage à boutons, button welding.

Soudage à clin, lap welding.

Soudage continu, continuous welding.

Soudage électrique, electric welding.

Soudage par fusion, fusion welding.

Soudage à l'hydrogène atomique, atomic-hydrogen welding.

Soudage par induction, induction welding.

Soudage à la main, manual welding.

Soudage à la main par points, poke welding.

Soudage par percussion, percussion (*ou* percussive) welding.

Soudage au plafond, overhead welding.

Soudage à plat, down-hand (*ou* flat) welding.

Soudage par points, point (*ou* spot) welding.

Soudage par points à impulsions, interrupted-spot welding.

Soudage à pression, pressure welding.

Soudage par projection, projection welding.

Soudage par résistance, resistance welding.

Soude, barilla, natron.

Soudé, brazed, soldered, welded.

Soude caustique, caustic soda.

Souder, to braze, to join, to solder, to weld.

Souder au four, to shrink.

Soudeur, welder.

Soudeuse, welder, welding outfit (*ou* machine).

Soudure, bond, brazing, sweating, weld *(action)* ; flux, joint, solder *(matière)*.

Soudure (sans), solderless.

Soudure affleurée, flush weld.

Soudure en angle, corner weld.

Soudure en angle extérieur, outside-corner weld.

Soudure à l'arc au charbon, carbon-arc weld.

Soudure circulaire, girth seam.

Soudure à clin, fillet weld.

Soudure continue à couvre-joint, bridge-seam weld.

Soudure en corniche, corner weld.

Soudure défectueuse, dry joint.

Soudure demi-montante, inclined weld.
Soudure à double chanfrein, double-bevel weld.
Soudure électrique, electric brazing (*ou* welding).
Soudure enrobée, cored solder.
Soudure de fond, head seam.
Soudure à la résine, rosin-core solder.
Soudure à simple chanfrein, single-bevel weld.
Soudure en T, tee weld.
Soudure verre-métal, glass-metal (*ou* glass-to-metal) seal.
Soufflage, blowing.
Soufflage d'arc, spark blow-out.
Soufflage du verre, glass blowing.
Souffle, thermal (*ou* tube) noise.
Souffle d'antenne, aerial noise.
Souffler, to blow.
Soufflerie, blast, blower.
Soufflet, bellows.
Souffleur, air blower.
Souffleur d'étincelles, spark blow-out.
Soufflure, blister, blow-hole, fin.
Soufre, brimstone, sulphur.
Soulager, to relieve.
Soulever, to lift, to upheave.
Soumissionnaire, contractor.
Sounder, sounder.
Soupape, clack, valve.
Soupape d'admission, intake valve.
Soupape d'arrêt, check valve.
Soupape d'échappement, release valve.
Soupape de sûreté, blow-off valve.
Soupir, crotchet-rest *(mus)*.
Souple, flexible, lithe, versatile, yielding.
Souplesse, flexibleness, litheness.
Souplesse d'emploi, versatility.
Soupliso, spaghetti, tubing.
Source, source.
Source d'alimentation, power supply, supply.
Source des données, data source.
Service d'information, information source.
Source lumineuse, light (*ou* lighting) source, illuminant, luminant.
Source omnidirectionnelle, simple source.
Source scellée, sealed source.
Source non scellée, unsealed source.
Sourd, deaf.
Sourdine, damper, silencer ; mute *(mus)*.
Sous-bande, subband.
Sous-commutateur, subcommutator.
Sous-critique, subcritical.
Sous-ensemble, subassembly, sub-unit, subset.
Sous-ensemble de caractères, character subset.
Sous-espace, subspace.
Sous-exposition, underexposure.
Sous-gamme, subrange.
Sous-harmonique, subharmonic.
Sous-ingénieur, assistant engineer.
Sous-marin, submarine ; subaqueous, submersible, underwater *(adj.)*.
Sous-marin à propulsion nucléaire, A-sub.
Sous-modulation, undermodulation.
Sous-multiple, submultiple.
Sous-porteuse, subcarrier.
Sous-porteuse de chrominance, chrominance subcarrier.
Sous-produit, by-product, after-product.
Sous-programme, subroutine.
Sous-programme fermé, out of line program.
Sous-programme ouvert, in-line program.
Sous-routine, subroutine.
Sous-sol, subsoil, underground.
Sous-station, substation.
Sous-station de distribution, loadcenter unit substation.

Sous-station électrique, electric-power substation.

Sous tension, alive.

Sous-tension, undervoltage.

Soustractif, substractive.

Soustraction, substraction.

Soustraire, to substract.

Soustrait, substracted.

Soutenir, to bear, to support, to sustain, to underlay.

Souterrain, tunnel ; buried, subterranean, subterraneous, underground, underrunning *(adj.)*.

Soutien, prop, propping.

Spallation, spallation.

Spath calcaire, calcspar.

Spatial, spatial.

Speaker, announcer.

Spécial, odd, special.

Spécialiste, craftsman, dab, skilled worker.

Spécification, specification, spec.

Spécification de fichier, file name extension.

Spécifications de traitement, processing specifications.

Spécifique, specific.

Spécimen, specimen.

Spectacle, show.

Spectateur, picture-goer *(cin)*.

Spectral, spectral.

Spectre, spectrum (*pl.* spectra).

Spectre d'absorption, absorption spectrum.

Spectre de bande, band spectrum.

Spectre continu, continuous spectrum, continuum.

Spectre d'égale énergie, equi-energy stimulus *(opt)*.

Spectre d'émission, emission spectrum.

Spectre d'énergie de fission, fissioning distribution.

Spectre d'étincelles, spark spectrum.

Spectre de fréquences, frequency spectrum.

Spectre de fuite, leakage spectrum.

Spectre de masse, mass spectrum.

Spectre métamérique, metamer.

Spectre moléculaire, molecular spectrum.

Spectre de raies, line spectrum.

Spectre de réseau, interference spectrum.

Spectrogramme, spectrogram.

Spectrographe, spectrograph, spectrometer, spectroradiometer.

Spectrographe de masse, mass spectrograph (*ou* spectrometer) ; atom sorter.

Spectromètre, spectrometer.

Spectrophotomètre, spectrophotometer.

Spectroscope, spectroscope.

Spectroscopie, spectroscopy.

Spéculaire, mirror, specular.

S.P.E.R. *(Syndicat des Industries du Matériel professionnel électronique et radioélectrique)*, Electronic and radio professional equipment Industries Syndicate.

Sphère, sphere.

Sphère d'Ulbricht, sphere photometer.

Sphéricité, orbicularness.

Sphérique, ball-shaped, spherical.

Sphygmophone, sphygmophone.

Spider, spider.

Spin, spin, angular momentum.

Spintermètre, ball spark-gap, sphere-gap voltmeter, spintermeter.

Spinthariscope, spinthariscope.

Spiral, hairspring, involute (*ou* spiral) spring.

Spirale, helix, turn, spiral, volution.

Spiralé, coiled, spiralled.

Spirale finale, lead-out (*ou* throw-out) spiral.

Spirale initiale, lead-in spiral.

Spire, convolution, turn.

Spire compensatrice, quadrature band.

Spire de court-circuit, shading ring, slug, strap.

Spire morte, idle turn.

Spongieux, spongy.

Spooling, spooling.

Sporadique, sporadic.

Spot, spot.

Spot mobile, flying spot.

Stabilisateur de fréquence, frequency control (*ou* monitor).

Stabilisateur de niveau, sync-stretcher.

Stabilisateur de tension, voltage stabilizer.

Stabilisation, fixation, stabilization.

Stabilisé, fixed, stabilized.

Stabilité, firmness, fixation, fixture, stability, steadiness.

Stabilité normale, steady-state stability.

Stable, firm, stable, steady, still ; mar-proof *(tlv)*.

Staff, stucco.

Standard d'abonné, private-branch exchange.

Standardiste, announcer, attendant, operator.

Starter, starter ; glow switch *(lampes fluorescentes)*.

Starter automatique, automatic starter, autostarter.

Starter à bilame, bimetallic starter.

Statif, stand.

Station, station.

Station d'accumulateurs, accumulator plant.

Station asservie, drift (*ou* slave) station.

Station de base, base station.

Station de bord, ship station.

Station côtière, shore station.

Station de données, data station.

Station électrique, power plant (*ou* station).

Station émettrice, sending (*ou* transmitting) station.

Station expérimentale, developmental station.

Station d'interconnexion, interlocking plant.

Station de lecture, reading station.

Station mobile, mobile (*ou* transportable) station (*ou* unit).

Station périphérique, remote station.

Station pilote, master.

Station principale, dominant station.

Station-relais, radio relay, relay point (*ou* station).

Station semi-automatique, partial automatic station.

Station télécommandée, remote-controlled station.

Station terminale, terminal unit.

Stationnaire, standing, stationary.

Statique, static, statical.

Statistique, statistics ; statistical *(adj.)*.

Stator, stator.

Stator fractionné, split stator.

Stéarine, stearin.

Stéatite, soapstone, steatite.

Stéradian, steradian.

Stéréométrie, stereometry.

Stéréométrique, stereometrical.

Stéréophonie, binaural effect, stereophony.

Stéréophonique, stereophonic.

Stéréoradiographie, stereoradiography.

Stéréoréverbération, ambiophony, stereoreverberation.

Stéréoscope, stereoscope.

Stéréoscopique, stereoscopic, three-dimensional, 3-D.

Stilbance, emissivity.

Stimulateur, stimulator.

Stock, stock.

Stockage, storage.

Stratifié, laminated.

Stratosphère, stratosphere, upper atmosphere.

Stratovision, stratovision.

Striction, reduction of area, striction.

Strie, stria.

Strié, rippled, serrated, striated.

Striure, rib, stria.

Stroboscope, stroboscope.

Stroboscopie par étincelles, spark photography.

Stroboscopique, stroboscopic.

Structure, structure.

Structure complexe, multiple item.

Structure hyperfine, hyperfine structure.

Structure de l'information, information structure.

Structure logique, logical design.

Structure séquentielle, sequential data structure.

Studio, studio.

Style, style *(art)* ; stylus *(graveur)*.

Subdivisé, subdivided.

Subsidiaire, subsidiary.

Substance, material, substance.

Substance adsorbée, admixture.

Substance luminescente, phosphor.

Substituer, to substitute.

Substrat, substrat.

Substratum, substratum, underlayer.

Successif, alternative, successive, sequential.

Succession, grading, succession, sequence.

Succion, sucking, suction.

Suceur, sucker.

Suie, colly, soot.

Suif, tallow.

Suintement, oozing, running, seepage.

Suinter, to ooze.

Suivre, to follow, to trace.

Sujet, subject.

Sulfatation, sulphating, sulphation.

Sulfate, sulphate.

Sulfaté, sulphatic.

Sulfate de cuivre, blue vitriol.

Sulfite, sulphite.

Sulfuration, sulphuration.

Sulfure, sulphide.

Sulfuré, sulphurate.

Sulfureux, sulphureous, sulphurous.

Sulfurique, sulphuric.

Sulfurisé, sulphurated.

Superaudible, ultrasonic.

Superficiel, superficial, surface.

Superhétérodyne, super, superhet, superheterodyne.

Supérieur, superior, top, upper.

Superintensif, super-H.I.

Superposé, stacked, superimposed, superjacent, superposed.

Superposition, stacking, superimposition, superposition.

Superpression, super-high pressure.

Superréaction, superregeneration.

Supersonique, supersonic, ultrasonic.

Superstructure, superstructure.

Superviseur, supervisor.

Supplémentaire, additional, complementary, suppletive.

Support, base, bracket, carrier, clamp, console, girder, hanger, holder, mounting, rack, support, rest, sill, socket, spider, stand, medium.

Support (sans), bodyless, supportless.

Support adaptateur, socket adapter *(lampes)*.

Support anti-glissant, crowfoot.

Support anti-vibratoire, cushioned socket, rubber mounting, shock absorber.

Support d'appareil téléphonique, desk-stand.

Support banalisé, scratch file.

Support de caténaire, catenary hanger.

Support de cathode, core.

Support de cristal, crystal holder.

Support de données, data medium.

Support de fusible, cutout (*ou* fuse) base.

Support d'induit, armature quill (*ou* soider).

Support de roulement, bearing pedestal.

Support de tube, tube holder (*ou* socket).

Support de tube (plat), wafer socket.

Supporter, to bear, to support, to sustain, to stand, to upbear.

Suppresseur, eliminator, suppressor.

Suppresseur d'écho, echo (*ou* singing) killer (*ou* suppressor).

Suppression, elimination, erasement, erasure, holding-off, killing, suppression.

Suppression du faisceau, blanking, gating *(trc)*.

Suppression de ligne, horizontal blanking.

Suppression de l'onde porteuse, carrier suppression.

Suppression de trame, vertical blanking.

Supprimer, to eliminate, to erase, to kill, to suppress, to supersede, to suppress.

Supraconductibilité, superconductivity.

Sûr, reliable, safe.

Suralimenté, supercharged.

Suramortissement, overdamping.

Suramplification, overshoot, overshooting.

Surcharge, blasting, overcharging, overload, overrun.

Surchargé, supercharged, superloaded.

Surchauffé, overheated.

Surchauffeur, superheater.

Surcritique, above critical, supercritical.

Surdité, deafness.

Surépaisseur, reinforcement.

Sureté, safety.

Surexcitation, overexcitation.

Surexcité, overdriven.

Surexposé, burned up, overexposed *(cin)*.

Surfaçage, shaving *(disques)*.

Surface, area, surface.

Surface de chauffe, flue surface.

Surface critique, critical area.

Surface diffusante, scattering surface.

Surface d'onde, wave front.

Surface portante, bearing surface.

Surface sensible, material *(cin)*.

Surface de séparation, edge plane.

Surfacique, surface.

Surimpression, overprinting, superimposition.

Surintensité, excess current, overcurrent.

Surmodulation, overmodulation, overshooting, upward modulation.

Surnager, to float.

Surpression, excess (*ou* high) pressure, overpressure.

Sursaturation, oversaturation, supersaturation ; color overload *(tlv)*.

Sursaturé, supersaturated.

Sursaturer, to supersaturate.

Surtension, excess (*ou* boosting) voltage, overpotential, overvoltage, supertension, voltage surge *(dans ces expressions, « voltage » peut être remplacé par « pressure » qui a la même signification)*.

Surtension électrolytique, electrolytic excess voltage.

Surveillance, control, survey, watching.

Surveillant, controller, supervisor, surveyor, watchman.

Surveiller, to attend, to survey, to watch.

Survolté, overrun.

Survolteur, booster, positive booster.

Survolteur-déphaseur, quadrature booster.

Survolteur-dévolteur, positive-negative booster.

Susceptance, susceptance.

Susceptibilité, susceptibility.

Susceptibilité magnétique, magnetizability.

Suspendre, to hang, to hang on, to hang over, to suspend.

Suspendu, hanged, overhead, pensile, suspended *(méc)* ; delayed, retained *(arrêté)*.

Suspension, hanging, overhanging, suspension *(méc)* ; delay *(arrêt)*.

Suspension d'appel, delay working *(tph)*.

Symbole, symbol.

Symétrie, symmetry.

Symétrie de révolution (à), rotationnally symmetric.

Symétrique, balanced, matched, push-pull, symmetrical.

Symétriquement, symmetrically.

Synchrocyclotron, synchrocyclotron.

Synchrone, synchronous, zero beat.

Synchronisation, phasing, synchronization, time control ; scoring *(cin)*.

Synchronisation automatique (à), self-synchronizing.

Synchronisation compensée, fly-wheel synchronization.

Synchronisation des émetteurs, control of electronic radiation, conelrad.

Synchronisation par le secteur, mains synchronizing.

Synchronisation en volant, fly-wheel synchronization.

Synchronisé, synchronized, sync.

Synchronisé avec la parole, lipsynchronous *(cin)*.

Synchroniser, to bring into step, to synchronize.

Synchroniseur, phaser, synchronizer.

Synchronisme, synchronism.

Synchronoscope, synchronoscope.

Synchrophasotron, synchrophasotron.

Synchrotron à électrons, electron synchrotron.

Synchrotron à particules lourdes, heavy-particle synchrotron, bevatron, cosmotron.

Synthèse, building-up, synthesis.

Synthétique, synthetic.

Syntonie, syntony.

Syntoniser, to syntonize, to tune.

Système, device, system.

Système absolu, absolute system.

Système accélérateur, speed-up device

Système d'accord, tuner, tuning device.

Système actif, actuator, operation unit.

Système additif, adder.

Système à aiguille, single-needle system *(tlg)*.

Système d'antenne, aerial system, array.

Système anti-parasites, noise eliminator (*ou* killer *ou* suppressor *ou* trap).

Système d'appel, calling device.

Système asservi, locked (*ou* locked-in *ou* triggered) system.

Système à bande latérale unique, single-band (*ou* single-sideband) system.

Système de base, basic system.

Système binaire, binary system.

Système chronométrique, interval timer.

Système combinatoire, combinational system.

Système complexe, diversity (*ou* space-diversity) system *(antennes)* ; complex system *(sens général)*.

Système à courant constant, closed-circuit system *(tlg)*.

Système à courants porteurs, carrier system.

Système à courant unidirectionnel, single-current system.

Système de diffusion publique, public-adress system.

Système diversité, diversity (*ou* space-diversity) system.

Système duodécimal (à base 12), duodecimal system.

Système duplex différentiel, differential-duplex system.

Système duplex équilibré, bridge-duplex system.

Système évolué, sophisticated system.

Système de fermeture, shutdown device.

Système hexadécimal (à base 6), hexadecimal system.

Système d'information, information system.

Système inversible, reversible process.

Système du laboratoire, laboratory system.

Système des limites absolues, absolute-maximum system.

Système des limites moyennes, design-center maximum system.

Système non asservi, free-running system.

Système de référence, frame of reference.

Système régulateur, regulating device.

Système sensible, sensing device, sensor.

Système séquentiel, sequential system.

Système sexadécimal (à base 16), sexadecimal system.

Système à sonnerie d'appel, call-bell system.

T

T magique, magic T (*ou* tee).

Table, desk, panel, table, register *(méc)* ; table, tabulation *(calcul)*.

Table d'admission, stock table.

Table de contrôle, control block.

Table de conversion, conversion table.

Table d'écoute, circuit-splitting panel, monitor desk, switchboard section.

Table des fréquences optimales, communication-zone indicator, C.O.Z.I., propagation-frequency evaluation set, P.F.E.S.

Table de symboles, symbol table.

Table de temps de pose, exposure table (*ou* timer).

Table traçante, plotting board.

Table de vérité, truth table.

Tableau, board, chart, display, panel, switchboard ; table, tabulation *(calcul)*.

Tableau annonciateur, answering equipment, display panel *(tph)*.

Tableau de bord, dashboard, instrument panel.

Tableau de charge, accumulator switchboard.

Tableau de clefs, digit-key strip *(tph)*.

Tableau de commande, instrument panel, power switchboard.

Tableau de connexions, control pannel.

Tableau de distribution, distribution board (*ou* switchboard).

Tableau d'étalonnage, graph card, calibration (*ou* tuning chart).

Tableau manuel, A (*ou* B)-switchboard, manual switchboard *(tph)*.

Tableau multiple, multiple answering equipment *(tph)*.

Tableau noir, blackboard.

Tableau de travail, operation preview (*ou* record).

Tâche, task.

Tache, fleck, macula, spot, spotting-out, stain.

Tache cathodique, cathode spot.

Tache lumineuse, flare.

Tache solaire, sunspot.

Tacheté, oculated, spotted, stained.

Tachygraphe, tachograph, tachygraph.

Tachymètre, revolution counter (*ou* meter), speed indicator, speedometer, tach, tachometer.

Taille, cut, cutting, grinding *(action)* ; pitch, size *(dimensions)*.

Taillé, cut, ground, hewn.

Taille A.T., A.T.-cut.

Taille de Curie, normal (*ou* X-) cut.

Taille Y, Y-cut.

Talc, talcum.

Talus, incline.

Tambour, cylinder, drum, roller ; sprocket *(cin)*.

Tambour de câble, cable reed.

Tambour débiteur, feed sprocket *(cin)*.

Tambour-guide, guide roller *(cin)*.

Tambour magnétique, magnetic drum.

Tambour récepteur, take-up sprocket *(cin)*.

Tampon, buffer *(batterie)* ; bushing *(bâtiment)*.

Tamponnage, bush hammering.

Tandem, tandem.

Tangente, tangent.

Tangentiel, tangential.

Tantale, tantalum.

Taquet, cleat.

Taraud, screw tap, tap-borer.

Tarauder, to tap.

Tare, dead weight.

Tarif, tariff.

Tarif dégressif, diminishing (*ou* sliding-scale) tariff.

Tarif à dépassement, overload tariff.

Tarif double, double tariff.

Tarif forfaitaire, restricted tariff.

Tarif mixte à tranches, block-rate tariff.

Tarif mixte à deux tranches, Hopkinson (*ou* two-part) tariff.

Tarif de nuit, night (*ou* out-of-demand) tariff.

Tarif de pointe, maximum-demand tariff.

Tarif réduit, low rate, low-rate (*ou* reduced) tariff.

Tarif simple, all-in tariff.

Tarif à tranches, multi-rate tariff.

Tartre, boiler scale.

Tasseau, hanging rack.

Tassement, packing, tamping.

Tâteur, point electrode.

Taux, amount, degree, factor, rate, ratio *(quantité)* ; quota *(proportion)*.

Taux d'activité, activity ratio.

Taux d'amplitude, peak-to-valley ratio.

Taux d'analyse, scanning rate.

Taux de comptage, counting rate.

Taux de décroissance, rate of decay.

Taux de distorsion, distortion factor.

Taux d'écrêtage d'impulsions, pulse-limiting rate.

Taux d'enrichissement, breeding (*ou* enrichment) factor.

Taux d'épuration, decontamination factor.

Taux de fluctuation, flutter factor *(disques)*.

Taux d'impulsions, pulse-duty factor.

Taux d'irradiation, dose rate.

Taux maximal d'évaporation, maximum evaporation rate, M.E.R.

Taux de modération, moderating ratio.

Taux de modulation, DC/AC ratio (*ou* ripple), degree of current rectification, smoothing factor *(redressement)* ; degree of modulation, modulation percentage *(basse fréquence)* ; white-to-black amplitude range *(tlv)*.

Taux de modulation maximal sans distorsion, modulation capability.

Taux nominal, marked ratio.

Taux d'ondes stationnaires, standing-wave ratio, S.W.R., standing-wave voltage ratio, S.W.V.R.

Taux d'ondes stationnaires minimal, sink margin.

Taux d'ondulation, DC/AC (*ou* ripple *ou* valve) ratio, percent ripple, smoothing factor.

Taux de pleurage, flutter rate *(GB)*; flutter index *(USA)* (*aux très basses audiofréquences, remplacer* flutter *par* wow).

Taux de refroidissement, cooling rate.

Taux de sélection, selection ratio.

Taux d'utilisation, operating ratio.

Taxe téléphonique, call charge (*ou* fee).

Taxe téléphonique, call charge (*ou* fee).

T. B. F., *(très basse fréquence)* very-low frequency, V.L.F.

Technicien, engineer, technician ; technical *(adj.)*.

Technique, art, technique.

Techniques de gestion, management science.

Technologie, technology.

Technologie d'integration, integrated technology.

Technologie M.O.S., MOS technology.

Technologie planar, planar technology.

Teinte, hue, shade.

Teinte sombre, darkness.

Teinture, dye.

Téléampèremètre, teleammeter.

Téléautographe, cathautograph, telauto, telautograph.

Téléautographie, telautography.

Télécinéma, film television, motion-picture pickup, *(USA)* telecinema, *(GB)* telekinema.

Télécommande, distant (*ou* mystery *ou* remote *ou* supervisory) control, remote-controlled operation, telecontrol.

Télécommandé, remote-controlled (*ou* operated).

Télécommunication, communication, telecommunication.

Télédiaphonie, far-end crosstalk.

Télédiffusion, guided-wave transmission, wire broadcasting, wired radio, wired wireless.

Télédiffusion à fréquence porteuse, carrier-frequency wire-broadcasting.

Télégramme, cable, cablegram, telegram.

Télégramme téléphoné, phonogram.

Télégraphe, telegraph.

Télégraphe imprimeur, recording telegraph.

Télégraphie, code, telegraphy.

Télégraphie par courants porteurs, carrier telegraphy.

Télégraphie par fil, line telegraphy, L.T.

Télégraphie harmonique, sound telegraphy.

Télégraphie multiplex, harmonic-selective signalling, multiplex.

Télégraphie par le sol, ground telegraphy.

Télégraphie à grande vitesse, nigh-speed telegraphy.

Téléguidé, guided.

Téléimprimeur, inkwriter, printing (*ou* recording) telegraph, tape printer, teleprinter, telewriter, type-printer.

Téléimprimeur à déclenchement automatique, start-stop system (*ou* printing telegraph).

Téléinformatique, data communication.

Télémesure, telemetering.

Télémètre, distance meter, range finder, telemeter.

Télémètre radar, distance-measuring equipment, D.M.E.

Téléobjectif, telephoto (*ou* telescopic) lens.

Téléphone, telephone ; pipe *(ligne)*.

Téléphone d'abonné, subscriber's telephone set, subset.

Téléphone anti-bruits, anti-sidetone telephone set.

Téléphone automatique, dial (*ou* rotarydial) telephone.

Téléphone à prépaiement, pay phone.

Téléphonie, telephony.

Téléphonie automatique, automatic (*ou* dial) signalling, director (*ou* dial) system.

Téléphonie à batterie centrale, central-battery signalling.

Téléphonie à courants porteurs, carrier telephony, C.T.

Téléphonie multiplex, harmonic-selective signalling, multiplex.

Téléphonique, telephone, telephonic.

Téléphoniste, attendant, operator.

Téléphoniste manuel, A (*ou* B)-operator.

Téléphonométrie, telephonometry.

Téléphotographie, A-4 wave, facsimile telegraphy, telephotography.

Télérelais, distance relay, remote-switching control.

Télescope, telescope.

Télescope électronique, electron telescope, image converter, infrared microscope.

Télescopique, telescopic ; stretching *(coulissant)*.

Téléscripteur, v. *Téléimprimeur.*

Téléspectateur, looker, onlooker, TV fan, televiewer, viewer.

Téléthérapie, teletherapy.

Télétraitement, teleprocessing.

Télétype, teleprinter, teletype, teletypewriter, teletypewriter.

Téléviser, to teleview, to televise.

Téléviseur, radiovisor, TV set, telephote, televisor.

Télévision, television, TV, visual broadcasting.

Télévision par antenne collective, community-antenna television, C.A.T.V.

Télévision en couleurs, color television.

Télévision éducative, educational television, E.T.V.

Télévision par film intermédiaire, intermediate-film system.

Télévision sur grand écran, theater television.

Télévision image et son, sound-sight broadcasting.

Télévision noir et blanc, black-and-white television.

Télévision en relief, 3-D (*ou* stereoscopie) television.

Télévoltmètre, televoltmeter.

Tellure, tellurium.

Témoin, pilot.

Température, temperature.

Température ambiante, air (*ou* room) temperature.

Température de bruit, electron (*ou* noise) temperature.

Température de couleur, color temperature.

Température électronique, electron (*ou* noise) temperature.

Température dans la masse, bulk temperature.

Température neutronique, neutron temperature.

Température de pré-solidification, pour point.

Température de solidification, setting point.

Température de souffle, noise temperature.

Tempête, storm.

Temporaire, temporary.

Temporisé, *v.* Action différée.

Temps, interval, time *(durée)* ; stroke *(moteurs)*.

Temps d'accélération, acceleration time.

Temps d'accès, access time.

Temps d'accès minimal, minimum access time.

Temps d'application, supply time.

Temps d'attente, latency.

Temps de chauffage, warm-up, warm-up (*ou* warming-up) time.

Temps de commutation, change-over time.

Temps de coupure, time slot, cut-off (*ou* breaking) time.

Temps de décélération, deceleration time.

Temps de découplage, disconnection time.

Temps disponible, available time.

Temps de fonctionnement, operating time.

Temps de lecture, read-in time.

Temps de maintenance, maintenance time.

Temps de montée, access (*ou* building-up) time ; *(USA)* transition time.

Temps mort, dead time, idling, unguarded interval.

Temps de parcours, time of flight, transit time.

Temps de pose, exposure time.

Temps de rétablissement, recovery (*ou* turnover) time.

Temps de réverbération, reverberation time.

Temps de stockage, storage time.

Temps de traînage, decay time.

Temps de transfert, connection (*ou* transfer) time.

Temps de transit, transit time.

Temps de vol, time of flight.

Tenailles, pincers, tongs.

Tendeur, slack adjuster, span wire, tensioner, tightener, turnbuckle ; tension *(adj)*.

Tendeur de ligne, re-sagging clamp.

Tendu, spanned, taught, taut, tense, tightened.

Teneur, content, abundance, yield.

Teneur en cendres, ash content.

Tenir, to hold, to keep.

Tenon, tenon.

Tension, potential, pressure, voltage *(électr.)* ; tension, tightening *(sens général)*.

Tension d'accélération, acceleration (*ou* accelerating) voltage.

Tension admissible, acceptance voltage.

Tension alternative, A.C. (*ou* alternative) voltage.

Tension d'amorçage, critical (*ou* firing *ou* glow *ou* priming *ou* starting *ou* striking) potential (*ou* voltage).

Tension anodique, anode (*ou* plate *ou* accelerating) voltage.

Tension d'arc, arc (*ou* dry-flashover *ou* flashover) voltage.

Tension de blocage, storage potential *(trc)* ; cutoff, cutoff voltage *(tubes)*.

Tension de bruit, noise voltage.

Tension de chauffage, heater voltage.

Tension de choc, surge voltage.

Tension de commande, control (*ou* regulation) voltage.

Tension composée, lumped voltage.

Tension constante de signal, pedestal *(tlv)*.

Tension continue, D.C. (*ou* direct) voltage.

Tension de coupure, cutoff voltage.

Tension de crête, crest (*ou* peak) voltage ; buncher voltage *(klystrons)*.

Tension de crête d'anode, crest (*ou* peak) forward anode voltage.

Tension de crête maximale inverse d'anode, crest (*ou* peak) inverse anode voltage.

Tension de déclenchement, triggering voltage.

Tension de désexcitation, drop-out voltage.

Tension de déviation, sweep voltage.

Tension disruptive, critical (*ou* disruptive) gradient *(dés)* ; disruptive (*ou* flashover *ou* rupturing *ou* sparking) voltage.

Tension d'effacement, erasing voltage, supersonic bias.

Tension efficace, effective (*ou* rms) voltage.

Tension d'entrée, input voltage.

Tension d'entrée alternative, swing.

Tension d'entretien, sustaining voltage.

Tension d'équilibrage, phase-balance voltage.

Tension d'essai, testing voltage.

Tension d'étalonnage, calibration voltage.

Tension d'excitation, sealing voltage.

Tension finale de décharge, final voltage.

Tension de fonctionnement, operating voltage.

Tension inverse de crête, inverse crest (*ou* peak) voltage.

Tension limite, sticking voltage.

Tension maximale, maximum voltage, path voltage *(électrolyse)*.

Tension nominale, voltage rating.

Tension d'ondulation, ripple voltage.

Tension en opposition, bucking voltage.

Tension de percement, breakdown (*ou* puncture *ou* shorting) voltage.

Tension perturbatrice, noise voltage.

Tension entre phases, interlinked voltage.

Tension entre phase et neutre, star (*ou* Y-) voltage, voltage to neutral.

Tension de polarisation, bias, biasing potential.

Tension psophométrique, psophometric voltage.

Tension de réamorçage, re-striking voltage.

Tension réfléchie, return voltage.

Tension de réglage, regulation voltage.

Tension de repos, rest voltage.

Tension retardatrice, restraint voltage.

Tension de ronflement, hum (*ou* ripple) voltage.

Tension de rupture, breakdown (*ou* recovery) voltage.

Tension (sans), dead.

Tension de secteur, line (*ou* mains) voltage.

Tension de service, closed-circuit (*ou* operating) voltage, working value (*ou* voltage).

Tension de seuil, cutoff (*ou* restraint) voltage.

Tension de sortie, output voltage.

Tension de souffle, noise (*ou* thermal-agitation) voltage.

Tension (sous), charged *(dés)* ; live.

Tension de suppression, blanking (*ou* offset) voltage.

Tension de suppression de faisceau, blackout (*ou* blanking) voltage.

Tensions symétriques, push-push (*ou* totally-unbalanced) voltages *(de même sens)*.

Tension de vapeur, vapor pressure.

Térébenthine, turpentine.

Terme, term.

Terminaison, end, termination.

Terminal, end, terminal.

Terminal de dialogue, conversational terminal.

Terminal programmable, programmable terminal.

Terminé, built-up, ended, finished, terminated.

Ternaire, ternary.

Terne, lackluster.

Ternissure, dullness, tarnish.

Terre, earth, ground.

Terre franche, dead ground.

Terre glaise, loam.

Terre parfaite, dead ground.

Terre réfractaire, fire clay.

Terrestre, ground-based, ground, land, terrestrial.

Tertiaire, tertiary.

Test, check.

Test électrique en régime stationnaire, direct current test.

Test électrique en régime transitoire, alternate current test.

Test de bon fonctionnement, diagnostic check.

Tête, cap, head, hood.

Tête (en), head-on.

Tête artificielle, artificial head.

Tête de câble, cable terminal, end-bell, pothead.

Tête de disjoncteur, cross head.

Tête d'effacement, erasing head.

Tête d'enregistrement, recording head *(sens général)* ; cutter head *(disques)*.

Tête de famille radioactive, parent.

Tête de lecture, tape reader, reading head.

Tête orientable, swivelling head.

Tête sonore, soundhead.

Tête de soudure, welding head.

Tête de vis, screw head.

Téton, cap, stub, stud, thimble, top cap.

Tétraatomique, tetraatomic.

Tétraèdre, tetrahedron.

Tétraphasé, four-phase.

Tétrapolaire, four-pole, tetrapolar.

Tétravalent, quadrivalent.

Tétrode, double-grid (*ou* four-electrode) tube, tetrode.

Texture, texture.

Théorie, theory.

Théorie multigroupe, multigroup theory.

Théorique, theoretical.

Thérapie profonde, deep therapy.

Thérapie à ultra-sons, supersonic therapy.

Thermionique, thermionic.

Thermique, heat, temperature, thermal, thermic.

Thermistance, thermistance.

Thermistor, thermistor.

Thermocolorimètre, color (*ou* color temperature) meter, kelvinometer, thermocolorimeter.

Thermocouple, thermocouple.

Thermodurcissable, thermosetting.

Thermodynamique, thermodynamics ; thermodynamic *(adj)*.

Thermoélectricité, thermoelectricity.

Thermoélectrique, thermoelectric.

Thermoélément, thermoelement.

Thermogalvanomètre, thermogalvanometer.

Thermoluminescence, thermoluminescence.

Thermomagnétique, thermomagnetic.

Thermomètre, heat gauge, thermometer.

Thermomètre à distance, telethermometer.

Thermomètre à pression, tasimeter.

Thermopause, thermopause.

Thermophone, thermal microphone, thermophone.

Thermopile, thermopile.

Thermoplastique, thermoplastic.

Thermoplongeur, immersion heater.

Thermosphère, thermosphere.

Thermostat, temperature control, thermostat, thermautostat.

Thorié, thoriated.

Thyratron, gas-filled relay, thyratron.

Thyristor, thyristor.

Tibia, stick insulator.

Tiède, tepid.

Tiédeur, tepidness.

Tierce, triple prime.

Tierce majeure, major third *(mus)*.

Tierce mineure, demi-ditone, minor third *(mus)*.

Tiers-point, burr.

Tige, bar, pin, reed, rod, shaft, stick.

Tige (à), pin-type.

Tige d'éjection, ejector pin.

Tige-guide, tracking rod.

Tige de paratonnerre, elevation rod.

Tige-support, stinger rod.

Tikker, tikker.

Timbre, tone, tone color.

Timbreur, tone-color control.

Tinter, to clink.

Tirage, copying process, duplication printing, printing *(cin)* ; draft ; draught *(air)*.

Tirage de câble, duct rodding.

Tire-fond, lag screw.

Tirer, to draw, to pull ; to print *(cin)*.

Tirets, dashed line.

Tirette, pulling knob.

Tireuse, printer, reproducing machine.

Tireuse par contact, contact printer *(cin)*.

Tireuse optique, optical printer *(cin)*.

Tissé, interwoven.

Tissu, cloth, fabric, flap, tissue, web.

Tissu chauffant, heating fabric.

Tissu isolant huilé, Empire cloth.

Tissu de verre imprégné, bonded-glass cloth.

Titane, titanium.

Titrage, titration.

Titre, title.

Titres animés, live titles *(cin)*.

Titreuse, titler.

t/mn, rpm.

Toc, lathe dog.

Toile, canvas, cloth, fabric, linen.

Toile émeri, emery cloth.

Toile isolante, varnished cambric, V.C.

Toit, roof.

Tôle, plate, sheet.

Tôle (de circuit magnétique), lamination, stamping.

Tôle d'acier, sheet steel.

Tôle de dynamo, dynamo sheet.

Tôle laminée, rolled iron (*ou* plate *ou* sheet).

Tôle ondulée, dished plate.

Tolérance, allowance, limit, mismatching factor, tolerance, variation.

Tolérance de fabrication, factory limit.

Tolérance de mesure, meter error.

Tomber, to droop, to drop.

Tomber en panne, to lay up.

Ton, note, tone.

Tonalité, tone *(tph)*.

Tonalité d'appel, ring (*ou* ringing) tone *(tph)*.

Tonalité de contrôle, check tone.

Tondeuse, pop-up trimmer.

Tonne-poids, ton weight.

Tonneau, barrel, cask, drum.

Top, impulse *(tlv)*.

Top de demi-ligne, half-line pulse.

Top de départ, main bang *(radar)*.

Top fractionné, serrated pulse *(tlv)*.

Top de synchronisation, sync (*ou* synchronizing) pulse (*ou* signal), supersync.

Topographie, topography.

Torche, torch.

Torche électrique, flashlight, torchlight.

Tordre, to twist, to wring.

Tore, tore, torus *(sens général)* ; *(GB)* doughnut ; *(USA)* donut *(phys. nucl.)*.

Tore magnétique, magnetic tore.

Toroïdal, ring, toroid, toroidal.

Toron, lace, twine, weave.

Toronnage, cord threading, entwining, lacing, twining, weaving.

Toronné, laced, woven.

Torsadé, twisted.

Torsader, to twist.

Torsiomètre, torquemeter, torsiometer.

Torsion, torsion, wringing.

Totalisateur, integrator ; integrating *(adj)*.

Totalisateur binaire, half-adder.

Totalisateur de durée, group-occupancy time-meter *(tph)*.

Touche, touch.

Toucher, to touch.

Tour, convolution, revolution, turn ; lathe *(méc)* ; tower *(construction)*.

Tour à charioter, centre lathe.

Tour de contrôle, control tower.

Tour d'établi, bench lathe.

Tour à fileter, engine (*ou* screw-cutting *ou* thread-cutting) lathe.

Tour de main, knack, trick.

Tour parallèle, centre lathe.

Tour-revolver, capstan, revolver (*ou* turret) lathe.

Tourbe, peat.

Tourbillon, churning, vortex (*pl.* vortices), whirl.

Tourbillonnaire, vortical.

Tourelle d'objectifs, lens (*ou* revolving) turret.

Touret, reel, spool, winch.

Tourillon, journal, trunnion.

Tourmaline, tourmaline.

Tournant, rotable, rotary, rotatable, rotating, rotatory.

Tourne-disques, turntable.

Tourner, to churn *(méc)* ; to turn, to revolve, to spin *(sens général)*.

Tourner fou, to turn wild.

Tournevis, driver, screwdriver.

Tournevis à lame croisée, four-winged driver.

Tous-courants, AC/DC, all-mains, universal.

Toutes-ondes, all-band, all-channel, all-wave, multi-band, multi-channel, multi-frequency, multi-range, multiwave.

T.R., black box *(dés)* ; T.R., T.R. box.

T.R. à fente, beetle.

Traçage, tracing.

Trace, trace.

Tracé, drawing, lay-out, mark, trace.

Trace acoustique, sound track.

Tracé conique, conic lofting.

Trace pilote, control track.

Tracer, to draw, to scribe, to trace *(dessiner)* ; to mark, to touch, to track *(marquer)* ; to stake out *(jalonner)*.

Traceur, tracer.

Traceur de circuits imprimés, printed circuit generator.

Traceur de courbe, plotter.

Traceur radioactif, radioactive tracer, tracer.

Traçoir, tracer.

Traction, pull, pulling, traction.

Traction en caniveau, conduit system.

Traction au crochet, draw-bar pull.

Traction à plots, surface-contact system.

Traction par trolley, railless (*ou* trackless) system.

Traducteur, translator.

Traduction machine, mechanical translation.

Traduire, to translate.

Trafic, message handling, operating procedure, traffic, working.

Trafic sur antenne commune, common-aerial working.

Trafic bilatéral, two-way traffic (*ou* working).

Train, train.

Train d'atterrissage, undercarriage.

Train d'engrenages, compound train.

Train d'impulsions, pulse stream (*ou* flow *ou* train).

Train d'ondes, wave train.

Train porteur, pulse carrier.

Traînage, afterimage, hangover, tailing, trail.

Traînée, drag.

Trait, dash, touch.

Trait plein, solid (*ou* straight) line.

Traitement, process, processing, treatment.

Traitement anodique, anodizing.

Traitement automatique des données, automatic data processing (A.D.P.).

Traitement complémentaire, aftertreatment.

Traitement de fichier, file processing.

Traitement des informations, data processing.

Traitement par inversion, reversal (*ou* reversible) process.

Traitement par lots, batch processurg.

Traitement des mots, word processing.

Traitement séquentiel, in line processing.

Traitement simultané, parallel processing.

Traitement de texte, text processing.

Traiter, to process.

Trajectoire, path, ray, ray path, track, trail, trajectory, travel ; orb, orbit *(orbite) ;* cloud track *(chambre de Wilson).*

Trajectoire électronique, electron path.

Trajet, course, path, ray path, track, travel.

Trame, grating, raster, weft, woof ; matte *(cin).*

Trame primaire, *(USA)* color field ; *(GB)* colour frame.

Tranchant, edge ; keen, sharp *(adj).*

Transcendant, transcendent, transcendental.

Transcription, local record *(tlg).*

Transducteur, transducer, transductor, transmitter.

Transférer, to transfer.

Transfert, transfer.

Transfert de données, data transfer.

Transfert de fichier, file conversion.

Transfert massique, mass transfer.

Transfiliste, communication engineer.

Transformateur, transformer ; converter *(machine) ;* repeating coil *(tph) ;* wave converter *(guides d'onde).*

Transformateur-abaisseur, negative-booster (*ou* reducing *ou* step-down) transformer.

Transformateur accordé, resonance (*ou* tuned) transformer.

Transformateur accordé à air, air-tuned transformer.

Transformateur d'adaptation, impedance-matching (*ou* matching) transformer.

Transformateur à air, air-core (*ou* air *ou* ironless) transformer.

Transformateur d'alimentation, mains (*ou* power-supply) transformer.

Transformateur d'antenne, antenna coupler (*ou* transformer).

Transformateur à bain d'huile, oil-immersed transformer.

Transformateur basse fréquence, audio (*ou* L.F.) transformer.

Transformateur blindé, shielded transformer.

Transformateur de cabine, vault-type transformer.

Transformateur de chauffage, filament (*ou* heater) transformer.

Transformateur à colonnes, leg transformer.

Transformateur de couplage, by-pass (*ou* coupling) transformer ; doorknob *(guides d'onde).*

Transformateur à courant constant, constant-current transformer.

Transformateur cuirassé, armored transformer.

Transformateur différentiel, hybrid (*ou* balance) coil (*ou* transformer).

Transformateur à dispersion, leak (*ou* leakage-flux *ou* open-core) transformer.

Transformateur-élévateur, booster (*ou* positive-booster *ou* step-up) transformer.

Transformateur d'équilibrage, automatic-transformer equipment, balancing transformer.

Transformateur à fuites, leak (*ou* leakage-flux *ou* open-core) transformer.

Transformateur haute fréquence, R.F. transformer.

Transformateur intégrateur d'intensité, summation transformer.

Transformateur d'intensité, series transformer *(dés)* ; current (*ou* bar-primary current) transformer.

Transformateur d'intensité compensé, compensated-current transformer.

Transformateur intermédiaire, adaptor transformer.

Transformateur de liaison, coupling (*ou* interstage *ou* intervalve) transformer.

Transformateur de mesure, instrument transformer.

Transformateur de mode, baffle-plate, baffle-plate (*ou* grating) transformer, conversion transformer, mode transducer (*ou* transformer).

Transformateur à neutre à la terre, ground (*ou* grounding) transformer.

Transformateur à noyau, core-type transformer.

Transformateur à noyau de fer pulvérulent, powdered-iron-core transformer.

Transformateur de poteau, pole-type transformer.

Transformateur à refroidissement par air, air-blast (*ou* air-cooled) transformer.

Transformateur à refroidissement forcé, force-cooled transformer.

Transformateur à refroidissement par huile, oil-cooled transformer.

Transformateur réglable, switch-over (*ou* variable) transformer.

Transformateur régulateur, regulating transformer.

Transformateur Scott, main (*ou* teaser) transformer.

Transformateur de sonnerie, bell (*ou* bell-ringing) transformer.

Transformateur statique de fréquence, static-frequency transformer.

Transformateur toroïdal, ring transformer.

Transformateur tournant, induction regulator.

Transformation, conversion, decay, transformation, transition.

Transformée, transform.

Transhorizon, beyond-the-horizon, overhorizon.

Transistor, transistor.

Transistor bipolaire, bipolar transistor.

Transistor à champ interne, drift (*ou* diffused) transistor.

Transistor de commutation, switching transistor.

Transistor à effet de champ, field-effect transistor, F.E.T.

Transistor à jonction, junction transistor.

Transistor à pointe, contact transistor.

Transistor unijonction, unijunction transistor.

Transistor unipolaire, unipolar transistor.

Transit, transit.

Transition, transition.

Transitoire, transient.

Transitoire d'attaque, driving transient.

Transitron, phantastron.

Translateur, translation field, translator.

Translation, translation.

Translucide, translucent, translucid.

Transmetteur, radio operator *(personne)* ; transducer, transductor, transmitter *(appareil)*.

Transmetteur de données, data bus.

Transmetteur d'ordres, intercom, interphone, intertalkie, talk-back.

Transmetteur de signaux horaires, chronopher.

Transmettre, to conduct, to convey, to pass, to transmit.

Transmission, communication, transmission ; coupling, driving, shafting *(méc) ;* transmissivity *(opt).*

Transmission asynchrone, asynchronous transmission.

Transmission par courants porteurs, carrier system.

Transmission par courroie, belt drive.

Transmission déroutée, alternative routing *(tlg).*

Transmission diffuse, diffuse transmission.

Transmission de données, data transmission.

Transmission duplex, duplex transmission.

Transmission par modulation d'onde porteuse, carrier transmission.

Transmission normale, regular transmission.

Transmission normalisée, effective transmission *(acoust.).*

Transmission optique, visual communication.

Transmission parallèle, parallel transmission.

Transmission rigide, fast coupling.

Transmission série, serial transmission

Transmission série numérique binaire, digital binary serial.

Transmissions simultanées, multiple-way system.

Transmission simultanée sur plusieurs fréquences, compound signal.

Transmission synchrone, synchronous transmission.

Transmission télégraphique simultanée, broadcasting telegraph system.

Transmittance, transmittance.

Transmodulation, cross modulation, crosstalk, intermodulation ; monkey chatter *(pop.).*

Transmutation, decay, transmutation.

Transparence, clearness, transparence, transparency.

Transparence de grille, inverse amplification factor.

Transparent, clear, pellucid, transparent.

Transpercer, to pierce through, to transpierce.

Transplutoniens, transplutonides.

Transportable, mobile, movable, portable, transportable.

Transporter, to convey, to move, to transport, to transfert, to transport.

Transporteur, conveyer, conveyor.

Transposition, transposition.

Transversal, cross, lateral, transversal, transverse, traverse.

Trapèze, trapezium.

Trapézoïdal, trapezoid, trapezoidal.

Travail, labor, operation, work, working, job.

Travail de sortie, work function.

Traveling (vers la caméra), dolly-in *(cin, tlv).*

Traveling (s'écartant de la caméra), dolly-out *(cin, tlv).*

Traverse, cross arm (*ou* beam), beam, girder, tommy.

Traversée, pinch (*ou* press) lead *(lampes).*

Traverser, to pass through.

Tréfileuse, wire-drawing machine.

Trèfle cathodique, cathode-ray tuning indicator, cathodic cross, electron-ray tube, tuning eye, tunoscope.

Treillage, lattice.

Treillis, gauze, grating, lattice.

Tremble, aspen-tree.

Trembleur, buzzer, contact-breaker.

Trempe, hardening, quenching, tempering.

Trempé, hardened, quenched, tempered.

Trempe à précipitation, age hardening.

Tremper, to harden, to quench, to steep, to temper *(métaux)* ; to plunge, to soak *(liquides)*.

Trépied, tripod.

Très basse fréquence, very-low frequency, V.L.F.

Tresse, bonding strip, braid, weave.

Tressé, laced, woven.

Tresse de blindage, shielding harness.

Treuil, lift, wheel-and-axle, whim, winch, windlass.

Triac, triac.

Triangle, triangle.

Triangle des couleurs, chromaticity diagram.

Triangle de Maxwell, Maxwell triangle.

Triangulaire, three-angled, triangular.

Triangulation, triangulation.

Triatomique, triatomic.

Triboélectricité, triboelectricity.

Triboluminescence, triboluminescence.

Trichromatique, trichromatic.

Trichrome, three-color, trichrome.

Triclinique, triclinic.

Trièdre, trihedral.

Trier, to sort.

Trieuse, sorter.

Trigonométrie, trigonometry.

Trigonométrique, trigonometrical.

Trigrille, five-electrode (*ou* three-grid) tube ; trigrid *(adj)*.

Trillion, billion *(GB)* ; *(USA)* trillion.

Trimmer, trimmer.

Triode, three-electrode tube, triode.

Triode double, double triode, duotriode.

Triode-électromètre, triode electrometer.

Triode à gaz, gas-filled relay, thyratron.

Triode-hexode, triode-hexode.

Triode-penthode, triode-pentode.

Tripack, three-layer film, tripack.

Tripartition, tripartition.

Triphasé, three-phase, triphase.

Triplage, triplication.

Triple croche, demi-semiquaver *(mus)*.

Tripleur, tripler.

Tripolaire, three-pole, triple-pole, tripolar.

Tritium, tritium.

Triton, triton.

Trochoïde, trochoid.

Trolley, bow collector, trolley.

Trompe à eau, water-jet pump.

Tronc, frustum.

Tronqué, frustum, truncated.

Trop-plein, bleeder, overflow, waste pipe.

Tropicalisé, tropic-proof, tropicalized, tropically tested.

Tropopause, tropopause.

Troposphère, troposphere.

Troposphérique, tropospheric.

Trou, hole, loop hole.

Trou de coulée, tap hole.

Trou d'entraînement, drive (*ou* driving) hole.

Trou de fixation, anchor hole.

Trou d'homme, manhole.

Trou d'huile, lubricator.

Trou positif, hole, vacancy.

Trousse de dépannage, repairing outfit, test kit.

Trousse à outils, tool kit.

tr/s, rps.

Truquage, trick.

Tube, tube *(sens général)* ; duct, pipe, tubing *(tuyau)*.

Tube d'accélération, accelerating tube.

Tube à accumulation, barrier-grid storage tube, storage tube.

Tube amortisseur, dashpot.

Tube analyseur, pick-up tube.

Tube d'angle, cross-over bend.

Tube d'attaque, driver.

Tube auto-oscillateur, self-oscillating tube.

Tube Bergmann, metal molding (*ou* raceway).

Tube « bouton de porte », doorknob tube.

Tube de caméra, camera (*ou* pick-up) tube.

Tube à cathode froide, cold-cathode tube.

Tube à cathodes multiples, stepping tube.

Tube cathodique, cathode-ray (*ou* electron-beam) tube, C.R.T.

Tube à champs croisés, cross-field tube.

Tube à champ de freinage, brake-field tube.

Tube à chauffage indirect, cathode-heater (*ou* heater-type) tube.

Tube de commutation, gate (*ou* switching) tube.

Tube de Crookes, Crookes tube.

Tube à décades, decade counter tube.

Tube à décharge, discharge (*ou* gas-discharge *ou* glow *ou* vapor) tube.

Tube à décharge à grilles, controlgrid (*ou* grid-glow) tube.

Tube démontable, assembled-parts (*ou* demountable) tube.

Tube déphaseur, phase inverter.

Tube à deux faisceaux, double-beam tube.

Tube à disques scellés, disk-seal (*ou* lighthouse) tube.

Tube duplexeur, duplex tube.

Tube dur, hard (*ou* high-vacuum) tube.

Tube-éclair, flash tube, microflash.

Tube électromètre, electrometer tube.

Tube électronique, electron tube.

Tube émetteur, transmitting tube.

Tube à émission secondaire, secondary-emission tube.

Tube enregistreur à grille d'arrêt, barrier-grid storage tube.

Tube d'entrée, lead-in pipe.

Tube à faible bruit, low-noise tube.

Tube à faisceau électronique dirigé, beam-deflection (*ou* beam-power *ou* beam) tube.

Tube à faisceau radial, radial-beam tube.

Tube flexible, flexible duct, loom.

Tube de flux, field tube.

Tube à fond plat, flat-ended tube.

Tube de force, pressure tube.

Tube à gaz, gas-filled tube.

Tube de Geissler, Geissler tube.

Tube générateur de base de temps, signal converter.

Tube-gland, acorn tube.

Tube de glissement, drift tube.

Tube à grilles alignées, aligned-grid tube.

Tube à grille-écran, screen-grid tube.

Tube-image, picture (*ou* pix) tube.

Tube de jonction, connecting tube.

Tube à lueurs, glow tube.

Tube mal vidé, gassy (*ou* leaky *ou* soft) tube.

Tube à masque, shadow-mask tube.

Tube mélangeur, converter (*ou* mixer *ou* mixing) tube.

Tube de mémoire, memorizing (*ou* memory *ou* storage) tube.

Tube métallique, metal tubing.

Tube métallique souple, flexible-metal conduit (*ou* duct).

Tube miniature, bantam (*ou* miniature) *ou* stemless) tube.

Tube à modulation de vitesse, electron-beam generator, inductive-output tube, klystron.

Tube de Moore, Moore lamp.

Tube mou, soft tube.

Tube de niveau, water gauge.

Tube à ondes progressives, progressive-wave (*ou* traveling-wave) tube.

Tube à onde de retour, backward-wave tube.

Tube à parcours électronique dirigé, deflection (*ou* electron-beam) tube.

Tube à pente variable, exponential (*ou* multi-mu *ou* super-control *ou* variable-mu) tube.

Tube-phare, disk-seal (*ou* lighthouse) tube.

Tube de phase, gated-beam tube.

Tube de pompage, exhaust tube.

Tube de pression, forcing hose.

Tube de prise de vues, camera tube.

Tube à propagation d'ondes, progressive-wave (*ou* traveling-wave) tube.

Tube à rayons cathodiques, Braun (*ou* cathode-ray *ou* picture *ou* pix) tube, image reproducer (*ou* reconstructor), C.R.T.

Tube à rayons X, X-ray (*ou* Rœntgen *ou* shearer) tube.

Tube à rayons X démontable, cascade tube.

Tube de réactance, reactance (*ou* reactor) tube.

Tube redresseur, rectification (*ou* rectifying) valve, rectifier.

Tube de réglage silencieux, silent tube.

Tube régulateur, ballast (*ou* control *ou* regulator) tube, baretter, glow-discharge voltage regulator, stabilizer.

Tube régulateur fer-hydrogène, iron-ballast tube.

Tube répartiteur, counting (*ou* stepping) tube.

Tube résistance, ballast tube.

Tube sans culot, wire-in tube.

Tube sans électrodes, electrodeless tube.

Tube de seuil, clipper (*ou* threshold) tube.

Tube de sortie, output (*ou* power) tube.

Tube à sorties au culot, single-ended tube.

Tube souple, flexible tubing.

Tube stabilisateur, glow-gap divider, stabilizer tube.

Tube subminiature, bantam Jr. (*ou* pencil) tube.

Tube tout-métal, all-metal (*ou* metal) tube.

Tube tout-verre, glass-type tube.

Tube trichrome, tricolor kinescope.

Tube universel, all-purpose (*ou* multi-purpose) tube.

Tube à vapeur de mercure, coop *(cin)*.

Tube à vide, vacuum tube.

Tube à vide poussé, v. *Tube dur*.

Tubulaire, piped, tube, tubular.

Tubulure, pipe, tubing.

Tubulure d'admission, lead-in pipe.

Tumbler, toggle switch, tumbler, tumbler switch.

Tungstate, tungstate.

Tungstène, tungsten, wolfram.

Turbine, prime mover, turbine.

Tuyau, conduit, duct, funnel, hose, pipe, tubing.

Tuyau souple, hose, flexible duct.

Tuyauterie, pipe line, piping, tubing.

Tuyère, blast pipe, nozzle.

Tympan, ear drum.

Type, model, type.

Type de fabrication, product line.

Type de machine, type of equipment.

Types de tubes recommandés, prefered-tube types.

U

Ultraconvergence, overconvergence.

Ultradyne, ultradyne.

Ultra-léger, featherweight, sub-ouncer.

Ultramicromètre, ultramicrometer.

Ultra-microscope, hypermicroscope, supermicroscope.

Ultra-noir, blacker-than-black *(tlv)*.

Ultra-rapide, superspeed.

Ultra-sensible, supersensitive.

Ultrason, ultrasound.

Ultra-sonore, superaudible, superaudio, supersonic, supertonic, ultrasonic.

Ultraudion, ultraudion.

Ultraviolet, ultraviolet.

Undécagonal, eleven-angled.

Uni, even.

Unidirectionnel, one-way, uniaxial, unidirectional.

Unifilaire, single-wire, unifilar.

Uniforme, uniform.

Uniformité, uniformity.

Unilatéral, unilateral.

Union Internationale des Télécommunications (U.I.T.), International Telecommunication Union (I.T.U.).

Unipolaire, homopolar, one-pole, single-break, single-pole, single-throw, unipolar.

Unipolaire à une direction, single-pole single-throw, S.P.S.T.

Unipolaire à deux directions, single-pole double-throw, S.P.D.T.

Unique, matchless, simple, single, unique.

Unisson, unisson, unisonance.

Unitaire, unit.

Unité, unit.

Unité d'affichage, display unit.

Unité arithmétique et logique (UAL), arithmetic and logic unit (ALU).

Unité centrale à microprocesseur, microprocessor central unit.

Unité de communication, conversation time, traffic unit.

Unité de comparaison, comparing unit.

Unité de contrôle, control unit.

Unité à disque souple, flexible disk drive.

Unité à disques magnétiques, magnetic disk unit.

Unité élémentaire d'information, basic information unit.

Unité d'entrée des données, data entry unity.

Unité d'information, bit.

Unité logique, logical unit.

Unité pratique, practical unit.

Unité de programme, program unit.

Unité de traitement, processing unit.

Unité X, X-unit.

Univalent, monovalent.

Universel, all-around, all-purpose, general-purpose, universal *(sens général)* ; AC/DC, all-mains *(appareils)*.

Univibrateur, *v.* Flip-flop.

Urée, urea.

U.R.S.I. *(Union Internationale de Radiotélégraphie Scientifique) (ce sigle est adopté internationalement)*.

Usage, use.

Usagé, worn-out.

Usager, customer, user.

Usé, rusty, worn-out.

Usinabilité, machinability.

Usinabilité à chaud, high-hot strength.

Usinable, machinable, workable.

Usinage, machining.

Usinage par étincelage, *(USA)* X-system, *(GB)* sparkatron system.

Usine, factory, manufactory, plant, works.

Usiné, machined, milled, tooled, worked.

Usiner, to machine, to mill, to tool.

Usure, fatigue, weakening, wear, wear and tear.

Ut, C *(mus)*.

Utile, carrying, useful.

Utilisable, manageable.

Utilisation, use, utilization.

Utiliser, to use, to utilize.

Utilité, usefulness.

V

Vacumètre électronique, ionization gauge, vacuum analyzer (*ou* gauge *ou* meter), vacuummeter.

Vagabond, stray.

Valence, chemical value, valence.

Valeur, value.

Valeur comptable, book value.

Valeur de crête, amplitude *(dés)* ; crest (*ou* peak) value.

Valeur efficace, effective (*ou* rms *ou* virtual) value.

Valeur erronée, freak value.

Valeur moyenne, average (*ou* mean) value.

Valeur de pointe, v. *Valeur de crête*.

Valeur propre, eigenvalue.

Valeur au repos, quiescent value.

Valider, to validate.

Valoriser, to increment.

Valve, valve *(sens général)* ; *(USA)* rectifier *ou* rectifier tube, *(GB)* rectifying valve *(électr.)*.

Valve électropneumatique, valve actuator.

Valve de lumière, light valve.

Vanne, gate, penstock.

Vapeur, fume, gas, vapor ; *parfois* smoke.

Vapeur acide, acid fume.

Vapeur d'eau, steam.

Vaporisation, vaporization.

Vaporiser, to vaporize.

Var-heuremètre, reactive volt-ampere-hour meter, var-hour meter.

Var-mètre, reactive volt-ampere meter, var-meter.

Variabilité, variableness.

Variable, adjustable, alterable, fluctuating, variable, varying.

Variable logique, logic variable.

Variante, alternate, alternative.

Variateur, dimmer, light control *(lumière)* ; selector *(commutateur)*.

Variateur électrique, line lengthener *(guides d'ondes)*.

Variateur mécanique, line stretcher *(guides d'ondes)*.

Variateur de timbre, pitch waver.

Variation, adjustement, alteration, change, displacement, fluctuation, variation.

Variation continue (à), continuously adjustable.

Variation linéaire (à), straight-line.

Variation logarithmique (à), loglaw.

Variété, manifold, variety.

Variocoupleur, jigger, variocoupler.

Variomètre, jigger, variometer.

Varistance, varistance, varistor.

Vecteur, vector, vector line.

Vecteur électrique, electric vector.
Vecteur de phase, phase vector, phasor.
Vecteur planaire, plane vector.
Vecteur de Poynting, Hertzian vector.
Vecteur propre, eigenvector.
Vecteur rotatif, rotating vector.
Vectoriel, vector, vectorial.
Vélocité, velocity *(acoust.)*.
Velours, velvet.
Vent, wind.
Vent électrique, electric wind.
Vent solaire, solar wind.
Ventilateur, air blower, air trap, blower, fan, ventilator.
Ventilateur-aspirateur, exhaust fan.
Ventilation, airing, ventilation.
Ventilé, aired, ventilated.
Ventiler, to air, to ventilate.
Ventouse, suction cup.
Ventre, antinode, loop, wave loop.
Ventre d'intensité, current antinode (*ou* loop).
Ventre de tension, voltage antinode (*ou* loop).
Vérification, checking, test, verification.
Vérification de cartes, card verification.
Vérification point par point, cut-and-try (*ou* step-by-step) method.
Vérification en usine, office test.
Vérifier, to ascertain, to pretest, to test, to verify.
Verni, glazed, varnished.
Vernier, balancer, vernier.
Vernis, lac, lacquer, varnish.
Vernissage, varnishing.
Verre, glass.
Verre antique, antique glass.
Verre armé, gauze (*ou* wire *ou* wired) glass.
Verre cellulaire, foam glass.
Verre chauffé, hot glass.
Verre décoré, decorated glass.
Verre dégivreur, de-icing glass.
Verre dépoli, frosted (*ou* ground) glass.
Verre dosimètre, glass dosemeter.
Verre doublé, flashed glass.
Verre émaillé, enameled glass.
Verre fondu, glass metal.
Verre givré, crackle glass.
Verre imprégné, bonded glass.
Verre laiteux, milk glass.
Verre opale, opal glass.
Verre opalin, alabaster (*ou* opalescent) glass.
Verre optique, optical glass.
Verre au plomb, lead glass.
Verre à plusieurs couches, cased glass.
Verre potasso-sodique, potassium-soda glass.
Verre pressé, pressed glass.
Verre prismatique, prismatic glass.
Verre de protection, eye-protecting glass.
Verre de sécurité, splinterproof glass.
Verre strié, rippled glass.
Verre teinté, stained glass.
Verre tendre, soft glass.
Verre travaillé, configurated glass.
Verre triplex, three-ply flashed glass.
Verre uviol, uviol glass.
Verre à vitres, pane (*ou* window) glass.
Verrerie, glassworks *(usine)*; glassware *(matière)*.
Verrou, bolt, lock, padlock.
Verrou de sûreté, safety lock.
Verrouillage, clamping device, interlock, interlocking, locking, lock-in.
Verrouillage automatique (à), self-locking.
Verrouillage de lame, blade latch.
Verrouillé, locked, locked-in.
Verrouiller, to lock, to lock in.
Vert-de-gris, green spot, copper rust.
Vertical, erect, perpendicular, upright, vertical.
Verticalité, verticalness.

Vibrant, vibrating, vibrative, vibratory.
Vibrateur, vibrator.
Vibration, beat, chatter, swing, vibration.
Vibration parasite, flutter.
Vibratoire, vibrating, vibrative, vibratory.
Vibré, vibrating.
Vibrer, to vibrate.
Vibreur, vibrator.
Vibromètre, vibration meter, vibrometer.
Vidange, clearing, tapping.
Vide, vacuum ; empty, unfilled, void *(adj).*
Vide (à), no-load, off-circuit, open-circuit.
Vidé, cleaned-up, emptied, evacuated, exhausted.
Vide imparfait, partial vacuum.
Vide poussé, hard vacuum.
Vidéo, video.
Vidéo-fréquence, video (*ou* vision *ou* visual) frequency.
Vider, to clean up, to evacuate, to pump out.
Vie, life.
Vieillir, to age.
Vieillissement, ageing, aging, exhaustion.
Vierge, blank, green, raw ; unexposed *(film).*
Vif, fast, quick, rapid.
Vilebrequin, brace, crankshaft, drill, wimble.
Virage, dye toning *(cin).*
Virgule décimale, decimal point.
Virgule flottante, decimal floating point.
Virgule réglable, adjustable point.
Virole, cramp, ferrure.
Virtuel, virtual.
Vis, screw.
Vis filetée à droite, right-hand screw.
Vis filetée à gauche, left-hand screw.
Vis à goutte de suif, tallow-drop (*ou* button-head) screw.
Vis-guide sans fin, leak screw.
Vis guidée, self-tapping screw.
Vis micrométrique, micrometer screw.
Vis molletée, milled screw.
Vis noyée, countersunk screw.
Vis platinée, platinum-tipped contact.
Vis de réglage, regulator-set screw.
Vis sans fin, worm, worm gear (*ou* screw).
Vis sans tête, grub screw.
Vis de serrage, binding (*ou* clamping *ou* set) screw.
Vis à tête cylindrique, cylinder-head screw.
Vis à tête fendue, slot-headed screw.
Vis à tête fraisée, countersunk screw.
Vis à tête plate, flat-head screw.
Vis à tête ronde, cheesehead (*ou* round-head) screw.
Viscosimètre, viscometer.
Viscosimétrie, viscometry.
Viscosité, viscidity, viscosity.
Visée, fixing, lining-up, pointing.
Viser, to fix, to line up, to point.
Viseur, finder, view-finder, viewing lens.
Viseur clair, brilliant finder.
Viseur électronique, camera monitor.
Viseur-redresseur, reversal finder.
Visibilité, visibility, visibleness.
Visible, visible.
Visière de défilement, cutoff, louvre ; snout *(sur une herse ou un portant).*
Vision, vision.
Vision indirecte, extra-foveal vision.
Vision périphérique, peripheral vision.
Visiotéléphonie, visiotelephony.
Visqueux, limy, viscid, viscous.
Vissé, screwed.

Vissé à fond, screwed home.

Visser, to screw.

Visualisation, display.

Visuel, visual.

Vitesse, rapidity, rate, speed, velocity.

Vitesse angulaire, angular speed (*ou* velocity).

Vitesse ascensionnelle, rate of climb.

Vitesse de broche, spindle feed.

Vitesse constante, constant speed.

Vitesse corpusculaire, particle velocity.

Vitesse d'exécution, processing speed.

Vitesse d'exploration, drum speed *(facsimilé)* ; spot speed *(trc)*.

Vitesse (à grande), fast-moving.

Vitesse de groupe, envelope (*ou* group) velocity.

Vitesse lente (à), slow-moving.

Vitesse de manipulation, working speed.

Vitesse moyenne, average speed (*ou* velocity).

Vitesse normale de marche, balancing speed.

Vitesse des particules, particle velocity.

Vitesse de propagation, wave velocity.

Vitesse de propagation longitudinale, bar velocity.

Vitesse de propagation dans le milieu, bulk (*ou* plate) velocity.

Vitesse quadratique, r.m.s.-speed (*ou* velocity).

Vitesse supersonique, supersonic speed.

Vitesse tangentielle, peripheral speed.

Vitesse de transfert, transfer rate.

Vitesse variable (à), adjustable-speed.

Vitesse volumique, volume velocity.

Vitreux, vitreous.

Vitrification, vitrification.

Vitrifier, to vitrify.

Vitrine, shop window.

Voie, channel, communication band (*ou* channel), way.

Voie analogique, analog channel.

Voie commune, common (*ou* shared) band (*ou* channel), co-channel.

Voie double, A-side *(tlg)*.

Voie duplex, duplex circuit.

Voie simplex, simplex circuit.

Voie téléphonique, voice band (*ou* channel).

Voie de transmission, transmission channel.

Voie unique, B-side *(tlg)*.

Voile, flash, fog ; warp *(disques)*.

Voile atmosphérique, haze.

Voiture, car.

Voix, voice.

Voix artificielle, artificial voice.

Vol à l'aveugle, blind flying.

Vol d'oiseau (à), airline, bird's eye view.

Vol sans visibilité, blind flying.

Volant, balancing (*ou* driving *ou* steering) wheel, flywheel, handwheel, wheel.

Volant de commande, control wheel.

Volatil, volatile.

Volatilisation, subtilization, volatization.

Volatiliser, to volatilize.

Volet, vane.

Volet d'annonciateur, annunciator flap *(tph)*.

Volet de fermeture, shutter.

Volet pare-feu, dowser.

Volt, volt.

Voltaïque, voltaic.

Voltamètre, coulometer, voltameter.

Volt-ampère, ampere-volt, volt-ampere.

Volt-ampère-heure, volt-ampere-hour.

Volt-ampère-heuremètre, volt-ampere-hour meter.

Voltmètre, voltmeter.

Voltmètre à boules, sphere-gap voltmeter.

Voltmètre à contacts, contact voltmeter.

Voltmètre de crête, crest (*ou* peak) voltmeter.

Voltmètre digital, digital voltmeter, D.V.M.

Voltmètre électronique, vacuum-tube (*ou* tube) voltmeter, V.T.V.M.

Voltmètre électronique réflex, reflex voltmeter.

Voltmètre électrostatique, electrostatic voltmeter.

Voltmètre électrostatique à corde, string electrometer.

Voltmètre enregistreur, recording voltmeter.

Voltmètre de parole, speech voltmeter.

Voltmètre thermique, expansion (*ou* hot-wire) voltmeter.

Volume, bulk, space, spacing, volume *(espace) ;* volume *(acoust.).*

Volumètre, volume indicator (*ou* meter), V.U. meter.

Volumineux, bulky.

Voyant, pilot light *(dés) ;* control light, pilot lamp, signal.

Voyant annonciateur, calling lamp (*ou* light).

Vrai, true.

Vrille, gimlet, piercer.

Vue, view, vision, vista.

Vue arrière, back elevation (*ou* view).

Vue avant, front elevation (*ou* view).

Vue de côté, side elevation.

Vue en coupe, cutaway view.

Vue étalée, exploded view.

Vue par vue, single-frame, stop-motion *(cin).*

Vulcanisé, vulcanized.

Vulcaniser, to vulcanize.

Vumètre, V.U.-meter.

W

Watt, watt.

Wattage, wattage.

Watté, active, wattfull.

Watt-heure, watthour.

Watt-heuremètre, watthour meter.

Wattmètre, voltammeter, wattmeter.

Wattmètre électronique, tube wattmeter.

Wattmètre à palette, vane wattmeter.

Weber, volt-second.

Wobbulateur, visual-curve tracer, wobbler, wobbulator.

Wolfram, wolfram.

Wolframate, wolframate.

X

Xérographie, xerography.

Z

Zénith, zenith.

Zéro, cipher, naught, nought, null, zero.

Zéro absolu, absolute zero.

Zig-Zag, crankle, crinkle.

Zinc, spelter, zinc.

Zincite, zincite.

Zingage, zinc plate *(aspect)* ; zinc plating *(action)*.

Zone, area, region, zone, sector, spot.

Zone d'accrochage, bonding zone.

Zone d'amarrage, anchorage zone.

Zone d'audibilité, auditory (*ou* auditory sensation) area, aural zone.

Zone de brouillage, interference (*ou* mush *ou* nuisance) area (*ou* range).

Zone de confusion, confusion region.

Zone de contrôle, check field.

Zone couverte, coverage area, irradiated region, contour map.

Zone D, D-region.

Zone de dépassement de capacité, overflow area.

Zone E, E-region.

Zone F, F-region.

Zone de lecture, character sensing field.

Zone morte, dead zone.

Zone neutre, equiphase zone.

Zone de sécurité, cold area.

Zone de silence, blind (*ou* risk *ou* shadow) area *(dés)* ; blind (*ou* dead) spot, shadow region, silent area (*ou* zone), skip zone, zone of silence.

Zone utile, service area.

Zone de veille, information region (*ou* zone) ; control area, C.T.A.

Imprimerie de la Manutention à Mayenne
Dépôt légal : août 1988
N° d' Editeur : 4835